WEIHNACHTSBRÄUCHE IN ALLER WELT

RÜDIGER VOSSEN

WEIHNACHTSBRÄUCHE IN ALLER WELT

Weihnachtszeit – Wendezeit
Martini bis Lichtmeß

Mit Beiträgen von Karla Vossen und Gertrud Schier

CHRISTIANS VERLAG

WEGWEISER ZUR VÖLKERKUNDE BAND 33

Titelfoto:
»Flucht nach Ägypten«
Holzskulptur des Bildhauers E. Zegadło
Suchedniow/Kielce, Polen um 1980

CIP-Kurztitelaufnahme der Deutschen Bibliothek

Vossen, Rüdiger: Weihnachten in aller Welt
Weihnachtszeit – Wendezeit – Martini bis Lichtmess; Rüdiger Vossen. Mit Beitr. von Karla Vossen u. Gertrud Schier. – Hamburg: Christians 1985. –
(Wegweiser zur Völkerkunde; H. 33)
NE: GT
ISBN 3-7672-0915-2

Hans Christians Verlag, Hamburg 1985

Fotos Photo Atelier Rheinländer
Originalausgabe 1985
2. unveränderte Auflage 7.–11. Tsd. 1986
ISBN 3-7672-0915-2
ISSN 0511-4225
Printed in Germany

Inhalt

Seiten

Gemälde von Hugo Burkner:
Weihnachtsabend im Wandsbeker Schloß, 1796 (Bilderarchiv Preußischer Kulturbesitz, Berlin) Friedrich Perthes überreicht Caroline Claudius einen vergoldeten Apfel vom Weihnachtsbaum als Verlobungsgeschenk

Allegorie auf »König Weihnachten«, Punch 1847
(aus C. Hornung, 1970, S. 23)

Vorwort und Dank

Dieses Buch und die Weihnachtsausstellung des Hamburgischen Museums für Völkerkunde sind eine Folge unserer Osterausstellungen von 1981 und 1982. Die Sonderausstellungen »Ostereier – Vom Symbol des Lebens zum Konsumartikel« und »Rund ums Osterei – Tradition, Kunstgewerbe und Konsum in Europa und anderswo« wären wiederum nicht denkbar gewesen ohne die Sammlung Maud Pohlmeyer und die unermüdliche Sammlerin selbst.

Maud-Christa Pohlmeyer ist am 7. 7. 1985 sechzig Jahre alt geworden und gleichzeitig aus dem aktiven Gesundheitsdienst als Medizinisch Technische Assistentin in den Ruhestand getreten. Doch was heißt Ruhestand bei Maud Pohlmeyer? Sich noch intensiver ihren vielfältigen Liebhabereien widmen zu können, auf botanischem, ornithologischem und in den letzten Jahren mehr und mehr auf volks- und völkerkundlichem Gebiet. Als wir 1981 über weitere Pläne und Sammlungsmöglichkeiten sprachen, meinte ich, daß nach dem unerwartet großen Interesse an dem Osterthema auch Weihnachtsbräuche für unsere Besucher und Leser interessant sein würden. Ich kannte damals jedoch Maud Pohlmeyer noch nicht gut genug, um ermessen zu können, auf welch fruchtbaren Boden diese Anregung fallen würde. Das Ergebnis ihrer engagierten und zielstrebigen Sammlertätigkeit kann sich auf jeden Fall sehen lassen: In dieser kurzen Zeitspanne hat sie ca. 150 Weihnachtskrippen aus aller Welt und nahezu das gesamte Material unserer Sonderausstellung *»Weihnachtszeit – Wendezeit – Martini bis Lichtmeß – Weihnachten in Europa«* mit Herz und Verstand und viel Überredungs- und Überzeugungsarbeit zusammengebracht. Eine Übersicht ihrer Sammlungsschwerpunkte finden Sie im letzten Kapitel »Weihnachtsausstellung – Sammlung Maud Pohlmeyer«, verbunden mit einem vorgeschlagenen Rundgang durch die Ausstellung. Aus Raummangel müssen dabei die Weihnachtskrippen einer späteren Ausstellung vorbehalten bleiben. Deshalb wurde dieser Bereich auch in diesem Buch ausgeklammert.

Maud Pohlmeyer ist nicht nur eine große Sammlerin, sondern auch eine begabte Gestalterin. Fast die gesamte Ausstellung trägt ihre Handschrift – in Abstimmung mit mir, mit der Werkstatt und der Verwaltung des Museums. Stellvertretend für alle danken wir vor allem Herrn Jan-Peter Bünning für seinen Einsatz.

In den Dank einbeziehen möchten wir Herrn Bischof Longin (Düsseldorf) als Vertreter der russisch-orthodoxen Kirche, Herrn Dr. Miron Dan, Erzpriester der rumänisch-orthodoxen Kirche (Hamburg), Herrn Pfarrer Dušan Veličković (Hamburg) als Vertreter der serbisch-orthodoxen Kirche, Herrn Pfarrer Joseph Casanova Martorell (Neugraben) als Vertreter der ukrainischen Kirche und Herrn Pfarrer Christian Straub (Hannover-Sorsum) als Vertreter der Katholischen Kirche. Ferner möchten wir der Norwegisch-Schwedischen Gemeinde Hamburg, Herrn Dieter Kiesow von der Pommerschen Volkstanzgruppe »Rega« und den Landsmannschaften von Schlesien (»Rübezahl«, insbesondere Frau Franke und Frau Busakker), Siebenbürgen (Familie Simonis), Ostpreußen und Litauen (Frau Therese Lipšys, Hamburg) unseren Dank aussprechen für praktische Unterstützung und wertvolle Informationen.

Unser besonderer Dank gilt Frau Elisabeth Rainer (Golling, Österreich), Frau Carola Schierle (Hohenlohe), Familie Schäuble, Familie Warda und Familie Da Costa (Hamburg), Frau Gudula Breckwoldt, Frau Meyer-Rix und Herrn Wolf Dieter Preuß (Hamburg), Frau Felicitas Lampert (Gießen), Frau Christine Beutler (Braunfels), Frau Ilse Schütz (Agost/Alicante), Herrn Alles und Herrn Grein (Odenwald) und allen anderen Freunden, die zum Gelingen der Ausstellung beigetragen haben.

Für Ihre Unterstützung bei der Datensammlung für dieses Buch danke ich Frau Conny Christ (Krogoll), Herrn Titus Grab und Andrea Reikat, für Informationen und Bildmaterial Frau Dr. Bärbel Kerkhoff-Hader (Bonn), für die kritische Durchsicht des Manuskriptes Frau Heidi Staschen, Frau Dr. Antje Kelm und Frau Marion Fürst. Nicht zuletzt möchte ich meinen Mitarbeiterinnen danken, meiner Frau Karla Vossen für ihren Beitrag »Rund um den Weihnachtsbaum« und Frau Gertrud Schier für den Beitrag »Epiphanie – Dreikönigstag«.

In der verfügbaren Zeit war es nicht möglich, sämtliche Quellen der unüberschaubaren umfangreichen Weihnachtsliteratur zu sichten und zu prüfen. Dennoch hoffen wir, daß uns ein knapper, leicht faßbarer Querschnitt des Weihnachtsfestezyklus von Martini bis Lichtmeß gelungen ist. Zu jedem Kapitel finden Sie weiterführende Literatur unter den Anmerkungen im Anhang.

Mich persönlich faszinierte an dem Thema die Erkenntnis, daß sich das Weihnachtsbrauchtum in einem großen Kulturstrom bewegt, der im Altertum aus ägyptischen, persischen, syrischen, jüdischen, römischen, frühchristlichen und später germanischen, slawischen und zuletzt nationalen Quellen gespeist wurde. Ferner fesselte mich der Überlagerungs- und Verdrängungsprozeß verschiedener Religionsformen und Weltanschauungen in diesem Zeitraum. Völkerkundlich interessant ist schließlich das ganzheitliche Weltbild der Träger dieses Brauchtums, die immer wieder versuchten, mit den ihnen verfügbaren Mitteln des Glaubens und der Magie in den kritischen Wendezeiten des Jahres Zukunftssicherung zu betreiben. Und endlich frappiert mich immer wieder der Gedanke, daß gleichartiges Kulturgut bei weltweiter Verbreitung im Anpassungs- oder Akkulturationsprozeß zu stets neuen, originellen Ausdrucksformen gelangt. Dies wird in dem Kapitel »Weihnachten in in aller Welt« besonders deutlich.

Allen Lesern wünsche ich, daß Sie persönlichen Gewinn ziehen mögen aus Ihrer Beschäftigung mit den Wurzeln des Weihnachtsfestes, um aus dem reichen historischen und weltweiten Angebot Anregungen zu Gestaltung des eigenen Weihnachtsfestes zu schöpfen.

Hamburg, den 26. Juli 1985 Rüdiger Vossen

Vorwort zur 2. Auflage

Die Sonderausstellung »Weihnachten in Europa – Martini bis Lichtmeß« ist im März 1986 zu Ende gegangen. Etwa 28000 Besucher haben die Ausstellung gesehen. Viele wurden zu intensiverer Beschäftigung mit dem Weihnachtsthema im weitesten Sinne angeregt. Doch die Nachfrage nach diesem Büchlein hält auch nach Schließung der Ausstellung weiter an, so daß sich der Christians Verlag und das Museum entschlossen haben, eine 2. Auflage zu wagen. Den Katalogteil, der die Weihnachtssammlung von Maud Pohlmeyer beschreibt, haben wir in seiner ursprünglichen Form belassen, um einen Eindruck von dieser Sammlung und von der ehemaligen Ausstellung zu geben. Ein großer Teil der Sammlung konnte inzwischen mit Mitteln des »Förderkreises Völkerkunde Museum Hamburg e.V.« für das Museum angekauft werden.

Wenn auf dem begrenzten Raum nicht alle historischen und aktuellen Bezüge der Weihnachtsbräuche von ihrem sozialen Hintergrund behandelt werden können, möge mir dies der Leser verzeihen. Ich habe geplant, in einem weiteren Band insbesondere die völkerkundlichen Aspekte des vor- und nachweihnachtlichen Brauchtums in Europa und Übersee stärker herauszuarbeiten. Für jede Anregung, Verbesserung und Ergänzung wäre ich dankbar.

Hamburg, den 14. August 1986

Rüdiger Vossen

Weihnachtszeit – Wendezeit

»Demnach nunmehro die Adventszeit und das darauf folgende Heilige Christ-Fest herbey kombt, da dem gemeinen Gebrauch nach allerlei vermummte Personen unter dem Namen des Christkindeleins auff Gassen umbherlaufen, in die Häuser entweder willig eingeruffen werden, oder sich auch in dieselben hineindrängen dergestalt, daß den Kindern eingebildet wird, als wäre es das wahre Christkindlein, auch Nikolaus oder Martinus bey demselben die Kinder zu vertreten sich annehmen, auch andere nichtige unchristliche, mutwillige Dinge in Worten und Werken vernehmen und treiben, in der Tat aber die Sache im stockfinsteren Heidentum den Ursprung hat, so haben wir in Erwägung solcher Umstände . . . beschlossen, daß solche repräsentativ skandalose mit allen ärgerlichen Zeremonien in unseren Herzogtümern und Landen, bey ernster Strafe gänzlich abgetan und durchaus bey Adel und Unadel verboten seyn soll.«
(Edikt des Herzogs Gustav Adolf von Mecklenburg vom 28. November 1682)[1]

Am Weihnachtsfest scheiden sich die Geister. Das war, wie wir dem Zitat entnehmen, vor über 300 Jahren schon so, und so ist es noch heute. In der fast 2000jährigen Geschichte des Christentums war die Gestaltung dieses Festes stets umstritten – seit seiner offiziellen Einführung im 4. Jahrhundert bis zu den Versuchen kritischer Zeitgenossen in Ost und West, es gänzlich abzuschaffen. Dennoch lebt dieses Fest weiter – zur Freude der Geschäftswelt und der Gläubigen und zum Ärger derjenigen, die den sinnentleerten Rummel und die Verquickung von Kult und Kommerz ablehnen.[2]

In diesem Buch wollen wir vor Augen führen, aus welchen Wurzeln und vor welchem wirtschaftlichen und sozialen Hintergrund sich der gesamte weihnachtliche Festezyklus von Martini bis Lichtmeß entwickelt hat. Wir wollen deutlich machen, daß der ursprünglich 80tägige Zyklus der Weihnachtszeit erfüllt war von tiefgreifenden Vorstellungen einer jeweils bevorstehenden Wende, verbunden mit Übergangsriten und Orakelbräuchen. Träger dieses Brauchtums war die breite Schicht der Bauern und Handwerker, die viel enger mit dem Naturzyklus der Jahreszeiten lebte, als wir es uns heute vorstellen können. Als das Christentum seit dem 8. Jahrhundert schrittweise und unter erheblichen Widerständen in unsere Breiten eindrang, haben die Missionare versucht, die vorgefundenen »heidnischen« Gebräuche auszurotten, und wenn dies nicht gelang, sie mit einem neuen christlichen Sinn zu belegen. Dieser christliche Firnis hat bereits vorhandene Wendefeste überdeckt, oder es wurden neue christliche Feste als Gegengewicht zu den älteren »heidnischen« geschaffen. Auch heute ist dieser Fest-Gestaltungsprozeß noch nicht abgeschlossen – wir wirken alle dabei mit, sei es durch aktive Beteiligung oder durch Verweigerung. Jede Zeit und jede Gesellschaft schafft sich ihre Feste oder prägt sie neu nach den vorherrschenden Vorstellungen und Bedürfnissen. So ist auch unser »deutsches« Weihnachtsfest in seiner heutigen Prägung ein weiter entwickeltes Produkt des Großbürgertums des 19. Jahrhunderts.[3]

Wenn wir den bereits damals gewebten Schleier von Kommerz und Konsum, der sich über dieses Fest gelegt hat, hinwegziehen, stoßen wir auf die alten Wendefeste der christlich bäuerlichen Bevölkerung. Dabei zeigt es sich, daß sich innerhalb der christlichen Welt von heute eine starke kulturelle Entfremdung vollzogen hat – zunächst ausgehend von den religiösen Auseinandersetzungen zwischen Ost- und Westkirche und später zwischen Protestanten und Katholiken. Was wissen denn Protestanten und Katholiken wechselseitig voneinander und mehr noch diese beiden Gruppen von den religiösen Auffassungen und Riten der orthodoxen Kirche? Im Durchschnitt sicherlich – von Vorurteilen abgesehen – sehr wenig. Zu der religiösen Spaltung zwischen Ost und West ist bekanntlich noch die politische getreten. Aus dieser Sicht wird es verständlich, wenn wir in der Weihnachtsausstellung des Völkerkundemuseums in Hamburg und auch in diesem Buch über katholische oder orthodoxe Riten und Feste berichten, als handele es sich um »exotische« Sitten und Gebräuche ferner Völker. Was wissen Protestanten z. B. noch von Sankt Martin, dem heiligen Andreas und St. Nikolaus? Katholiken wiederum sind häufig verwundert darüber, daß die bei ihnen geläufigen Feste in protestantischen Kreisen fast unbekannt sind. Ein wichtiges Ziel der Ausstellung und dieses Buches ist es deshalb auch, über die jeweils »anderen« zu informieren und damit Brücken zwischen ihnen zu schlagen.

Aus völkerkundlicher Sicht sind diese Wendefeste noch in anderer Hinsicht von großem Interesse. Wir können sie im Licht der sogenannten »*rites de passage*«, der weltweit verbreiteten *Übergangsriten,* interpretieren. Der französische Ethnologe Arnold van Gennep prägte diesen Begriff in seiner berühmten Publikation von 1909.[4] Seine Untersuchung konzentrierte sich zwar weitgehend auf die Übergangsriten im Lebenszyklus jedes einzelnen Menschen – Geburt, Namensgebung, Pubertät, Hochzeit und Tod[5] – doch im Abschlußkapitel geht er, bisher noch wenig beachtet, auf die jährlichen, jahreszeitlichen und monatlichen Übergangsriten ein.[6]

Dabei kommt er zu dem Schluß, daß die jahreszeitlichen Übergangsriten ihre exakte Parallele haben in den Riten der Wiedergeburt (renaissance) der Vegetation gerade im Zeitraum des winterlichen Stillstandes des pflanzlichen Lebens. Darüber hinaus gebe es in einer Übergangsperiode (periode de marge) von nur wenigen Minuten, einer Nacht oder mehreren Nächten vielfältige Riten zur Stärkung der Gemeinschaft, zur Abwehr böser Mächte und sogenannte Analogie- oder Sympathiezauberbräuche zur Vermehrung der Fruchtbarkeit und des Wachstums. Das Ziel dieser

Fruchtbarkeitsriten sei stets der Versuch einer Verbesserung der zukünftigen wirtschaftlichen Situation durch das Wachstum der Familie, die Vermehrung des Viehs und die Erhöhung der Ernteerträge. Diese Riten hätten häufig einen dramatischen Verlauf, indem z. B. der Tod und die Wiedergeburt des Mondes oder der Sonne bei der Sonnenwende personifiziert würden, beim Wechsel der Jahreszeiten durch Sommer und Winter und beim Jahreswechsel z. B. durch den doppelgesichtigen Gott Janus. Die kritischen Übergangszeiten seien häufig mit einem Opfer an die Vorfahren verbunden, denn zum Jahreswechsel, wenn das ganze Leben angehalten würde, kämen selbst die Toten wieder hervor und forderten ihren Anteil von den Lebenden wie etwa in der Periode der »zwölf Nächte« zwischen den Jahren.

So sieht van Gennep auch Parallelen in den Vegetationskulten von Isis und Osiris oder Adonis – und wir können ergänzen – im Kult des persischen Mithras, mit dem christlichen Mythos von Geburt, Tod und Auferstehung des Herrn.[7]

Tatsächlich können wir innerhalb des Weihnachtszyklus von Martini bis Lichtmeß *neun Wendefeste* mit den damit verbundenen Übergangsriten, Zauberpraktiken, Opfer- und Orakelbräuchen unterscheiden. Teilweise sind diese Bräuche überlagert, verschleiert oder uminterpretiert worden durch die jahrhundertelange christliche Einwirkung. Am prägnantesten haben sie sich offensichtlich in den alten Ernte- und Fruchtbarkeitsbräuchen Osteuropas erhalten.

Unten zählen wir zunächst die *wichtigsten Wendefeste* auf – in den einzelnen Kapiteln finden Sie eine knappe Beschreibung des jeweiligen historischen Hintergrundes und der heutigen Entwicklung:

1. Martini oder St. Martin am 11. 11. als alter Wendetermin vom Sommer zum Winter und erstes großes Schlachtfest des Jahres nach der Erntezeit;
2. Beginn der alten sechswöchigen Fastenzeit vor Weihnachten ab 14. oder 15. November, die heute in der orthodoxen Kirche noch beachtet wird;
3. der Andreastag am 30. November als Abschluß und Neubeginn des Kirchenjahres und Anfang der vierwöchigen Adventszeit;
4. der Luzientag am 13. Dezember als alter Termin der Wintersonnenwende vor und z. T. noch nach der Kalenderreform vom Ende des 16. Jahrhunderts;
5. der Thomastag am 21. Dezember als kürzester Tag des Jahres und Zeitpunkt der heutigen Wintersonnenwende;
6. das Weihnachtsfest am 24./25. Dezember, zunächst als Geburtstag des orientalisch-römischen Sonnengottes »Sol invictus« und des iranischen Mithras, später als Geburtsfest Christi und Beginn eines neuen Zeitalters;

7. die Jahreswende von Silvester zu Neujahr;
8. das Epiphaniefest am 6. Januar, zunächst als ägyptisches Isis-Fest, später als Tauf- und Geburtsfest Christi und als Dreikönigstag;
9. Mariäe Lichtmeß am 2. Februar zum Abschluß eines 40tägigen mosaischen Reinigungsritus und Sieg des Lichtes über die Finsternis.

Hinzu kommen weitere Feste wie der Barbaratag und vor allem das Nikolausfest, das man als zweiten großen Schlachttermin und als Generalprobe des Weihnachtsfestes betrachten kann. Im folgenden Schema können Sie die Verteilung der Feste mit einem Blick erfassen:

Übersicht der wichtigsten Wendefeste im Weihnachtszyklus

NOVEMBER	11.	14.	25.	30.
	Martini		Katharina	Andreas
WENDEZEITEN:	ALTER WINTER-ANFANG	BEGINN DER ALTEN FASTEN-ZEIT 40 TAGE VOR CHRISTI GEBURT	ANDREASTAG: BEGINN DER ADVENTSZEIT UND DES KIRCHENJAHRES	

DEZEMBER

4.	6.	13.	21.	24./25.	31.
Barbara	Nikolaus	Luzia	Thomas	Christi Geburt	Silvester
WENDEZEITEN:		ALTE SONNEN-WENDE	SONNEN-WENDE WINTER-ANFANG	ZEITEN-WENDE	JAHRES-WENDE

JANUAR

1.	6.
Neujahr	Dreikönige Epiphanie
	ALTE ZEITENWENDE ALS GEBURTS- UND TAUFFEST CHRISTI

FEBRUAR

2.	15.	
Mariä Lichtmeß	Aschermittwoch (variabel)	
ENDE DES WEIHNACHTSZYKLUS 40 TAGE NACH CHRISTI GEBURT	INTERMEZZO DER KARNEVALS- ODER FASTNACHTSZEIT	BEGINN DER 40TÄGIGEN FASTENZEIT VOR DER OSTERWOCHE

Unter christlichem Einfluß ist die Übergangsphase vom Sommer zum Winter durch eine zunächst sechswöchige und im Westen später vierwöchige Fasten- und Adventszeit markiert worden, um auf die »Ankunft des Herrn« vorzubereiten. Fasten ist ein in vielen Religionen geübtes Mittel zur Buße und inneren Einkehr vor einem herausragenden Ereignis. Der Weihnachtszyklus schließt mit der 40tägigen »Reinigungszeit« Marias am 2. Februar ab, bevor – nach dem turbulenten Intermezzo der Karnevalszeit – der Osterzyklus mit einer 40tägigen Fastenzeit vor der Osterwoche beginnt.[8]

Sankt Martin (11. 11.)

»Es geschah an einem Wintertag, daß er ritt durch das Tor von Amiens, da begegnete ihm ein Bettler, der war nackt und hatte noch von niemandem ein Almosen empfangen. Da verstund Martinus, daß von ihm dem Armen sollte Hilfe kommen; und er zog sein Schwert und schnitt den Mantel, der ihm allein noch übrig war, in zwei Teile, und gab die eine Hälfte dem Armen, und tat selber das andere Teil wieder um. Des Nachts darnach sah er Christum für ihn kommen, der war gekleidet mit dem Stücke seines Mantels, das er dem Armen hatte gegeben. Und der Herr sprach zu den Engeln, die um ihn stunden: ›Martinus, der noch nicht getauft ist, hat mich mit diesem Kleide gekleidet.‹«[1]

Wer war dieser Martinus? Was wissen wir tatsächlich von ihm, abgesehen von der »goldenen Legende« (Legenda aurea) des Predigermönches Jacobus de Voragine, der 1292 Erzbischof von Genua geworden war? – Martinus von Tours, wie man ihn später nannte, wurde um 317 in Sabaria, Ungarn (heute Stein am Anger) als Sohn eines römischen Rittmeisters geboren. Nach seiner Erziehung in Pavia diente er als Offizier unter dem späteren Kaiser Julianus in Gallien. Er trat zum Christentum über und gründete in Lococaginum/Ligugé bei Potiers das erste gallische Mönchskloster. 371 wurde er zum Bischof von Tours gewählt. Um 400 starb er in Candes (Dép. Indre-et-Loire) und wurde angeblich am 11. November, dem späteren Martinstag, beigesetzt.[2]

Wegen seines streitbaren, vorbildlichen Lebens im Dienste des neuen Glaubens verehrte man Martin bereits 60 Jahre nach seinem Tod als ersten Heiligen der römischen Kirche überhaupt. Der Frankenkönig Chlodwig soll den heiligen Martinus 496 in der Schlacht bei Tolbiacum (Zülpich) um Hilfe angerufen und gelobt haben, ihm sein Streitroß zu opfern. Nach dem Sieg wollte Chlodwig jedoch sein Gelübde mit 100 Goldstücken auslösen, doch sein Pferd soll sich geweigert haben, ihm aus dem Stall zu folgen. Erst als Chlodwig das Lösegeld verdoppelte, ließ sich der Bann lösen, so daß der König ausrief: »Vere, St. Martinus est bonus in auxilio, sed carus in negotio!« (Wahrhaftig, der heilige Martinus ist ein guter Helfer, aber teuer im Geldgeschäft!)[3]

Martinus wurde Schutzheiliger der merowingisch-fränkischen Könige, die seinen Mantel (cappa) in jeder Schlacht voraustragen ließen. Dieses Kapuzenmäntelchen (capella) wird heute noch in der »Sainte Chapelle« zu Paris, in der Schloßkirche der französischen Könige, aufbewahrt. Die Hüter der Mantelhälfte wurden »capellani« (Kaplan) genannt. Kapelle hieß später jedes kleinere Gotteshaus ohne eigene Geistlichkeit; auch die Gemeinschaft der Kirchenmusiker hieß danach »capella«. In Frankreich soll es fast 4000 Martins-Kapellen und Kirchen des Heiligen geben.[4]

Das Fest des heiligen Martins wurde nicht ohne Grund auf den 11. November festgelegt. Die Römer feierten zu dieser Zeit die Meditrinalien als *Erntedankfest* und *Fest des neuen Weines* in Anlehnung an die Dionysien der Griechen. Nachdem Kaiser Probus (276–282) den Weinbau erfolgreich im Rheinland eingeführt hatte, wurde dieses Fest auch in Germanien und im romanisierten Gallien gefeiert. Als das Christentum sich dort immer stärker durchsetzte, weihte man den neuen Wein dem heiligen Martinus, der als römischer Offizier und späterer Bischof offensichtlich kein Verächter des Rebensaftes gewesen war. Der Legende nach hatte Kaiser Maximus den Heiligen zu einem Gastmahl geladen. Der Kaiser forderte Martinus auf, als erster auf sein Wohl zu trinken. Als Anerkennung erhielt Martinus darauf angeblich einen Weinkelch in sein Wappen und wurde zum *Schutzpatron aller Trinker und Zecher.*[5]

Vor diesem Hintergrund wird verständlich, daß zu Martini, am 11. November, der neue Wein gekostet wurde. In Süddeutschland tranken die Winzer diesen »Märtenswein«, um auch im nächsten Jahr eine gute Ernte zu erzielen. In Ungarn und Böhmen hieß es sogar, vom Rausch am Martinstage werde der Mensch schön und stark.[6] Trinken zu Ehren des heiligen Martin nannte man im Mittelalter *»Martinsminne«*. Als in Norwegen um 1000 n. Chr. das Christentum eingeführt wurde, forderten die Missionare König Olaf I. auf, künftig anstelle von »Odinsminne« St. Martinsminne zu trinken.[7]

Es blieb nicht aus, daß der Patron der Trinker und Zecher bei den zu seinen »Ehren« veranstalteten Trinkgelagen auch verspottet wurde, wie es in einem alten Trinkliede heißt:

»Sankt Martin war ein milder Mann,
Trank gerne Cerevisiam (Bier)
Und hatt' doch kein Pecuniam, (Geld)
Drum mußt' er lassen Tunicam. (Mantel)

Dabei unterstellte man dem Heiligen, daß er einst bei einem großen Gelage seine Zeche nicht bezahlen konnte und dafür die Hälfte seines Mantels verpfänden mußte.[8]

Wie kam nun der heilige Martin neben dem neuen Wein noch zur *Gans* oder – warum gibt es heute noch zumindest in katholischen Regionen am 11. November die berühmte *Martinsgans?* Die Legende berichtet, Martinus habe sich aus Bescheidenheit vor seiner Wahl zum Bischof von Tours in einem Gänsestall versteckt gehalten, doch das Geschnatter der Gänse habe ihn verraten. Als Strafe dafür hätte Martin diese Gänse später braten lassen, und noch heute würden viele Gänse an seinem Namenstag verzehrt.[9]

St. Martin mit der Gans, Hinterglasmalerei von Elisabeth Rainer, Golling, Österreich, um 1980

In Wirklichkeit hängt das Schlachten der Martinsgänse mit einer früher bedeutsamen *Wende im Jahresablauf* und im bäuerlichen Wirtschaftsjahr zusammen. Vor Annahme des Christentums unterschieden die Germanen drei Jahreszeiten: Frühsommer, Spätsommer, Winter. Der Frühsommer begann mit dem ersten Austreiben des Viehs ab Mitte März und reichte bis zur Zeit der größten Sommerhitze Mitte Juli. Der daran anschließende Spätsommer endete mit dem Eintreiben des Viehs Mitte November. Etwa am 11. November begann die Winterzeit, die bis Mitte März reichte.[10]

Mit dem Eintreiben des Viehs von Anfang bis Mitte November setzte auch die erste große *Schlachtzeit* ein, denn aus Futtermangel konnte man nur einen Teil des Mastviehs durch den Winter füttern. Außerdem mußte man Vorsorge treffen für den Winter, z.B. durch das Einpökeln des Fleisches. Zu Martini wurden vor allem Mastgänse geschlachtet, daneben Rinder, Schweine und, falls es aus kultischen Gründen nicht verpönt war, auch Pferde. Die zweite große Schlachtzeit begann Anfang Dezember rund um das spätere Nikolausfest.[11]

Martins-Schlachten, Gemälde von J. F. Schreiber, Bilderbogen »Metzgerei«, 1843

Der Winteranfang war bei den Germanen eine Zeit großer Feste, Trinkgelage und Opfer. In der (großen) Saga von Olaf Tryggvason aus dem 14. Jahrhundert wird uns ein derartiges Fest geschildert:
»Da ereignete es sich, daß dem König Olaf berichtet wurde, daß die Bauern um Wintersanfang große starkbesuchte Gastmähler hielten. Da waren große Trinkgelage. Dem König wurde gesagt, daß da alle Minne (Weihebecher) dem Thor geweiht werde und dem Odin, der Freya und den Asen, alles nach der heidnischen Sitte; dazu wurde auch weiter erzählt, daß da Rinder und Pferde geschlachtet und die Altäre mit dem Blute bestrichen wurden, und daß der Opferdienst ganz offen abgehalten und dabei die Formel vorgesprochen werde, daß dies für die Besserung des Jahrgangs geschehen solle.[12]

In anderen Quellen heißt es, daß alle Männer zu dem Fest Bier mitbrachten; es würde Vieh aller Art geschlachtet, das Blut zu Ehren der Götter auf die Altäre, die Tempelwände und auf die Menschen gespritzt, während das Fleisch gesotten werde und »zu frohem Schmaus für die Anwesenden« bestimmt sei.[13]

Noch in späterer Zeit hieß der November bei den Schweden »blotmånat« (Blutmonat), bei den Angelsachsen »blotmonadh«, in den Niederlanden Schlacht- oder Fettmonat (slagtmaand, smeermaand).[14]

Vor diesem Hintergrund ist es wahrscheinlich, daß das Verspeisen der Martinsgans zu Ehren des Heiligen an die Stelle des vorchristlichen Opferbrauchtums getreten ist. Es sprechen noch weitere Indizien dafür. Gänse waren bei den Römern der Juno, der Gattin des Jupiter, heilig, (andere meinen, dem Kriegsgott Mars), bei den Germanen der Freya, der Gattin des Odin oder Wotan. Sie galten als Weissagevögel. Im Volksglauben spielten zu Martini, wie zu allen wichtigen Wendezeiten des Jahres, *Zukunftsdeutung* und *Zauberbräuche* eine wichtige Rolle. Das Brustbein der Martinsgans galt dabei als Orakelknochen. Vor allem die Farbe des Brustbeines ließ Weissagungen auf die Witterung des kommenden Winters zu. Rötliche Färbung sprach für strenge Kälte, weiße für milde Witterung. Weiße Flekken auf dem Gänsebein (Rückenknochen) deuteten auf Schnee und mildes Wetter, rote oder braune Flecken auf Frost.[15]

Neben seiner Beziehung zur Weinernte, zur Schlachtzeit und zum Wechsel von Sommer- und Winterzeit spielte Martini bis ins 19. Jahrhundert eine wichtige Rolle als *Zins- und Abgabetermin.* Nach der Ernte und dem Eintreiben des Viehs hatten die Bauern naturgemäß am meisten Geld, um ihre Pacht, die Zinsen, Dienstboten, alte Rechnungen usw. zu bezahlen. Zur Zeit der Naturalienwirtschaft war die Martinsgans ein beliebtes Zahlungsmittel. Wenn jemand zu diesem Termin den »Martinszehnt« nicht aufbringen konnte, so hieß es:

»Herr Martin ist ein harter Mann
Für den, der nicht bezahlen kann.«[16]

Wer alle Verpflichtungen erfüllt hatte, konnte sich ganz dem Schmausen und Zechen hingeben und den heiligen Martin um die Vermehrung der guten eßbaren Dinge bitten, wie es in einem alten Lied aus dem 14. Jahrhundert heißt:

»Martin, lieber Herre mein, nun laßt uns fröhlich sein;
heut zu deinen Ehren und durch den Willen dein,
die Gäns' sollst du uns mehren und den kühlen Wein,
gesotten und gebraten, sie müssen all herein.«

Das durch den Verkauf von Vieh und Ernteanteilen oder durch die Pachteinnahmen hereingekommene Geld konnte auf den Martinsmärkten oder der Martinskirmes gleich wieder umgesetzt werden. Die meisten *Jahrmärkte* fanden nach der Erntezeit im November statt, zum Beispiel der »Zibele- und Chachelimärit« (Zwiebel- und Geschirrmarkt) am letzten Novembertag in Bern, wo sich die Hausfrau mit Wintervorrat versorgte und das ihr fehlende Geschirr vom irdenen Topf bis zur feinsten Porzellantasse ergänzen konnte.[17]

Für die von den Bauern angestellten Hirten und Hütebuben war der Martinstag ein einschneidendes Ereignis, wurden sie doch *aus dem Dienst entlassen* oder für die nächste Saison wieder verpflichtet. Nach Eintreiben des Viehs gingen sie in Süddeutschland am Martinstag von Haus zu Haus mit ihrer »Martinsgerte« oder einem »Martinsbäumchen« in der Hand. Diese bestanden aus einem Wacholderzweig oder aus einer mit Wacholder und Eichenzweigen umwundenen Birkengerte mit möglichst vielen Blättern und Beeren. Ihre Zahl stand zu der Anzahl des Weideviehs in Beziehung, das gesund und fruchtbar überwintern sollte. Denn der heilige Martin galt im ganzen Mittelalter bis ins 19. Jahrhundert als *Patron des Viehs und der Hirten.* Ein im Kuhstall oder im Haus unter dem Dach angebrachter Martinszweig sollte das Vieh und die Bewohner des Hauses unter seinen Schutz stellen. Möglicherweise gehen die Vorstellungen von der Zauberkraft und der Schutzwirkung grüner Zweige auf altes indoeuropäisches Gedankengut und auf altindische Opferriten zurück.[18]

Aus dem Umzug der Hirten von Haus zu Haus mit Bewirtung und Einsammeln von Martinsgaben entwickelten sich vermutlich die *Bettel- oder Heischeumzüge* von Kindern mit ausgehöhlten Rüben- oder Kürbislaternen (heute Papierlaternen) und Singen von Martinsliedern. Im katholischen Rheinland sind derartige Umzüge noch heute üblich. Der Martinszug wird häufig von einem Schimmelreiter mit dem Umhang des heiligen Martin angeführt. Die Kinder erhalten von ihm einen »Weckemann« (Teiggebäck) mit Tonpfeife. Nach Abbrennen eines Martinsfeuers vor der Kirche (vermutlich ein altes Erntedankfeuer) ziehen sie gruppenweise mit ihren Laternen von Haus zu Haus und singen dabei die mündlich überlieferten Martinslieder. Zu den bekanntesten Martinsliedern am Niederrhein und im Aachener Raum zählt zweifellos das folgende:[19]

Sankt Martin, Sankt Martin

2. Im Schnee saß, im Schnee saß, im Schnee, da saß ein armer Mann, hatt Kleider nicht, hatt Lumpen an: »O helft mir doch in meiner Not, sonst ist der bittre Frost mein Tod!«

3. Sankt Martin, Sankt Martin, Sankt Martin zieht die Zügel an, sein Roß steht still beim armen Mann. Sankt Martin mit dem Schwerte teilt den warmen Mantel unverweilt.

4. Sankt Martin, Sankt Martin, Sankt Martin gibt den halben still, der Bettler rasch ihm danken will. Sankt Martin aber ritt in Eil hinweg mit seinem Mantelteil.

Im Anschluß daran heißt es:

Hier wohnt ein reicher Mann

»Gripschliedchen« (Sechstonweise) vom Niederrhein

Schließlich hieß es:

»Laßt uns nicht so lange, lange stehn,
denn wir wollen weiter weitergehn, weitergehn!«[20]

Bekam man nichts, wurde gesungen:

»Dat Hus dat steht op eene Pinn,
de Jizzhals sitz in de Midde drinn«
oder
»Krijn mer nix vum Mätesmann,
schlajen mer ihm in de Kookepann!«

Vom »Mätesmann« (Martinsmann) oder »Zinte Mätes« (Sankt Martin) ist auch in dem folgenden Kölner plattdeutschen Lied die Rede:

»De Zinte, Zinte Mätes,
dat wor ne goode Man,
de kööp de Kender Käze (Kerzen)
on zönd se selver an.
:,: Botz, botz wedder Botz,
dat wor ne joode Man :,: [21]

Wulf Köpke aus Düsseldorf, dem wir die oben aufgeführten Martinslieder verdanken, bemerkt zum Abschluß seiner Liedersammlung: »In Ost-

Martinsfest in Düsseldorf mit Laternenumzug und »Schimmelreiter« (aus Reinsberg-Düringsfeld, 1863, S. 343)

friesland fand ich ein Martinsliederbuch, in dem die Lieder alle auf Martin Luther umgeschrieben waren.« Tatsächlich haben in den protestantischen Gebieten einige Aspekte des Martinsbrauchtums überlebt, weil das Martinsfest vielfach irrtümlich auf Luther bezogen wurde. Da er am 10. November geboren und am 11. November getauft wurde, war der heilige Martin sein Schutzpatron.

Als Relikt der alten Martinsumszüge sind im norddeutschen Raum die heutigen Laternenumzüge der Kinder im November anzusehen. Das bekannteste Laternenlied ist zweifellos das folgende:

»*Laterne, Laterne,*
Sonne, Mond und Sterne!
Brenne auf, mein Licht,
Brenne auf, mein Licht,
aber nur meine liebe Laterne nicht!«

In Hamburg heißt es häufig noch:

»*Klapuster, klapuster,*
im Walde ist es duster,
dort wohnt ein armer Schuster,
er hat kein Licht, er hat kein Licht,
ihm scheint die liebe Sonne nicht!«

Der Martinsbezug ist noch unverkennbar in dem folgenden, ebenfalls in Norddeutschland sehr verbreiteten Lied:

»*Ich geh mit meiner Laterne*
und meine Laterne mit mir.
Da oben leuchten die Sterne,
hier unten leuchten wir:
:,: Mein Licht geht aus, wir gehn nach Haus.
Rabimmel, rabammel, rabum! :,:

Nach Wiederholung der Eingangsverse wird der Refrain variiert:

:,: Der Martinsmann, der zieht voran.
Rabimmel, rabammel, rabum! :,:

:,: Wie schön das klingt, wenn jeder singt!
Rabimmel, rabammel, rabum! :,:

:,: Ein Kuchenduft liegt in der Luft.
Rabimmel, rabammel, rabum! :,:

:,: Beschenkt uns heut, ihr lieben Leut!
Rabimmel, rabammel, rabum! :,:

:,: Mein Licht ist aus, ich geh nach Haus.
Rabimmel, rabammel, rabum! :,: [22]

Eine alte Bauernregel besagt: »Zu Martini kommt der Winter auf einem Schimmel geritten.« Die Darstellung des heiligen Martin als Schimmelreiter, z.B. in dem obengenannten rheinischen Martinszug, wird mitunter mit dem *Schimmelreiter Wodan* (Odin) in Zusammenhang gebracht. In Norddeutschland nannte man den »wilden Jäger« auch Schimmelreiter, in Mecklenburg Wode, in Baden Junker Marten.[23] Tatsächlich wurde der germanische Schicksals- und Totengott Odin (Wodan) meistens auf einem Pferd oder in Pferdegestalt selbst dargestellt. Pferde waren auch seine beliebtesten Opfertiere. Mit der Einführung des Christentums versuchten die angelsächsischen und irischen Missionare, die alten Götter durch christliche Heilige zu ersetzen und germanische Opfertiere zu tabuisieren. So schreibt z.B. Papst Gregor III. an den Friesen- und Sachsenapostel Bonifatius im 8. Jahrhundert: »Du berichtest, daß einige Leute wilde Pferde, mehr aber noch zahme Pferde essen. Das darfst du in Zukunft um keinen Preis mehr dulden . . .«[24]

Die Folge war, daß künftig Pferdefleisch als abscheulich galt und bis heute in früher germanischen Ländern nicht gegessen wird. Möglicherweise lebt jedoch die ursprüngliche Verehrung Wodans und seines Schimmels in dem Brauch fort, zu Martini »Martinshörnchen« in Hufeisenform zu bakken, wenn man der These folgt, daß der heilige Martin in den früher römischen Gebieten an die Stelle des Kriegsgottes Mars getreten ist und in den nördlichen Breiten an die Stelle des germanischen Kriegsgottes Wodan (Odin). Die in vielen Gegenden gebackenen Martins- oder Wodanshörnchen bestehen aus Mürbe- oder Hefeteig und setzen sich aus folgenden Zutaten zusammen: [25]

Martinshorn

1 kg Weizenmehl, 2 Würfel Hefe, ¼ l lauwarme Milch, 3–4 Eier, etwas Salz, 2 Eßlöffel Zucker, 200 g weiche Butter, abgeriebene Schale einer Zitrone, 50 g grob gemahlene Mandeln, 125 g gewaschene Rosinen, 100 g Korinthen

Aus den Zutaten einen Hefeteig zubereiten. Den Teig mit dem Rührlöffel schlagen, bis er Blasen wirft, auf dem mehlbestäubten Backblech zu einer Rolle mit sich verjüngenden Enden formen und zu einem großen Hufeisen formen oder zwei bis drei kleinere Martinshörner formen. Das Horn oder die Hörner auf dem gebutterten Backblech aufgehen lassen, dann mit Butter bestreichen, mit Zucker und Zimt bestreuen, nach Belieben auch mit feingehackten Mandeln, und im vorgeheizten Ofen bei 180 bis 200 Grad Celsius 30 bis 40 Minuten backen.

Das *Martinsfest als erstes Wendefest des Weihnachtsfestzyklus* – seine Rolle wurde im Mittelalter noch dadurch unterstrichen, daß am Sonntag nach Martini eine 40tägige weihnachtliche *Adventszeit* begann. Papst Urban VI. ordnete im Jahre 1270 für die gesamte Geistlichkeit für jeden Montag, Mittwoch und Freitag der sechswöchigen Adventszeit das sog. *Martinsfasten* an.[26] Seit dem 14. Jahrhundert wurde diese Vorschrift zwar gelockert und die Adventszeit auf 4 Wochen verkürzt, doch in der griechischen und russisch-orthodoxen Kirche hat sich das mit dem 14. November beginnende Adventsfasten bis heute erhalten.[27]

Auch für die *Welt der Narren* ist der 11. November ein wichtiger Wendepunkt, denn an diesem Tag beginnen um 11 Uhr 11 die Vorbereitungen für die Karnevalszeit. Aus diesem Anlaß werden im Rheinland erstmalig die Narren-Elferräte einberufen. Die Zahl »elf« besitzt allerdings eine christliche Symbolik als Zahl, die die zehn Gebote überschreitet und zugleich für die letzte Stunde steht.[28]

Katharina (25. 11.)

»... Da gab ein Richter dem wütenden König den Rat, daß er sollte in dreien Tagen vier Räder machen lassen, die mit eisernen Sägen und spitzen Nägeln wären gesäumet; die schwere Pein sollte ihren Leib zerschneiden, auf daß die übrigen Christen von der Bitterkeit eines solchen Todes würden erschreckt. Es ward geboten, daß der Räder zwei nach einer Richtung würden bewegt, zwei aber nach der anderen, also daß die einen nach unten führen und die anderen ihnen entgegen nach oben, und die Jungfrau also von ihnen zerrissen würde. Da bat Sanct Katharina den Herrn, daß er das Werk zerstöre zu seines Namens Preis und zu des umstehenden Volkes Bekehrung. Siehe, da kam ein Engel des Herrn und zerstörte das Werk mit großer Ungestümigkeit, daß viertausend Heiden davon erschlagen wurden ...«[1]

Die Märtyrerin, die in der geschilderten grausamen Weise auf Befehl des römischen Kaisers Maxentius um 310 n. Chr. zu Tode gebracht werden sollte, war *Katharina,* die Tochter des Königs Costus in Alexandria. Weil sie in ihrem christlichen Glauben standhaft blieb und auch 50 Gelehrte ihre scharfsinnigen Argumente zur Verteidigung Christi nicht widerlegen konnten, wurde sie zum Tode verurteilt und schließlich enthauptet. Der Legende nach brachten Engel ihren Leichnam zum Berge Sinai, wo heilkräftiges Öl aus ihren Gebeinen floß.[2] Über ihrem Grab errichtete man das später aufgrund seiner Ikonen und seiner Bibliothek berühmte Katharinenkloster.

Kennzeichen der hl. Katharina sind das zerbrochene *Folterrad,* ein *Buch* wegen ihrer Gelehrsamkeit und eine *Palme.* Sie gilt als *Schutzpatronin der Philosophen* und als eine der *14 Nothelfer,* die man in allen Notlagen anrufen kann, vor allem bei Sprachstörungen und Stummheit.[3] In England und in den Niederlanden verehrte man sie auch als *Patronin der Spitzenklöpperinnen* und *Spinnerinnen.* Zu ihren Ehren wurden Spitzenkuchen und radähnliche Cattern Cakes gebacken, in Thorn an der Weichsel Honigplätzchen, die bekannten Thorner Kathrinchen.[4] Überhaupt begann am Katharinentag das weihnachtliche Plätzchenbacken und die *»geschlossene Zeit« vor Weihnachten,* eine Zeit ohne laute Musik, ohne Tanzveranstaltungen – zumindest in katholischen Regionen.[5]

In Belgien galt die hl. Katharina (griech. die Reine), wie ihr Name schon besagt, als Personifizierung der Reinheit und Jungfräulichkeit. So wurde ihr Feiertag vor allem in Mädchenschulen und Familien mit unverheirateten Töchtern festlich begangen.[6]

In Kroatien herrscht am Katharinentag strenges Spinnverbot. Junge Mädchen bitten die heilige Katharina um einen Mann. Am Katharinentag gebackene Honigkuchen werden in Bulgarien über die Eingangstür gehängt, um vor Pocken zu schützen.[7]

Andreastag und -nacht (30. 11.)

»Als Jesus am See von Galiläa entlang ging, sah er Simon (Petrus) und Andreas, den Bruder des Simon, die auf dem See ihr Netz auswarfen; sie waren nämlich Fischer. Da sagte er zu ihnen: Kommt her, folgt mir nach! Ich werde euch zu Menschenfischern machen.«

(Die Bibel. Markus-Evangelium 1, 16)

Der Überlieferung nach wurde Andreas zum Apostel Kleinasiens, des südlichen Rußlands, Ungarns und Polens. Er wurde in Patras (Peloponnes) an einem Kreuz in Form eines römischen X, dem späteren sogenannten Andreaskreuz, hingerichtet.

Auf Befehl Kaiser Konstantins überführte man im Jahre 359 seine Gebeine von Patras nach Konstantinopel, wo man ihn am 30. November in der dortigen Apostelkirche beisetzte. Sein Gedenkfest wird deshalb im Westen und Osten am gleichen Tag gefeiert. In der *griechischen* und *russischen orthodoxen Kirche* wird der hl. Andreas hoch verehrt. Peter der Große stiftete 1689 den Andreasorden, der an den vier Ecken des Andreaskreuzes die Buchstaben S. A. P. R. trägt (Sanctus Andreas Protector Regni).

Die *Schotten* wählten Andreas, *Andrew,* sogar zu ihrem *Nationalheiligen,* und Jakob V. stiftete 1540 den Andreas- oder Distelorden. Das Königreich Burgund trug das Andreaskreuz in seinem Wappen, so daß es auch Burgunderkreuz genannt wurde. Dem Apostel zu Ehren ließen die Fürsten von Braunschweig Andreas-Dukaten, -Taler, -Gulden und -Groschen prägen. Außerdem wurde Andreas zum Schutzheiligen der sogenannten schottischen Freimaurerlogen.[1]

Diese wenigen Angaben zeigen bereits die bedeutende Rolle, die Andreas im öffentlichen Leben spielte. Im kirchlichen Bereich wuchs seine Bedeutung nach dem 2. Konzil von Nicea (787), als der 30. November endgültig zu seinem Gedenktag erklärt wurde – eine kirchenpolitisch wichtige Entscheidung, weil damit der *Andreastag* mit dem *Ende des alten Kirchenjahres* und in etwa mit dem *Beginn des neuen Kirchenjahres, der Adventszeit,* zusammenfiel.[2] Insofern ist die Andreasnacht mit der Silvesternacht der weltlichen Jahreswende zu vergleichen.

Wie bei jeder bewußt gesteuerten Wendezeit, so war es auch in den Kirchen üblich, von den Kanzeln einen Rechenschaftsbericht über das vergangene Kirchenjahr zu verlesen. Was war im vergangenen Jahr in der Gemeinde und für den Einzelnen Schicksalhaftes geschehen? Von allgemeinem Interesse waren immer Geburten, Taufen, Todesfälle und – Hochzeiten – die wichtigen Wendezeiten des Lebens. Welches Mädchen in heiratsfähigem Alter wollte da nicht auf der Namensliste der demnächst getrauten

Paare stehen? So mag dieser Brauch zu der Vielzahl von *Los- und Liebesorakeln* gerade in der *Andreasnacht* geführt haben.[3] Verstärkend kam wahrscheinlich hinzu, daß in den Andreaslegenden dieser Apostel häufig als Retter in Liebesangelegenheiten erscheint.[4] Und schließlich ist der Wunsch verständlich, am Wendepunkt zum neuen Kirchenjahr in die Zukunft zu schauen und nach Möglichkeit das eigene Schicksal auf magische Weise zu beeinflussen.

Tatsächlich gehen die sogenannten Losbräuche (von losen = vorhersagen, wahrsagen; vgl. Los = Schicksal; Lotto, Lotterie) auf sehr alte Traditionen zurück. Am bekanntesten wurden die Orakelpriesterinnen des klassischen Altertums, Kassándra im trojanischen Krieg, die Pythía in Delphi und die Sibylle in Cumae[5], doch auch im alten Germanien und in der Gegenwart waren und sind Wahrsagebräuche weit verbreitet.[6] Der römische Geschichtsschreiber Tacitus schilderte um 100 n. Chr. den Brauch der Germanen, bei wichtigen Entscheidungen das Los zu befragen, d. h. Losstäbchen zu werfen, die zuvor durch ein Opfer einer Gottheit geweiht worden waren:

»Das Verfahren beim Losen ist einfach. Sie schneiden den Zweig eines wilden Fruchtbaums zu Stäbchen, ritzen auf jedes ein bestimmtes Zeichen (Runen) und streuen sie aufs Geratewohl über ein weißes Tuch hin. Dann hebt, wenn in gemeinsamer Sache Rat gesucht wird, der Priester, wenn in Sachen einzelner, das Familienoberhaupt, mit einem Gebet zu den Göttern gen Himmel aufblickend, nacheinander drei Stäbchen auf und deutet sie gemäß dem zuvor eingeschnittenen Mal. Sind sie nicht günstig, so wird in derselben Sache am gleichen Tage nicht mehr befragt, wenn aber günstig, noch die Bestätigung durch Vorzeichen gefordert« (z. B. durch Beobachtung des Vogelfluges).[7]

In der Andreasnacht vom 29. zum 30. 11. waren es vor allem die Mägde und die weiblichen Dienstboten, die ihr zukünftiges Los erfahren wollten. Der folgende Brauch erinnert an die oben geschilderte Losbefragung:

»Das Mädchen schreibt die 24 Buchstaben mit Kreide an die Tür und greift mit verbundenen Augen danach. Der getroffene ist der Anfangsbuchstabe des Namens des künftigen Geliebten. So werden auch auf zwölf Zettel die Namen begehrenswerter Freier geschrieben und unter dem Zwölfuhrläuten zum Fenster hinausgeworfen bis auf einen, den das Mädchen unter das Kopfkissen legt; am anderen Morgen weiß sie ihren Zukünftigen.«[8]

Wie im Altertum, so war auch im Volksbrauch die Beobachtung und Ausdeutung von Träumen von Bedeutung. So trat z. B. das Mädchen gegen die Rückwand ihres Bettes mit folgendem Spruch:

»Heiliger Andreas, ich bitt' dich,
Bettstatt, ich tritt dich,
laß mir erscheinen –
den Herzallerliebsten mein!«[9]

Diese Liebesträume sollten auf mannigfache erotische Weise provoziert werden, etwa dadurch, daß sich das Mädchen nackt an den Herd setzte und ein Vaterunser rückwärts aufsagte, indem es nackt mit einem neuen Besen die Stube für den Zukünftigen fegte, den Tisch deckte und sich dann immer noch nackt ins Bett legte, um im Traum den Geliebten erscheinen zu sehen. Andreas wurde dabei um direkte Hilfe gebeten, wie es in dem folgenden Gebet heißt:

»Andreas, heiliger Schutzpatron,
gib mir doch nur einen Mann,
Und laß mich im Bild ihn sehn,
Ob er häßlich oder schön,
Ob er geistlich oder weltlich,
Ob er jung ist oder ältlich,
Ob's ein Junker, stolz und frei,
Ob er arm, doch fromm dabei.
St. Andreas zeig' mir's an,
Ob und was ich hoffen kann.
St. Andreas, ich bitte Dich!
Denk doch dieses Jahr an mich!«[10]

In Böhmen war das »*Lichtelschwimmen*« beliebt. Jedes Mädchen ließ in einer großen Waschschüssel zwei Walnußschalen mit einer kleinen brennenden Kerze schwimmen – eine Schale mit dem eigenen Namen, die andere mit dem Namen ihres Geliebten. Trafen sich nach einiger Zeit die Nußschalen, so wurden sie bald ein Paar.[11]

Ein weiterer *Gemeinschaftsbrauch* bestand darin, Strumpf- oder Kopfbänder einer Mädchengruppe in einen Korb zu legen und hochhüpfen zu lassen. Das Mädchen, dessen Band zuerst heraussprang, heiratete als erste. Auch Apfel- und Holunderzweige, die im Wasser mit dem Namen des Liebsten aufblühten, konnten eine bevorstehende Heirat anzeigen. Wie später zu Silvester war auch das *Bleigießen* verbreitet oder die Deutung der Verlaufformen von Eiweiß, das man in eine Schüssel mit Wasser goß. Beim *Scheitegreifen* deutet ein gerades oder aber ein krummes und astiges Holzstück auf die körperlichen Eigenschaften des zukünftigen Mannes.

Wollten eine Magd oder ein Knecht erfahren, ob sie bei ihrer Herrschaft bleiben oder wegziehen müßten, warfen sie in der Andreasnacht schweigend, mit abgewandtem Gesicht einen Pantoffel zur Tür. Zeigte die Spitze zur Tür hin, bedeutete dies Auszug, zeigte sie in entgegengesetzter Richtung, hieß das Verbleiben im Hause. Auch Auswanderung, Tod oder Gesundheit konnten auf diese Weise in Erfahrung gebracht werden.

Andreas wurde auch bei *Krankheiten* angerufen, vor allem bei Gicht, Rotlauf und Milzbrand (d. h. vom Vieh auf Menschen übertragbare Infektionskrankheiten, die heute mit Antibiotika bekämpft werden). Auch die

Liebeszauber in der Andreasnacht. Die Blüten auf dem Boden zeigen zur Tür, wo der gewünschte Liebhaber hereinschaut, möglicherweise eine Analogie zum »Schuhwerfen«. Meister des Iserlohner Marienlebens, um 1480(?) (aus: G. v. d. Osten (Hrsg): Herbst des Mittelalters. Köln 1970, S. 33)

Fruchtbarkeit der Obstbäume wurde angeblich gefördert, wenn man sie am Andreastag mit Strohseilen umwickelte.

Nach alten Bauernregeln hatte das Wetter am Andreastag Einfluß auf die künftige Witterung nach dem Spruch »Andreasschnee tut den Saaten weh« und bleibt hundert Tage liegen.[12] Ihrem Nationalheiligen Andrew backen die Schotten am Andreastag ein spezielles Gebäck. In den USA ist Andrew's Day der erste Schlachttermin mit Gulaschsuppe oder Brunswick Stew.[13]

Im Volksbrauch beginnt am Andreastag die Zeit der Umzüge mit vermummten Gestalten, mit schreckenerregenden und lärmenden Maskenumzügen in der dunkelsten Zeit des Jahres. Die Andreasnacht ist die erste der sogenannten *Klöpflesnächte,* über die in einem späteren Kapitel berichtet wird.

Advent

»Das ist ein Sonntag. Was ist köstlicher als solch ein stiller Sabbatmorgen, wenn's draußen trüb ist, aber drinnen sonnenhell, und die Seele denkt Psalmen und kann wie aus goldenem Becher den Frieden Gottes trinken? Nach der Kirche beim ersten Mittagsläuten eilt alles herbei zur Adventsandacht. Im Betsaal ist Frühling geworden, und von den grün geschmückten Wänden wittert es uns entgegen, wie Weihnachtsahnung aus dem Tannenwald. Aber was gucken die Knaben- und Mädchenaugen so lustig zum Kronleuchter empor? Oh, was sie da sehn, kennen sie wohl. Es ist nichts als ein einfacher Kranz, den der Kronleuchter auf seinen Armen trägt, und auf dem Kranze brennt das erste Licht, weil heute der erste Adventstag ist; und kommt ihr morgen, dann brennen schon zwei, und übermorgen drei, und jeden Tag eines mehr. Und je mehr Lichter brennen, desto näher rückt Weihnachten und desto froher werden Knaben und Mädchen; und brennt der volle Kranz mit allen 24 Lichtern, dann ist er da, der heilige Christ in all seiner Herrlichkeit . . .«[1]

Wir haben hier – um 1850 – die erste Schilderung des Brauches, in der vierwöchigen Adventszeit vor Weihnachten Lichter auf einem Kranz anzustecken, um auf die *Ankunft (adventus)* des Herrn, auf die Geburt Christi, vorzubereiten. Verfasser ist der evangelische Theologe Johann Hinrich Wichern, der 1833 in Hamburg das »Rauhe Haus« als Erziehungsheim für sozial vernachlässigte Jugendliche gegründet hatte. Allerdings wurde damals noch an jedem der Adventstage ein neues Licht angesteckt. Wichern brachte diesen schönen Brauch gegen 1860 auch nach Berlin, wo er ein Waisenhaus in Tegel leitete.[2]

Unser heutiger *Adventskranz* aus Tannen- oder Fichtengrün mit vier Kerzen kam wahrscheinlich erst mit der Jugendbewegung der Jahrhundertwende auf und verbreitete sich rasch als neue Mode der bürgerlichen Mittel- und Oberschicht nach dem 1. Weltkrieg.[3]

Wenn wir heute hören:

»Advent, Advent,
ein Lichtlein brennt,
erst eins, dann zwei,
dann drei, dann vier,
dann steht das Christkind vor der Tür«

dann sind wir möglicherweise entzückt von diesem »alten« Kindergedicht, das in Wirklichkeit sehr jung ist.

Heute beginnt die vierwöchige Adventszeit mit dem 1. Sonntag nach dem 26. 11. gleichzeitig mit dem neuen Kirchenjahr. Wie im Zusammenhang mit dem Martinsbrauchtum bereits angedeutet wurde, schwankte zunächst ihre Dauer als Bußzeit zwischen 6 und 4 Wochen vor Weihnachten. Sicher ist, daß nach der *Einführung der Adventszeit* im 5. Jahrhundert allgemein ein 40tägiger Vorbereitungszeitraum vor Weihnachten angesetzt war – analog der 40tägigen Fastenzeit vor Ostern. In der *orthodoxen Kirche* beginnt die Adventszeit heute noch bereits am 14. November verbunden mit Fasten montags, mittwochs und freitags, ebenso nach der *»ambrosianischen« Liturgie* in Mailand. In der Westkirche wurde dieser Zeitraum später auf 4 Wochen verkürzt, einigen Angaben zufolge bereits auf der Kirchenversammlung von Aachen 826[4], nach anderen Quellen erst im 14. Jahrhundert.[5]

Zu den Vorbereitungsbräuchen zählte die Anlage sogenannter *Adonisgärtlein:* Anfang Dezember säte man in das Wasser einer Tonschale Gerstenkörner, die bis Weihnachten sprießen sollten und mit einem roten Band umwunden den Festtisch schmückten.[6] *Adonis,* ursprünglich als orientalischer Naturgott Symbol des Aufblühens und Vergehens der Natur, war nach griechischer Sage ein schöner Königssohn, in den sich Aphrodite verliebt hatte. Bei der Jagd wurde er von einem Eber getötet, doch Aphrodite ließ aus seinem Blut eine Blume sprießen und erreichte bei Zeus, daß er nur die Hälfte des Jahres im Totenreich bleiben mußte, sich in der übrigen Zeit aber Aphrodites Liebe erfreuen durfte.[7] Vom Mittelmeergebiet hat sich die oben genannte »Tellersaat« auch nach Mitteleuropa verbreitet. Eine Analogie dazu ist in dem Brauch zu sehen, Anfang Dezember, vor allem am Barbaratag (s. unten) Obstzweige ins Wasser zu stellen, die bis Weihnachten aufblühen sollen.

Ob bereits in der Adventszeit oder erst am Weihnachtsabend sogenannte Baumleuchter in der Kirche angezündet wurden, ist nicht sicher bekannt. Derartige Baumleuchter oder Lichterbäume (arbores) sind seit dem 14. Jahrhundert belegt.[8] Auch die Weihnachts- oder Lichterkronen, die in Form von Radleuchtern (rotae) von der Decke herunterhingen, zählen zu den möglichen Vorläufern des Adventskranzes, vielleicht auch des Weihnachtsbaumes (s. das Kapitel von Karla Vossen). In Preußen gab es im 17. Jahrhundert Lichterkronen, die auf Bäumen (wahrscheinlich Baumstämmen) mit Kränzen angebracht waren (den Maibäumen entsprechend) und die z. T. brennend auf Stöcken durch die Straßen (z. B. Berlins) getragen wurden. Daraufhin erließen der Kurfürst Friedrich III. und König Friedrich Wilhelm I. von 1686 bis 1793 zahlreiche Verbote der »Christ- und Lichterkronen und der Umzüge mit ihnen« – wegen der Feuersgefahr in den engen Straßen mit vielen Holzhäusern.[9]

Die von Johann Hinrich Wichern oben näher beschriebene Frühform des »Adventskranzes« ist in Wirklichkeit eher ein *Adventskalender,* ebenso wie der spätere Kranz mit seinen vier Lichtern ein *Wochenkalender* ist. In Anlehnung an den Tageskalender hat die Papierwaren- und Schokoladen-Industrie später die heute bekannten Adventskalender entwickelt: Beginnend mit dem 1. Dezember können die Kinder jeden Tag ein neues Türchen oder Fensterchen mit einer süßen Überraschung öffnen bis zum Bild der Krippe am 24. Dezember. Die Volkskundlerin Ingeborg Weber-Kellermann sieht darin ein Mittel der kirchlichen und bürgerlichen Adventspädagogik, um das Wohlverhalten der Kinder zu steuern und ihre Spannung bis Weihnachten zu steigern:

»*So spiegelt auch die Adventszeit mit ihrem pädagogisch nutzbaren Rhythmus den Geist der bürgerlichen Familie, in der das brave, artige Kind die Anpassung an die Gesellschaft auch mit Hilfe von Kerzenschein und Pfefferkuchenherzchen, von Adventskalendern und Kindervers erlernen sollte.*«[10]

Barbaratag (4. 12.)

»Nach der Legende war die hl. Barbara die Tochter eines reichen Nikomediers namens Dioskuros und lebte zwischen 236 und 305 nach Christi Geburt. Ihr Übertritt zum Christentum versetzte den Vater so in Zorn, daß er nicht allein ihre Verurteilung zum Tode bewirkte, sondern sogar das Scharfrichteramt mit eigener Hand an ihr ausübte. Für solchen Frevel ward der unnatürliche Vater sogleich vom Blitze erschlagen. Von da an wurde die bald heilig gesprochene Barbara als Schutzheilige gegen Blitz und Donner angerufen. Da die Kirchen mit ihren höher als die meisten übrigen Gebäude emporragenden Türmen dem Blitzstrahl sehr ausgesetzt waren, so ist es begreiflich, daß man sie häufig der hl. Barbara weihte, um sie dadurch vor Feuersgefahr zu schützen. Auch die Feuerglocken taufte man vielfach auf ihren Namen, und bereits im frühen Mittelalter war es Sitte, solche Barbaraglocken zu läuten, sobald ein Gewitter am Himmel stand. Dieser Sitte verdankt die Artillerie ihre Patronin, denn durch ihre Kanonen ahmte sie gleichsam Donner und Blitz nach . . .«[1]

Dieser einleuchtenden Erklärung der Vielseitigkeit der Schutzheiligen Barbara sind noch weitere legendäre Einzelheiten hinzuzufügen. So soll sie anfangs durch eine Felsenhöhle den Verfolgern ihres Vaters entkommen sein – Anlaß für die *Bergleute,* sie zu ihrer Patronin zu erklären. Weiter heißt es, ihr Vater hätte sie in einem Festungsturm gefangen gehalten, so daß der Turm zu ihrem Erkennungszeichen wurde. So wurde sie auch deshalb zur *Patronin der Artilleristen,* und viele berühmte Kanonen sind nach ihr benannt. Selbst von Schwerverwundeten, schwer gebärenden Frauen und Sterbenden wurde die heilige Barbara angerufen. Schließlich sollte sie auch gegen Blattern schützen und den Besitzern der Barbarawurzel (Siegwurz, Kraftwurz, Allermannsharnisch = Gladiolen- und Liliengewächse) Unverletzbarkeit verleihen.[3]

Im Volksbrauch ist die im Zusammenhang mit den Adventsvorstellungen bereits angesprochene Sitte, am Barbaratag *Obstzweige* ins Wasser zu stellen, am bekanntesten geworden. Man legt diese »*Barbarazweige*«, vor allem Kirschzweige, zunächst in warmes Wasser und stellt sie dann in einen Wasserkrug neben den Heizkörper in der Erwartung, sie Weihnachten blühen zu sehen.[4] Traditionell mußten die Zweige entweder vor Sonnenaufgang oder beim Vesperläuten (gegen 18 Uhr) geschnitten werden. Die Bauern sahen früher einen Zusammenhang zwischen dem Blühen der Barbarazweige und einer guten Obsternte und einem insgesamt fruchtbaren Jahr. In manchen Familien wurde für jedes Mitglied ein besonderer Zweig aufgestellt. Der zuerst oder am schönsten blühende Zweig sollte seinem Besitzer Glück im kommenden Jahr bringen. Mädchen, die das Aufblühen

»Barbarazweig«, aus einem Adventskalender von 1940

ihres Zweiges mit dem Namen ihres Geliebten verbanden, erhofften davon eine baldige Heirat und die Erfüllung ihrer Wünsche.

Vereinzelt sah man früher die blühenden Barbarazweige als Weihnachtsbaum selbst an. Es wird auch berichtet, daß man diese Zweige als »Lebensrute« zum »pfeffern« oder »fitzeln« weiblicher Familienangehöriger eingesetzt hat.[5]

Kulturgeschichtlich-völkerkundlich gesehen entsprechen die geschilderten Praktiken rund um die aufblühenden Barbarazweige *Orakeln,* verbunden mit einem alten *Analogie- und Fruchtbarkeitszauber:* So wie die Zweige im Wasserkrug aufblühen, so werden oder sollen auch die Obstbäume reiche Frucht tragen, so wie der Zweig des Geliebten aufblüht, so soll auch die Liebe blühen, so wie die Mädchen mit der Lebensrute geschlagen werden, so sollen sie später auch Leben schenken, d. h. reiche Nachkommenschaft haben.[6]

In späterer christlicher Neu-Interpretation dagegen sollen die blühenden Zweige an das Beispiel der heiligen Barbara erinnern, die trotz ihrer Haft in den toten Mauern des Gefängnisturmes ihren Glauben und ihre Hoffnung auf neues Leben bewahrt hatte. Zu Weihnachten aufbrechende Blütenknospen erinnerten außerdem an den »kostbarsten Sproß der Wurzel Jesse«, an die Geburt Jesu.[7]

Nikolaus und Weihnachtsmann

». . . Damit schied Sanct Nicolaus von dieser Welt im Jahre 343; und war ein süßer himmlischer Gesang vernommen. Er ward begraben in einem Grab von Marmelstein: da entsprang zu seinen Häupten ein Brunnen mit Öl und zu seinen Füßen ein Wasserquell; und noch heutigen Tages rinnt heiliges Öl von seinen Gebeinen, das ist wider alles Siechtum . . . Darnach über lange Zeit war Myra von den Türken zerstört. Es kamen über sieben und vierzig Ritter von der Stadt Bari, denen zeigten vier Mönche das Grab des Heiligen; und da sie es auftaten, sahen sie sein Gebein in Öl schweben. Sie nahmen es und brachten es in die Stadt Bari mit großen Ehren nach Christi Geburt im Jahre 1087.«[1]

Sankt Nikolaus ist zweifellos der *volkstümlichste Heilige der Weihnachtszeit.* In der Ostkirche, der armenischen, byzantinisch-griechischen und russisch-orthodoxen Kirche ist er sogar der populärste Heilige überhaupt neben Maria. Bereits im 6. Jahrhundert ließ Kaiser Justinian ihm zu Ehren in Konstantinopel eine Kirche erbauen, die von Kaiser Basilius im 9. Jh. prachtvoll erneuert wurde.[2]

Doch auch diesseits der Alpen wurden ihm in der Zeit vom 11.–16. Jahrhundert mehr als 2200 Kirchen geweiht.[3] Wie ist der Heilige zu diesen großen Ehren gekommen? Die historischen Nachrichten sind spärlich, doch um so reicher die Legenden, die sich um seine Person ranken. Gesichert erscheint, daß er um 270 in der Hafenstadt Patara in Lykien (Kleinasien) geboren wurde, und daß man ihn wegen seiner Frömmigkeit und Mildtätigkeit zum Bischof von Myra (heute türk. Demre) wählte. Während der Christenverfolgungen unter Diokletian kam er ins Gefängnis, wurde jedoch unter Kaiser Konstantin wieder befreit.[4]

Colette Méchin, die eine lesenswerte Monographie des Nikolauskultes in Lothringen geschrieben hat, gibt uns noch folgende historisch aufschlußreichen Hintergrundsinformationen: Nikolaus' Geburtsort Patara war ein wichtiges Zentrum des *Apollokultes.* Sein Leben lang habe er sich dort vergeblich darum bemüht, diesen auszumerzen. Zu Ehren des – auch als Sonnengott – verehrten Apollo sollen im Dezember viele Menschen nach Patara gepilgert sein, doch nach dem Tod des hl. Nikolaus (am 6. Dezember 343) sei die Verehrung des Apollo mehr und mehr auf ihn selbst übergegangen.[5]

Ferner wird berichtet, Sankt Nikolaus habe auch den Kult der Großen Mondgöttin Diana bekämpft. Diana, von den Griechen Artemis genannt, war die Zwillingsschwester des Apollo. Der Legende nach hat Nikolaus eine Statue der Diana zerbrochen bzw. den »Baum der Diana« abhauen lassen.[6]

Im 6. Jahrhundert wurde der Sagenstoff zusätzlich angereichert durch Verwechslung mit seinem Namensvetter *Sankt Nikolaus Archimandrid* aus dem Kloster Sion bei Myra, dem späteren Bischof von Pinara. So läßt sich die Fülle von Legenden erklären, die mit dem Namen Nikolaus verbunden sind.[7]

Die wichtigsten werden hier zusammen mit ihren historischen und aktuellen Bezügen vorgestellt.

Nikolaus als Retter aus Sturmesnot

»Es geschah, daß Leute auf dem Meere fuhren, die kamen in große Not. Da riefen sie Sanct Nicolaus an und sprachen: ›Nicolae, du Knecht Gottes, wenn es wahr ist, was wir von dir gehört haben, so laß uns deine Hilfe erfahren.‹ Zustund erschien ihnen einer, der ihm gleich sah, und sprach: ›Ihr rufet mich, hier bin ich.‹ Und fing an und half ihnen an den Segeln und Stricken und anderem Schiffsgerät; alsbald war das Meer gestillt.«[8]

Colette Méchin weist darauf hin, daß die Handelsleute aus Bari (Apulien), die im Jahre 1087 ausgelaufen waren, um die Gebeine des heiligen Nikolaus aus Myra in ihre Heimatstadt zu holen, während der Fahrt vor diesem Raubzug zurückgeschreckt seien. Doch widrige Winde hätten sie geradewegs zur Zwischenlandung in Myra und damit zur Durchführung ihres Planes gezwungen.

Hinter diesem *Reliquienraub* stand das Bestreben der Barenser Kaufleute, den Segen des heiligen Nikolaus auf ihre eigenen Handelsrouten umzulenken, zumal sie davon gehört hatten, daß ihre Konkurrenten, die Venezianer, einen ähnlichen Plan gefaßt hatten. Auf diese Weise wurde der Nikolauskult vom Osten in den Westen verpflanzt. Im 8. Jahrhundert wird sein Kult jedoch bereits in Rom erwähnt; im 10. Jh. wird er über die byzantinische Prinzessin Theophano, der Gemahlin Otto II., nach Deutschland gebracht und nach der Überführung der Gebeine nach Bari (1087) in ganz Europa über die wichtigsten Handelsrouten verbreitet.

Ein Kreuzritter aus Lothringen, ein Mann namens Aubert aus Varangéville, soll wiederum 1092 ein *Fingerglied* des Heiligen in Bari entwendet und in seinen Heimatort gebracht haben. Unweit von Nancy, am Übergang einer großen Handelsstraße über die Meurthe (einem Nebenfluß der Mosel), wurde in *Saint-Nicolas-de-Port* Ende des 15. Jahrhunderts über der Reliquie des Heiligen eine große spätgotische Basilika errichtet und der heilige Nikolaus zum Nationalheiligen von Lothringen.[9]

»Sünnerklaas« auf seinem Schimmel in Ostfriesland (aus Reinsberg-Düringsfeld, 1863, S. 361)

Saint Nicolas de Port bei Nancy mit spätgotischer Nikolausbasilika, 15.–16. Jahrhundert

In allen Hafenstädten weihte man Nikolaus als dem *Schutzheiligen der Seefahrt* Kirchen und Kapellen, in Hamburg z. B. die Hauptkirche Sankt Nikolai. In Deutschland waren Trier und Köln Ausgangspunkt des Nikolauskultes, der sich über Dänemark in das Ostseegebiet und in den hohen Norden bis nach Island verbreitete. Auch an vielen Seen und an Flußübergängen sind häufig Nikolauskapellen anzutreffen. So wurde Nikolaus zum *Patron der Flußschiffer, der Flößer, der Reisenden zu Wasser und zu Lande, der Fischer, Brückenbauer, der Kaufleute und Händler,* insbesondere der *Getreide-, Wein-, Öl-, Spezerei- und Leinwandhändler, der Bäcker, Apotheker und Tuchmacher.* Viele Bruderschaften und Zünfte stellten sich unter seinen Schutz, und an vielen Orten wurden Anfang Dezember *Nikolausmärkte* unter der Schirmherrschaft des Heiligen abgehalten.[10]

Nikolaus als Ehestifter

»Da war ein Nachbar, edel von Geburt und arm an Gut, der hatte drei Töchter, die wollte er in seiner Not in die offene Sünde der Welt stoßen, daß er von dem Preis ihrer Schande leben möchte. Als das Sanct Nicolaus hörte, entsetzte er sich über die Sünde; und er ging hin und band einen Klumpen Goldes

in ein Tuch und warf ihn des Nachts heimlich dem Armen durch ein Fenster in sein Haus und ging heimlich wieder fort. Da es Morgen ward, fand der Mann das Gold, dankte Gott, und richtete der ältesten Tochter Hochzeit aus . . .«[11]

Der gleiche Vorgang wiederholte sich mit der zweiten Tochter, doch beim dritten Mal blieb der Vater wach und konnte den heiligen Nikolaus als seinen Wohltäter erkennen.

Völkerkundlich von Interesse ist an dieser Geschichte, daß der Vater offenbar mangels Mitgift seine Töchter nicht verheiraten konnte und sie deshalb in die Prostitution schickte. Das Motiv von den drei rettenden Goldklumpen wurde in anderen Versionen dieser Legende abgewandelt in drei goldene Kugeln oder *drei goldene Äpfel.* Ähnliche Legenden sind seit der Antike in Umlauf. So mußte Herakles z.B. drei goldene Äpfel aus dem Land der Hesperiden bringen, wo sie an einem Baum hingen, den Gaia, die Erdgöttin, als Hochzeitsgeschenk für Hera und Zeus aus ihrem Schoße hatte emporwachsen lassen.[12]

Der Apfel ist bei fast allen europäischen Völkern als Liebes- und Hochzeitssymbol bekannt. Drei goldene Kugeln oder Äpfel sind eines der Symbole des heiligen Nikolaus. Heiratslustige Mädchen stellten sich unter seinen Schutz oder riefen ihn um Hilfe an. In Saint-Nicolas-de-Port traten sie am Nikolausabend auf den »guten Stein« seiner Patronatsbasilika, wenn sie sicher gehen wollten, sich im kommenden Jahr zu verheiraten.

Wenn die Arbeit auf den Feldern beendet war und das Vieh wieder im Stall stand, begannen am Winteranfang ab Anfang oder Mitte November die häuslichen Arbeiten in der bäuerlichen Wirtschaft. Die Frauen und heiratsfähigen Mädchen versammelten sich reihum in der *Spinnstube,* um das Garn von Flachs (Leinen) und Hanf zu spinnen, das später zum Weber geschickt wurde. Auf diese Weise konnte man Licht und Brennmaterial sparen, die Tagesereignisse bereden, Märchen erzählen und künftige Hochzeiten planen.

Die Männer waren in der Regel von diesen Spinnabenden ausgeschlossen. Doch die heiratslustigen jungen Burschen blieben nicht untätig. In Lothringen und in den Ardennen gehörte es zu ihrer Lieblingsbeschäftigung, am Ende des Abends auf die Spinnerinnen zu warten, um sie zu erschrecken. Sie verkleideten sich dazu häufig als Gespenster oder höhlten Runkelrüben aus, die sie mit den Augenhöhlen und der Nasenhöhle eines Totenkopfes versahen. Colette Méchin nimmt an, daß sich einerseits im Schutze der Nacht Liebesbeziehungen anbahnen konnten, andererseits die jungen Burschen die wiederkehrenden Toten verkörperten, die vor allem im Winter zu den Lebenden zurückkehrten. Wie wir im Zusammenhang mit den maskierten Begleitern der Nikolausumzüge noch sehen werden, ist es nicht auszuschließen, daß in diesem Brauchtum Reliktformen eines in Europa früher weit verbreiteten Ahnenkultes weitergelebt haben.[13]

Nikolaus als Helfer in der Hungersnot

Während einer großen Hungersnot lagen Schiffe aus Alexandria auf dem Weg nach Konstantinopel im Hafen von Myra. Da sie Weizen geladen hatten, bat Bischof Nikolaus die Schiffsleute, ihm wenigstens hundert Maß Weizen zur Rettung der Hungernden zu geben. Der Kapitän weigerte sich zunächst, da er die Ladung ungemindert dem Kaiser abliefern mußte. Doch Nikolaus verwies auf die Kraft Gottes und . . .

»die Schiffsleute erfüllten sein Gebot; und da sie vor die Diener des Kaisers kamen, hatten sie so viel Maß Kornes, als sie zu Alexandria eingenommen hatten. Da sagten sie das Wunder öffentlich und priesen den Herrn in seinem Knecht. Unterdes teilte Sanct Nicolaus das Korn unter das Volk nach eines jeden Bedürfnis, und von diesem wenigen Korn ward das ganze Land zwei Jahre gespeiset, und blieb noch genug zur Aussaat übrig.«[14]

Nikolaus erweist sich hier wie seinerzeit Jesus als Retter in der Not und als ein Patron des Überflusses. Auf diese Weise wurde er zum *Patron der Bäcker* und wird z. T. auch mit drei Broten dargestellt. So ißt und trinkt man während des Nikolausfestes üblicherweise reichlich, gewissermaßen als »Vorgeschmack« des Weihnachtsfestes, um auf gleichsam magische Weise den gewünschten künftigen Nahrungsüberschuß zu sichern.[15]

Nikolaus als Helfer der Gefangenen

Der römische Kaiser hatte zur Niederschlagung eines Aufstandes in Phrygien drei hohe Offiziere ausgesandt. Sie mußten in Lykien zwischenlanden und wurden vom heiligen Nikolaus empfangen. Während des Gastmahls kam die Nachricht, daß drei Ritter in der Nähe unschuldig hingerichtet werden sollten. Nikolaus eilte mit seinen Gästen zum Richtplatz, entriß dem Henker das Schwert, befreite die Gefangenen und bestrafte die Richter.

Nach erfolgter Mission ließ der Kaiser die Offiziere ihrerseits auf Betreiben von Neidern ins Gefängnis werfen, um sie ohne Verhör noch in derselben Nacht töten zu lassen. Sie erinnerten sich jedoch an die Rettung der drei unschuldigen Ritter durch Nikolaus und riefen ihn um Hilfe an. Da erschien er zu gleicher Zeit dem Kaiser und seinem bösen Ratgeber im Traum und drohte ihnen mit Verderben, wenn sie die unschuldigen Offiziere nicht unverzüglich freiließen. Unter dem Eindruck dieser Vision ließ der Kaiser sie tatsächlich frei und trug ihnen auf, Nikolaus Geschenke von ihm zu überbringen und ihn um den Schutz seines Reiches zu bitten.

Diese Legende von der zweimaligen Gefangenbefreiung hat sehr zur Popularität des Heiligen beigetragen. Künftig galt Nikolaus als *Schutzpatron der unschuldig Gefangenen und zum Tode Verurteilten.*

Nikolaus als Schutzpatron des Eigentums und der Diebe

Die »Legenda aurea« berichtet von einem Juden, der, beeindruckt von den Wundertaten des Nikolaus, ein Bild des Heiligen malen ließ und dieses zum Schutz seines Besitzes im Hause aufstellte. Wörtlich heißt es:

»Eines Tages nun fuhr der Jude aus und ließ Sanct Nicolaus das Haus hüten; da kamen die Diebe und stahlen alles, was in dem Hause war, nur das Bild ließen sie stehen. Als der Jude wiederkam und sich also beraubt sah, sprach er zu dem Bild: „Herr Nikolaus, hab ich euch nicht in mein Haus gesetzt, damit ihr es vor Räubern behütet? Warum habt ihr das nicht getan und den Dieben gewehret? Ich sage euch, ihr sollt Pein erleiden für die Diebe: also will ich meinen Schaden rächen an euch und will meinen Zorn in Streichen an euch kühlen.«[16]

Tatsächlich peitschte der Jude das Bild des Heiligen, der daraufhin bei den Dieben in dem Augenblick erschien, als sie dabei waren, ihr Diebesgut aufzuteilen. Er wies auf seine blutigen Striemen und drohte ihnen mit der Rache Gottes, wenn sie ihre Beute nicht unverzüglich zurück brächten. Und so endet die Geschichte:

»In großem Schrecken gingen die Diebe zu dem Juden und erzählten ihm das Wunder und gaben ihm sein Gut zurück; da sagte ihnen der Jude, wie er dem Bilde hatte getan. Also wurden die Diebe rechtschaffen und der Jude ein Christ.«[16]

Mit seltener Eindeutigkeit wird hier ein Zusammenhang zwischen der Behandlung von Bild und originalem Vorbild hergestellt. Völkerkundlich gesehen handelt es sich dabei um einen reinen Analogiezauber nach der verbreiteten Vorstellung : So wie ich dem Bild schade, schade ich auch dem Träger oder – im positiven Fall – so wie ich das Bild verehre, verehre ich direkt die darauf dargestellte Persönlichkeit. Jedenfalls macht diese Legende verständlich, daß auch *Diebe* und *»fahrende Leute«* Nikolaus als ihren *Schutzpatron* betrachten. Auf dem Oberarm eines Diebes, der 1933 in Köln gefangen saß, waren zwei Verbrechertypen mit der Bitte eintätowiert: »Heiliger Nikolaus, schütz uns vor Polizei und Arbeitshaus.«[17]

Nikolaus als Freund der Kinder

»Ein Mann feierte jedes Jahr das Fest des heiligen Nicolaus gar köstlich seinem Sohne zulieb, der die Wissenschaften lernte. Einst gab er dem Sohne ein Mahl . . . Es kommt aber der Teufel vor die Tür in eines Pilgers Gestalt und bittet um Almosen. Der Vater heißt den Sohn, es ihm zu bringen, der Knabe läuft hin, findet ihn aber bei der Tür nicht mehr und eilt ihm nach bis zu einem Kreuzweg: da packte ihn der Teufel und erwürgte ihn. Als der Vater das vernahm, war er gar traurig; er nahm den Leichnam . . . und schrie vor

großer Betrübnis und sprach: »Lieber Sohn, wie ist dir geschehen? Heiliger Nikolaus, ist das der Lohn für die große Ehre, die ich dir erwiesen habe?« Solcher Worte sprach er viel; unter dem tät der Knabe seine Augen auf, als ob er aus einem Schlaf erwache, stund auf und ward gesund.«[18]

Eine in ihrem Ausgang ähnliche Geschichte tauchte erstmalig im 12. Jahrhundert in der Normandie auf. Der heilige Bonaventura verbreitete 1274 die Geschichte zweier Schüler, die zur Zeit des Nikolausfestes auf dem Weg nach Athen waren, um dort Philosophie zu studieren. Bei einbrechender Dunkelheit baten sie unterwegs um Obdach, doch ihr habgieriger Gastgeber, ein Gastwirt oder Metzger, brachte sie in der Nacht um. Zur Beseitigung der Spuren vermengte er die zerstückelten Körperteile mit eingepökeltem Schweinefleich in einem Pökelfaß. Der heilige Nikolaus, der bald darauf in die gleiche Herberge kam und mit dem Pökelfleisch bewirtet wurde, erkannte die grausige Tat und erweckte die beiden Knaben wieder zum Leben.

So ist ein *Pökelfaß,* aus dem sich später drei (anstelle von zwei) Knaben ihrem Retter entgegenstrecken, zu einem weiteren *Attribut des heiligen Nikolaus* geworden. In Lothringen erinnern die Kinder zum Nikolausfest mit dem folgenden Lied an das geschilderte Ereignis:[19]

Refrain: Es waren drei kleine Kinder
Die Ähren lasen im Feld.
Sie gingen am Abend zum Metzger
»Laß schlafen uns Metzger, bei dir!«
»Kommt näher, ihr Kinder, kommt näher,
Zum Schlafen ist Platz genug hier!«

Sie waren kaum eingetreten,
Da hat er sie umgebracht,
Wie Ferkel in Stücke geschnitten,
Und Pökelfleisch daraus gemacht.

Nach sieben Jahren geschah es dann,
Sankt Nicklas erging in den Feldern sich,
Er kam zum Metzger und klopfte an:
»Sag, Metzger, hast du ein Bett für mich?«

»Tretet ein, Sankt Nicklaus, seid willkommen!
Hier habt Ihr Platz wie's Euch behagt!«
Er war noch kaum hineingegangen,
Da hat ums Nachtmahl er gefragt.

»Soll ich vom Kalb euch etwas geben?«
»Ich mag es nicht, ist gar nicht schön!«
»Dann von dem Schinken dort daneben?«
»Der ist nicht gut, will ich nicht sehn!«

»Vom Pökelfleisch möcht ich gern haben,
liegt sieben Jahr' im Fasse dort!«
Der Metzger hat es kaum vernommen,
Da stahl er durch die Tür sich fort.

»He, Metzger, Metzger fliehe nicht!
Bereue, Gott wird dir verzeihen!«
Der Heil'ge sprachs und setzte sich
Ans Pökelfaß und sah hinein.

»Ihr Kinder, die ich schlafen seh,
Ich bin der heilige Nikolaus.«
Er hob drei Finger in die Höh',
Da kamen alle drei heraus.

Das erste sagt': »Ich schlief so tief!«
Das zweite dann: »Und ich so süß!«
Das dritte, allerkleinste rief:
»Ich dacht, ich sei im Paradies!«

Was steckt nun tatsächlich hinter dieser Gruselgeschichte? Zunächst wird in dem Lied die Nachlese von Ähren nach der Ernte angesprochen. Drei Kinder einer vermutlich armen Familie werden dabei von der Dunkelheit überrascht, suchen Obdach bei einem Metzger, der sie umbringt, in Stücke schneidet und einpökelt, d. h. in einem Pökelfaß in Salzlake einlegt wie Schweinefleisch.

Die Erwähnung des *Einpökelns* ist in der bäuerlichen Wirtschaft zu Beginn der Winterzeit nicht zufällig. Es mußten Vorräte für den Winter geschaffen werden, vor allem Schweinespeck, Schmalz und Würste. Nach der Erntezeit und dem Eintreiben des Viehs war Schlachtzeit der Tiere, die man, wie bereits zu Martini erwähnt wurde, mangels Viehfutter nicht durch den Winter füttern konnte. Nach der ersten großen Schlachtzeit rund um den Martinstag begann die *zweite Schlachtzeit rund um den Nikolaustag* und reichte bis zum Jahresende.

Alexander Tille, der bereits Ende des 19. Jahrhunderts eine bemerkenswert gründliche Studie über die wirtschaftlichen Hintergründe des weihnachtlichen Festzyklus verfaßt hat, räumt dem Schlachten einen hohen Stellenwert ein:

»Der zweite große Schlacht-, Schmaus- und Kinderfesttag des deutschen Winteranfangs ist der Nikolaustag des 6. Dezember. An ihm fällt der alte Eber, welcher den November über noch zur Zucht gedient hat . . .«[20]

Gerade um das *Schwein,* vor allem den *Eber,* ranken sich um die Nikolauszeit eine Vielzahl von Volksbräuchen. Ob dabei altgermanische Vorstellungen nachgewirkt haben? Wir wissen es nicht sicher. Jedenfalls wird berichtet, daß Freyr, der von den Wanen abstammende Gott der Sonne, des

Lichtes und der Fruchtbarkeit, vor allem zur Zeit des *Julfestes* (s. weiter unten) und zur Zeit der *Wintersonnenwende* gefeiert wurde. Sein Reittier war Gullinbursti, »der Eber mit den goldenen, weithin schimmernden Borsten«. Der Eber war das bevorzugte Opfertier des Freyr. Das Tier war so heilig, daß man bei allen wichtigen Gelegenheiten auf seine Borsten schwören mußte.[21]

Heinrich Handelmann berichtet im 19. Jahrhundert von einem interessanten Brauch in Friedrichstadt/Schleswig-Holstein am »Söndern-Niklas oder Sünner-Klas-Abend«, der von holländischen Einwanderern dorthin verpflanzt worden sei. Neben einem großen ein bis zwölf Pfund schweren Kuchen in Gestalt des Nikolaus würde noch eine andere Figur gebacken,

»die in Holland das St. Niklas-Varken (Ferkel) heißt, nämlich ein aus Roggenbrot gebackener handhoher Eber, dessen Rüssel und Ringelschwanz vergoldet sind und der goldene Kniespangen trägt.«[22]

Aus England heißt es, daß in der Vorweihnachtszeit erlegte wilde Eber den Mittelpunkt der Festmahlzeit bildeten mit »bekränztem Haupt als Schmuck der Festtafel«.[23] In Frankreich spricht man vom »Opfern des Schweines« (sacrifice du cochon)[24] oder vom »Tag des heiligen Schweines«, der ironischerweise »Tag der heiligen Blutwurst«[25] genannt wird.

Die Schlachttermine schwanken dort je nach Region zwischen Mitte November bis in den Februar hinein, doch sie häufen sich in den beiden letzten Wochen vor Weihnachten, d. h. sie fallen mit der Nikolauszeit zusammen.[26]

So haben sich offensichtlich, wie in der Legende der drei Knaben im Pökelfaß zum Ausdruck kommt, Glaubensvorstellungen von der Schutzmacht des heiligen Nikolaus mit den jahreszeitlichen Praktiken und Bräuchen der bäuerlichen Wirtschaft vermischt. Erst vor diesem Hintergrund werden diese Bräuche verständlich.

In einer weiteren Nikolauslegende bewährt sich der Heilige ebenfalls als Schutzpatron der Kinder. Ein reicher Mann feiert jedes Jahr das Fest des Heiligen mit großer Pracht. Sein Sohn, der auffallend schön ist, wird von einer Räuberbande entführt (angeblich von Arabern oder – an anderer Stelle – vom König von Babylon). Als späterer Mundschenk des Königs erinnert sich der Sohn am Tag des heiligen Nikolaus seufzend an das große Fest in seinem Elternhaus. Der König wird darauf zornig, doch ein aufkommender starker Wind trägt den Knaben fort und setzt ihn vor seinen Eltern wieder ab.[27]

Schülerbischof als Nikolaus

Die in diesen Legenden zum Ausdruck kommende Fürsorge des heiligen Nikolaus gerade für Kinder und Schüler hat schon früh seinen Niederschlag in einem reichen Brauchtum gefunden. In frühen Hamburger Quellen ist von einem Schülerbischof die Rede, der nach dem Motiv der »verkehrten Welt« am Nikolaustag den Erwachsenen die Leviten lesen konnte.

»Am St. Nikolas-Tage, dem Hauptfest der Hamburger Schuljugend (6. Dezember), durfte dieselbe nach altem Herkommen einen Bischof aus ihrer Mitte wählen, welcher die Hauptperson bei dem Feste war, und noch drei Wochen lang später fast unglaublicher Ehren und Vorzüge sich erfreute.«[28]

Da es wegen dieses bei Schülern und ehrgeizigen Eltern heiß begehrten Amtes zu häufigen Auseinandersetzungen gekommen war, beschlossen die »Ehrbaren des Rates« und die »Ehrwürdigen des Dom-Kapitels« am 7. Dezember 1305, ein Regulativ »de eligendo episcopo puerorum« zu erlassen, um eine genaue Wahlordnung des Kinderbischofs vorzuschreiben. Danach konnte ein Schüler nur ein einziges Mal im Leben gewählt werden; Wahlrecht hatten nur die offensichtlich besten Schüler, die Scholares Canonici (Kinder-Domherrn).

Am Nikolaustag wurde der erwählte Kinderbischof mit allen Ehren im bischöflichen Ornat von den Mitschülern zu einem Ehrenplatz im Dom neben den Altar geführt. Er mußte in der feierlichen Messe eine bischöfliche Predigt an die Erwachsenen in lateinischen oder deutschen Versen halten. Bei einem folgenden Umzug durch die Stadt saß der junge Bischof zu Pferde, gefolgt von den älteren Scholaren in grauen Röcken und schwarzen Kappen und einer Schar jüngerer Schüler in *»vielfachster Verkleidung, als Apostel und Heilige mit deren Attributen, als Engel, als Priester, Mönche, Könige, Kurfürsten, Ritter, Ratsherren, Bürger, Schneider und Schuster, als Bauern, Kriegsleute, auch als Narren, Heiden und schwarze Mohren, ja sogar als Teufelchen«.*[29]

Diese bunte Schar sammelte Lebensmittel und Almosen ein, trieb dabei allerhand Schabernack »zur eigenen und aller Zuschauer Ergötzung, welche in ungezählter Menge den Zug begleiteten oder ihm aus den Fenstern zusahen. Eine große fröhliche Schmauserei beschloß den Freudentag«.[30] Der Kinderbischof blieb bis zum 28. Dezember, dem »Tag der unschuldigen Kindlein«, im Amt. An den Sonn- und Feiertagen präsidierte er im Chor des Domes. Nach dem letzten Messebesuch zum Gedenken der von Herodes in Bethlehem umgebrachten »unschuldigen Kindlein« erhielten die Scholaren im Refectorium des Domes einen Imbiß und beschlossen das Regiment des Kinder-Bischofs mit einem Umzug durch die Stadt.

Dieser schöne, farbige Brauch wurde abgeschafft, als Hamburg protestantisch wurde. In England und in den katholischen Gebieten Süddeutschlands hielt er sich länger, in Mainz bis 1779, ja in Dänemark fand sich bis ins 19. Jahrhundert noch eine Parodie auf den Weihnachtsbischof (Jule-Bisp) in Form eines Kinder- oder Narrenbischofs, der, einen Stock im Munde tragend mit einem Licht an jedem Ende, auf zwei Burschen hereingeritten kam.[31]

Im Jahre 1404 heißt es in Straßburg, daß die Scholaren den heiligen Nikolaus als leuchtendes Vorbild verehren sollten:
»Als Knabe schon weihte er sich der Tugend, glänzte in Wissen mit zunehmendem Alter, suchte nicht lose Knabenstreiche, sondern behielt das Wort Gottes in lebendigem Gedächtnis.«[32]

Von hier aus ist nur ein kleiner Schritt zur Rolle des heiligen Nikolaus als *Gabenbringer für die braven Kinder und fleißigen Schüler.* Tatsächlich wurde der Nikolaustag in manchen Teilen Deutschlands der Hauptbeschertag für die Kinder. Bis etwa um 1800 war Nikolaus der einzige Gabenbringer und damit der Vorläufer von Weihnachtsmann und Christkind.

Auch in der Schweiz brachte der Sami-Chlaus bereits am Nikolaustag oder Neujahr die Gaben, darunter ein Bäumchen mit Äpfeln und Nüssen, wie u.a. ein Stich von 1799 belegt.[33] In Holland ist der Nikolaustag nach wie vor der große Tag für die Kinder. Sinterklaas kommt mit seinem Schimmel zum Schornstein herein, holt das in Holzschuhen bereit gestellte Heu und legt Äpfel und Nüsse hinein.[34]

Nikolaus und seine wilden Begleiter

Im Volksleben entwickelte sich das Gabenbringen des hl. Nikolaus zu einer unüberschaubaren Fülle landschaftlich unterschiedlicher Bräuche. Übereinstimmend wird jedoch von Umzügen berichtet, wie sie in dem oben geschilderten Umzug zu Ehren des Hamburger Schülerbischofs um 1300 bereits anklingen: Die Begleiter des Nikolaus sind maskierte Gestalten, Engel und Heilige, Fürsten und Bürger, Bauern und Handwerker, ja auch von Narren, »schwarzen Mohren« und von Teufelchen ist die Rede. Hier erkennen wir bereits neben den christlich »gezähmten« die wilden, dunklen Gestalten, die bis in die Gegenwart hinein den Nikolaus begleiten. Hier werden möglicherweise Relikte vor-christlicher Umzüge faßbar. Diese Schreckgestalten stehen in auffälligem Kontrast zu dem gütigen Heiligen, der im bischöflichen Ornat mit einer Mitra auf dem Kopf bekleidet ist, oder einen weißen, später roten Kapuzenmantel trägt und mit seinem langen weißen Bart an kindliche Vorstellungen von Gottvater erinnert. Während Nikolaus die Kinder gütig ermahnt, immer fleißig, lieb und brav zu sein und sie mit Äpfeln, Nüssen und Süßigkeiten belohnt, drohen seine Begleiter, die unartigen und faulen Kinder in den Sack zu stecken oder sie zumindest mit einer Rute zu verhauen.

Die Lebendigkeit und Vielschichtigkeit eines lokal gewachsenen oder importierten Brauchtums zeigt sich in seiner Unterschiedlichkeit. So gibt es auch für den Nikolaus und seine Begleiter regional die unterschiedlichsten Bezeichnungen, die sich z.T. überlagern und vermischen. In den angelsächsischen Ländern wird Nikolaus überwiegend *Santa Claus* genannt, abgeleitet von dem deutschen Sankt Nikolaus oder dem holländischen *Sinter*

Klaas, [35] doch gibt es in Pennsylvania (USA) seit dem 19. Jahrhundert die groteske Entwicklung, daß aus dem deutschen Wort Christkind oder Christkindlein die verballhornte Form *Kriss-Kringle* nicht etwa für das »Christkind« selbst geworden ist, sondern für den gabenbringenden Saint Nicholas oder Santa Claus.[36]

In dem Holland benachbarten Niederrheingebiet heißt der Nikolaus *Zinterklos,* in Ostfriesland *Sünnerklaas,* auf Wangeroog *Sunner-Klaus,* in Thüringen *Herr Sente Klas* oder – mundartlich verkürzt – »*Herrsche-Klas*«[37], in Lechrain *Seneklos,* in Schwaben *Klos, Santiklos* oder *Santiklaus,* in Hannover *Klawes* usw.

Eine andere Namensvariante lehnt sich an »Nikolaus« an: *St. Niklas* (Oberschwaben), *Santimichlaus* oder *Samichlaus* in der Schweiz, *Niklo* oder *Nikoló* in Oberbayern und im Böhmerwald, *Niglo* in Niederösterreich und *Niklos* am Mittel- und Oberrhein. Im Kölner Raum heißt er schlicht *Helije* (Heiliger) *Mann,* in Franken *Hel-Niklos.*

Eine andere Bezeichnung ist mit »Pelz« oder »Ruh« (= Rauchwerk, Pelzwerk) kombiniert, so *Pelznickel* im Bergischen Land, *Belsnickel* im südlichen Hunsrück und in der Rheinpfalz, *Pelzmärte* (Pelzmartin) in Baden und *Nußmärte* (Nuß-Martin) in Schwaben sowie *Ruhklas* in Mecklenburg.[38]

Der bekannteste der dunklen Nikolausbegleiter ist *Knecht Ruprecht,* der wegen seines häufig zottigen Pelz- oder Strohgewandes auch *Pelz-Precht* oder *Pelz-Percht* genannt wird. Er ist häufig mit rasselnden Ketten, Rute und Sack ausgerüstet, um die Kinder zu erschrecken. In der mittleren Rheingegend heißt er auch *Beelzebub* (Teufel), in der südlichen Eifel und an der Mosel *Belsebub* oder *Pelzbock.*

Nach der romantisch-mythologischen Wissenschaftsauffassung der Gebrüder Grimm und ihrer Anhänger wurde die Silbe -precht in Ruprecht oder die Bezeichnung *Percht, Berchta* von ahd. *perahta* – Leuchtende, Glänzende, Hehre – abgeleitet.[39] Danach wurde Ruprecht auch mit »*Hruodperaht*« zusammengebracht in der Bedeutung von »Ruhmglänzender«, ein Beinamen des germanischen Gottes Wodan.[40] Ist Knecht Ruprecht ein von christlichen Missionaren verteufelter, dämonisierter Wodan?

Eine neuere Richtung der vergleichenden Sprachforschung leitet – *percht* – nicht mehr von – beraht – = leuchten ab, sondern von – *pergan*– = bergen, hüllen, begraben. Auch die Bezeichnung *Hel* = Hölle (Hüllende) und Frau *Holle* wird damit in Verbindung gebracht und verwiese somit auf Totendämonen und einen alten Toten- oder Ahnenkult.

In einem europäischen Randgebiet, in Albanien, gilt der 6. Dezember noch heute als Tag der Verstorbenen, die nach ihrem Tod in die Welt der Geister aufgenommen wurden und als Gespenster umgehen. Um sie zu speisen, wird ein Hammel geschlachtet, denn in der Nacht kämen die Ver-

Nikolaus mit Knecht Ruprecht am Nikolausabend
(Nachlaß Buschan, Archiv Hamburgisches Museum für Völkerkunde)

storbenen aus ihren Gräbern und suchten ihre früheren Behausungen wieder auf.[41]

Knecht Ruprecht als Anführer der Totengeister des *»wilden Heeres«* oder der *»wilden Jagd«,* die in der dunklen Zeit des Jahres umherzieht? In Schleswig-Holstein nannte man die »wilde Jagd« – »de hele Ritt«, angeführt von *Wodan* oder *Wode,* dem Herrn des Sturmes und Regens.[42] Liegt hier die Nahtstelle zwischen der vorchristlichen Welt germanischer Gottheiten und der darüber gestülpten christlichen Welt?

In der Gegend von Luzern hieß Knecht Ruprecht *»Schmutzli«,* am Bodensee *»Schmutzbartel«.* Hängt Bartel mit Berthold zusammen, mit dem *»Jäger Berthold«,* dem sagenhaften Anführer des »wilden Heeres« in dieser Gegend? Endgültig lassen sich diese Fragen nicht beantworten. Sehen wir uns weiter die Fakten an:

An den »schwarzen Mohren« des Hamburger Umzugs von 1305 erinnert in Holland der *»Zwarte Pitt«* (Schwarze Peter). Im nördlichen Rheinland heißt er *Hans Muff* (Muff = Hängemaul) oder *Düvel* (Teufel), im Elsaß *Hans Trapp.* Angeblich geht dieser Name auf das Pferdegetrappel bei seinen Umzügen zurück. Denn wie sein Kollege *»Rasselbock«* in Schwaben zieht er Ketten hinter sich her. In Lothringen nennt man den Kinderschreck *Père Fouettard,* im wallonischen Belgien *Babou.*[43] In Baden heißt der Begleiter des Nikolaus *»Glockenschellenmann«,* weil er mit Schellen oder Kuhglocken sein Kommen ankündigt. Mit riesigen Schellen und Glocken machen auch die Appenzeller *»Kläuse«* auf sich aufmerksam.

In Oberbayern und in Tirol heißen die Nikolausbegleiter *»Klaubauf«,* ein Name, der an das »Aufklauben« unartiger Kinder erinnern könnte. Doch Otto Koenig verweist auch auf die Verwandtschaft mit der gotischen Version *»hlaupan«* (Laufen, Springen), um damit an das auffällige Hochspringen der dämonisch maskierten »schiachen« (häßlichen) Perchten zu erinnern.[44]

Aus dem städtischen Raum Österreichs vordringend beginnt der Begriff *»Krampus«* den *»Klaubauf«* zu verdrängen. Krampus (griech. krampos = trocken, getrocknet) ist ursprünglich eine Bezeichnung für ein in der Nikolaus- und Weihnachtszeit vielfach angebotenes Zwetschkenmännchen aus getrockneten Pflaumen.[45]

Kennzeichen der *Klaubauf-Perchten* sind gehörnte oder ungehörnte fratzenartige dämonische Masken, Pelz und Geläute, das aus ein bis sechs schweren Kuhglocken (Schellen) besteht. Wie die Appenzeller »Kläuse« kündigen die Perchten damit ihr Kommen an und unterstreichen dadurch noch ihr Imponier-Gehabe.[46] Haben wir es hier mit Reliktformen der »wilden Jagd« zu tun? Lassen sich Verbindungslinien zum Umherziehen von Totengeistern erkennen? Spielt etwa die alte Sage vom *Werwolf* eine Rolle, von Menschen, die sich in Wölfe verwandeln und plündernd in die Häuser eindringen?[47]

Otto Koenig verneint diese Fragen. Er denkt vielmehr an eine »sehr reale, typisch männliche Gruppenaktion mit stark personenbezogenem Gefühlsanteil«, an menschliche »Neigungen, Interessen und lokale ökonomische Bedürfnisse«, an das zugrundliegende Motiv der »Partnerfindung zwischen Burschen und Mädchen«.[48]

In *Matrei* (Osttirol) besteht das *Klaubaufgehen* aus Umzügen und Hausbesuchen von zwei Gruppen in der Zeit vom 4. bis 6. Dezember. Die eine Gruppe besteht aus dem Nikolaus mit zwei Engeln, die Körbe mit Keksen, Nüssen und Feigen tragen, gefolgt von Lotter und Lütterin (Bettelmann und Bettelweib) und einem Spielmann mit Ziehharmonika, der in den Stuben zum Tanz aufspielt. Die zweite folgende Gruppe setzt sich aus den wild vermummten Klaubaufs zusammen.[49]

Welche Aufgaben haben diese Gruppen zu erfüllen? Die friedliche Gruppe um den Nikolaus entspricht ganz den Vorstellungen der christlichen Pädagogik: Die Anwesenden werden gesegnet und ermahnt, Gebote werden abgefragt, abweichendes Verhalten humorvoll-derb angeprangert. In dieser Weise mögen früher auch die theaterähnlichen Nikolausspiele in den Gasthäusern abgelaufen sein. Die begleitenden Perchten dagegen versuchen mit den Zuschauern und Hausbewohnern zu raufen, mit den Mädchen anzubändeln und sie abzuschleppen. Haben wir es hier mit einem von der Gemeinschaft sanktionierten *Heiratsmarkt* im Schutze der Nacht und im Schutze der Masken zu tun? Sankt Nikolaus als Ehestifter? Koenig nennt diesen Brauch geradezu eine »*Gruppenbalz*«, einen Werbungsritus der jungen, unverheirateten Männer.[50]

Colette Méchins Interpretationsversuche des Nikolausbrauchtums weisen in ähnliche Richtung. Ursprünglich stellten die Kinder am Nikolausabend ihre *Schuhe* auf, bevor es Sitte wurde, einen Teller hinzusetzen. Warum gerade die Schuhe? Méchin erinnert an die alte Bedeutung der *Braut*schuhe als Symbol der weiblichen Fruchtbarkeit. Wenn die Kinder heute in Frankreich, Belgien, Holland und England ihre Schuhe an den Kamin setzen, so sei zwar die Erinnerung an einen alten Fruchtbarkeitsritus verlorengegangen, doch von Hause aus sei das Nikolausfest ein Fest der jungen Männer und der Fruchtbarkeit gewesen. Nikolaus brachte seine Gaben, ursprünglich Äpfel und Nüsse – alte Liebessymbole – von oben durch den Kamin direkt in die Schuhe hinein. Vielleicht ist die Interpretation zu gewagt, darin einen symbolischen »Befruchtungsakt« zu sehen. Colette Méchin ist jedoch der Ansicht, daß erst durch eine Verarmung des Brauches und wegen Änderung der gesellschaftlichen Verhältnisse das Nikolausfest zu einem Fest des Überflusses und zu einer »Dublette oder Generalprobe für das Weihnachtsfest« geworden sei.[51]

Die Volkskundlerin Ingeborg Weber-Kellermann macht noch auf einen anderen Aspekt aufmerksam. Sie zitiert die Aussage von zwei zwölfjährigen Jungen aus einem oberhessischen Dorf, die am Abend des 6. Dezember

»Herr Winter«, aus »Münchener Bilderbogen«
von Moritz von Schwind, 1847

als Niklas und Ruprecht verkleidet durch die Gassen ziehen. Sie täten das, weil sie damit ihr Taschengeld aufbessern könnten und weil sie am Nikolausabend einen Freibrief besäßen, die kleineren Kinder einmal richtig zu ängstigen und zu erschrecken.[52]

Das Phänomen Nikolausbrauchtum ist in seiner Vielschichtigkeit sicherlich auf ein ganzes Bündel regional und zeitlich unterschiedlicher Traditionen, Motive und Bedürfnisse zurückzuführen – dies zu zeigen, war das Ziel dieses Kapitels.

Christkind und Weihnachtsmann

In welcher Beziehung steht denn der heilige Nikolaus zum Weihnachtsmann von heute? Die Antwort darauf ist erstaunlich. Nach der Reformation wurde in den protestantischen Ländern zusammen mit den übrigen Heiligen auch der heilige Nikolaus »abgeschafft«. Martin Luther schon versuchte, Sankt Nikolaus durch den »*heiligen Christ*« zu ersetzen. Anstelle von Nikolaus sollte das »*Christkind*« die Gaben bringen, das allerdings nicht mit dem Jesuskind in der Krippe gleichzusetzen war. Die Figur dieses Christkindes stammt vielmehr aus den weihnachtlichen Umzugsbräuchen und Krippenspielen, wobei engelhafte Gestalten von einem »Christkind« angeführt wurden[53].

In Schleswig-Holstein hieß dieses Christkind *»Kindjes«* oder später auch, wie in Hamburg, *»Klinggeest«* (der klingende Geist). Über seine »Entstehung« berichtet Alexander Tille Ende des 19. Jahrhunderts folgendes: *»In Hamburg erschienen im achtzehnten Jahrhundert Kinjees (Kind Jesus, eine ... erwachsene Jesusgestalt) und der Klingelgeist Klinggeest. Noch um 1820 kam hie und da der Brauch vor, den Kindern abends durch ein heimliches Klingeln mit kleinen Glöckchen die bevorstehende Ankunft Christkindchens zu verkündigen ... Weihnachtsgesänge wurden gelernt und am heiligen Abend vor der Bescherung gebetet ... War dann der heilige Abend gekommen, so setzten die Kinder ihre leeren Schüsseln in ein dunkles Gemach, in der Erwartung, hernach Christgaben darauf zu finden, und wenn hierauf unter Klinggeests lieblichem Geläute gesucht und richtig auf dem Teller die ersehnten Schätze gefunden wurden, dann war der Kinderjubel groß! ... Auch draußen kam in derselben Zeit ›in den kleinen Gassen, den Gängen und Höfen‹ das Umgehen des Klinggeest vor. ›Ein großer Junge umhing sich mit einem Bettlaken und strich die Sahltreppen auf und nieder, immerfort sturmläutend mit seinen Glocken und Schellen; dann sagten die Eltern zu den kleinen Kindern: Klinggeest geiht um, Kinjees will Kamen‹. Der Weihnachtsabend heißt daher neben Wienachtenabend auch Klinggeestabend.«*[54]

In einer anderen Version heißt es, Klinggeest, ein weißes Engelchen mit Glöckchen behangen, hätte einen Zug angeführt mit Joseph in himmelblauem Talar und gelben Unterkleidern und Maria, ganz hochrot gekleidet, die ein grünbegränztes Kripplein sowie Ochs und Esel mit sich führten. Sie wanderten von Haus zu Haus und wurden meist überall freundlich aufgenommen.[55]

Im 19. Jahrhundert wurde jedoch in Norddeutschland nach und nach die Figur des Christkindes in seinen Varianten »Kindjes« und »Klinggeest« durch den *Weihnachtsmann* verdrängt. Wer ist dieser Weihnachtsmann? Im Grunde ist es eine Kompromißfigur aus katholischen, protestantischen und vorchristlichen Anschauungen, eine Mischung aus kindlichen Gottvatervorstellungen, mit dem kinderfreundlichen heiligen Nikolaus und dem dämonisierten, strafenden Knecht Ruprecht mit Rute und Sack. Die Geburt des bis heute typischen Weihnachtsmannes läßt sich sogar zeitlich genau feststellen: Der Maler Moritz von Schwind (1804–1871) zeichnete im Jahre 1847 für die »Münchener Bilderbogen« eine Bilderfolge über den *»Herrn Winter«*, eine untersetzte Figur mit Kapuzenmantel, hohen Stiefeln, langem weißen Bart und einem Kerzenbäumchen auf dem Arm. Damit war der *Prototyp des heutigen Weihnachtsmannes* entstanden. Diese Figur paßte genau zu den damaligen bürgerlichen Leitbildgedanken »vom liebevoll-autoritären Vater« und dem artigen Bürgerkind, »unwissend darüber, woher die Geschenke kamen und was sie kosteten.«[56]

So trat der Weihnachtsmann im gesamten protestantischen mittel-, nord- und ostdeutschen Gebiet seinen Siegeszug als Gabenbringer und Moralprediger an, während in den katholischen Gebieten Süddeutschlands, des Rheinlands und Schlesiens der heilige Nikolaus und das Christkind ihre Stellung behaupteten. Doch ist es durchaus unterschiedlich, ob die Rolle des Nikolaus mit Knecht Ruprecht oder die Rolle des Christkindes stärker betont wird, es sei denn sie beschränken sich jeweils auf ihre angestammten Festzeiten am 6. bzw. 24./25. Dezember. In den letzten Jahren verstärkt sich allerdings der Eindruck, daß der Weihnachtsmann dank des reichen Angebotes der Süßwarenindustrie, der Werbung und der Medien auch in Süddeutschland und im Rheinland mehr und mehr an Boden gewinnt.

Luzientag und Perchtennacht (13. 12.)

»Die Bedeutung dieses Kalendertages (13. Dezember) ist uns gänzlich entschwunden. Aber bis zur Kalenderreform Papst Gregors XIII., der 1582 die Berechnung von 365 Tagen und einem Schaltjahr einführte, hatte der julianische Kalender Cäsars gegolten; er machte so zahlreiche Schaltungen notwendig, daß sich die Kalendertage verschoben und der 13. Dezember als Termin der Wintersonnenwende im 15. Jahrhundert Gültigkeit gehabt haben muß. 1582 rückte dieser Tag nun endgültig auf den 21. Dezember, aber man darf vermuten, daß die Beziehung eines so wichtigen Termins zu den alten christlichen Heiligen und magischen Sonnenwendvorstellungen noch längere Zeit im Volksbewußtsein fortdauerte . . . «[1]

In der katholischen Kirche wird am 13. Dezember das Fest der heiligen *Luzia* gefeiert. Luzia (lat. die Glänzende, Leuchtende) lebte nach der »Legenda aurea« um 300 als mildtätige Jungfrau in Syrakus (Sizilien). Sie hatte ihre Mutter von schwerer Krankheit geheilt, ihr ganzes Vermögen den Armen gegeben und wurde schließlich wegen übler Nachrede ihres Bräutigams vor Gericht gestellt. Doch sie blieb bis zu ihrem Märtyrertod standhaft, keusch und rein und wurde somit als leuchtendes Vorbild vieler christlicher Jungfrauen hingestellt.

Nach einer anderen Legende war ein adeliger sizilianischer Freier sehr von ihren schönen Augen bezaubert. Sie wollte ihm freilich nicht nachgeben, riß sich die Augen aus und sandte sie dem Verehrer auf einer Schale. Diese Schale mit den beiden Augen wurde ihr Erkennungszeichen. Und die heilige Luzia wird z. B. in Italien und Dalmatien noch heute bei allen *Augenleiden* angerufen.[2]

In Dalmatien und weiten Teilen Slawoniens hat die heilige Luzia für die Mädchen eine ähnliche Aufgabe wie Nikolaus für die Jungen: Sie bringt den Mädchen Geschenke und Süßigkeiten, wenn sie am Vorabend ihre Schuhe oder kleinere Nachbildungen aus Leder, Holz, Porzellan oder Ton aufs Fensterbrett gestellt haben.[3]

Da der Luzientag, wie wir oben gehört haben, bis zur Einführung des Gregorianischen Kalenders als der kürzeste Tag des Jahres und damit auch als Zeitpunkt der Wintersonnenwende galt, hatte die *Luziennacht früher die Bedeutung eines Neujahrsabends,* verbunden mit vielfältigen Los- und Orakelbräuchen. Diese alten Bräuche wurden weithin noch lange gepflegt, zumal die Kalenderreform in den katholischen Ländern zwar um 1600 durchgesetzt wurde, in den protestantischen Ländern jedoch erst viel später, so in einigen deutschen Staaten um 1700, in England und Schweden 1752 bzw. 1753 und in Rußland erst im Februar 1918.[4]

Nach christlicher Anschauung sollte Lucia, die Leuchtende, Licht in das Dunkel der längsten Nacht des Jahres bringen. So galt die *Sveta Lucija* seit dem 11. Jahrhundert in vielen Gegenden des Balkans (wie auch später in Schweden) als eine »helle, freundliche und freudenspendende Mittwinterfrau«.[5] In anderen Regionen traf der Lucienkult jedoch offensichtlich auf den vorchristlichen Diana- oder Artemiskult des Mittelmeergebietes bzw. auf Glaubensvorstellungen im Umkreis von Hexen, der Percht, Frau Holle oder der »wilden Jagd«. Somit werden die widersprüchlichen Erscheinungsformen des Luzienbrauchtums verständlich.

Am Vorabend des Luzientages konnte man früher eine Vielzahl von *Orakelbräuchen* und *Zauberpraktiken* beobachten. Mädchen, die ihren Zukünftigen erkennen wollten, ritzten z. B. zu nächtlicher Stunde ein »Lucienkreuz« (+/+ oder +/+/+) in die Rinde einer Weide und versuchten aus den Veränderungen der Schnittformen bis zum Neujahrstag die Zukunft zu deuten.[6] In dieser Nacht war die Natur voller Geheimnisse und Wunder. So glaubte man in Österreich den sogenannten »Luzienschein« zu sehen, ein sich zitternd bewegendes Licht, dessen Form und Bewegung Weissagungen ermöglichten.

Die *Luziennacht* war eine Nacht der Geister und Hexen. In Norwegen, Schlesien und in anderen Regionen ging die »wilde Jagd« um. In Süddeutschland und in Böhmen war die lichte Gestalt der heiligen Luzia auf die schillernde Gestalt der *Percht* (Perahta, Berchta, Berta, Butzenbercht) gestoßen. In Mitteldeutschland heißt sie *Frau Holle* (Holle, Hulda), in Nordeuropa *Holla,* in Frankreich *Bonne Dame* und in Italien *Befana* (Befania). Diese italienische Bezeichnung hängt mit Epiphania zusammen, d. h. man vermutet in der Fee Befania eine spätere Personifizierung des Festtages der Taufe Jesu am 6. Januar, dem Enddatum der Erscheinungen der Befana oder Perchta. Das Anfangsdatum ist der Luzientag am 13. Dezember.

Wie bei der Beschreibung der wilden Begleiter des heiligen Nikolaus bereits angedeutet wurde, leitet die neuere Sprachforschung die Bezeichnung »percht« von »pergan« =bergen, hüllen, begraben ab. Danach weise auch der Name der Frau Holle in die gleiche Richtung im Sinne von »hüllen, verbergen, begraben« bis hin zu »verhehlen« und »Hel« – die Hölle. Hel, die »Bergende«, heißt auch die germanische Totengöttin.[7]

Frau Percht und Frau Holle gehören zu den dämonischen Gestalten der *»wilden Jagd«*. In der dunkelsten Zeit des Jahres – nach der älteren Zeitrechnung vor der Kalenderreform von 1582 im Zeitraum von Luzia (13. 12.) bis Weihnachten (25. 12.), nach der heutigen Zeitrechnung in den 12 Tagen von Weihnachten bis zum 6. Januar – zog im Volksglauben das wilde Totenheer durch die Lüfte, angeführt vom »getreuen Eckhart« oder vom »Jäger Berthold« (Berchthold).

In Norddeutschland ist *Wodan (Wode)* der Anführer. Heinrich Handelmann faßte 1866 die damaligen Vorstellungen von der »wilden Jagd« folgendermaßen zusammen:

»Wodan tritt allein auf, nur von seinen Hunden begleitet. In anderen deutschen Ländern, auch in Schweden und Norwegen, tritt dagegen die Vorstellung von dem wüthenden Heer in den Vordergrund; Wodan erscheint als der Führer der abgeschiedenen Seelen, des ›Nachtgeleites‹, der ›Todtenschaar‹, die auch lebende Menschen mit sich hinwegführt; in Norwegen heißt sie ›Asgardreidh‹ oder ›Jolareidh, Julfolk‹, d. h. die Fahrt nach dem Götterhofe Asgard, der Weihnachtsritt, das Weihnachtsvolk. An diese Auffassung erinnert der Umzug des ›ganzen Rittes‹ (de hele Ritt), welcher während der Zwölften im Börmer- und Megger-Koog (Schleswig-Holstein) stattfindet.«[8]

Die »wilde Jagd« mit dem Schimmelreiter Wodan und seinen Begleitern (aus Reinsberg-Düringsfeld, 1863, S. VIII)

Butzenbercht mit Spinnrocken und Korb zum Kindesraub. Holzschnitt, 18. Jahrhundert

Wodan wird häufig auch mit dem *Schimmelreiter* verglichen. Diese durch die Novelle von Theodor Storm bekannt gewordene kopflose oder mit einem breitkrempigen Hut versehene weiße Gestalt auf einem dreibeinigen Schimmel erinnert an Odin (Wodan), den Gott Krieges, den Herrn und König der toten Helden. Allerdings soll sein Roß Sleipnir acht Beine besessen haben.[9]

Als Opfergaben an die Percht, Wodan und ihre wilden Begleiter galten vor allem Bier, Grütze und Fisch, Käse, Brot, Getreide, Klöße und Nüsse. Da das Heer durch die Luft fuhr, stellte man diese Speisen auf das Dach.

In ihrer dämonischen Gestalt wird Frau Percht unter dem Namen *Buzebercht, Lützel- oder Luzelfrau* (abgeleitet von Luzia) oder *Pudelmutter* auch als Hexe oder alte Spinnerin mit Spinnrocken und Korb dargestellt, gelegentlich auch mit Pflug und Wagen in der Art einer Fruchtbarkeitsgöttin. Fleißige Spinnerinnen belohnte sie, während sie faule oder nachlässige hart bestrafte, indem sie ihnen mit dem Pflug den Bauch aufschlitzte, um Steine und Häcksel einzufüllen.

Die Dämonisierung der Percht geht auf christlichen Einfluß zurück, zum Teil wurden später christliche Vorstellungen mit ihr verbunden. So galt die Percht auch als *Anführerin der Seelen totgeborener und ungetaufter Kinder,* die sie vor allem am »Tag der unschuldigen Kindlein« (am 28. 12.) in Gestalt von Hunden im wilden Heer begleiteten.[10]

In den zwölf Nächten vom Luzientag bis zum Heiligen Abend soll es nach einem in Jugoslawien bis zum 2. Weltkrieg weit verbreiteten Glauben möglich gewesen sein, Hexen mit Hilfe eines dreibeinigen Holzstuhls zu erkennen:

»Nicht jedes Holz eignet sich für diesen Lucienstuhl. In manchen Gegenden wird Efeuholz bevorzugt, in anderen wieder müssen es zwölf verschiedene Holzarten sein, die dabei verwendet wurden. Der Mann, der den Stuhl anfertigt, darf sich nicht waschen, er darf weder beten noch zur Kirche gehen während dieser Zeit. Ist der dreibeinige Hexenschemel fertig, wird er zur Christmette mitgenommen. Wer sich während des Gottesdienstes auf diesen selbstgetischlerten Stuhl stellt, kann unschwer unter den in der Kirche versammelten Frauen diejenigen erkennen, die mit dem Teufel im Bunde stehen . . . «[11]

Weiter heißt es, der Betreffende müsse anschließend augenblicklich die Kirche verlassen und zu seinem Schutz Weizenkörner hinter sich werfen und zwischen sich und seine Verfolgerinnen möglichst drei Flüsse bringen. Vor Hexen konnte man sich nach verbreiteter Anschauung auch schützen, indem man Fichtenzweige und Knoblauch ins Feuer warf.

Neben diesen Schutzmaßnahmen vor Hexen und Perchten galt der Luzientag in Jugoslawien als besonders günstig zum *Abschluß von Verträgen und Verlöbnissen.* Arbeit war an diesem Tag nicht erlaubt, weder Hausarbeit noch Wäsche waschen. Andernfalls würden Krankheiten und Unglück über das Haus hereinbrechen. Dafür aß man gemeinsam, meist schon vor Sonnenaufgang, Lucienbrot – ungesäuerte und ungesalzene Fladen aus Maismehl, in die oft Kräuter und Samen eingebacken waren. Dieses Kultbrot wurde demjenigen Gast angeboten, der als erster am Lucientag zu Besuch kam. Auch die Toten erhielten symbolisch einen Anteil, und Brotreste bewahrte man noch lange auf als Mittel gegen Viehkrankheiten und gegen die Tollwut von Hunden.[12]

Im europäischen Norden – vor allem in Schweden – ist die *Luziabraut* über die Grenzen hinaus bekannt geworden. Eine große Rolle spielt dabei am Vorabend des Luziatages die Krönung der weiß gekleideten Luziabraut (Lussibrud) mit einem Kranz aus Preiselbeerzweigen, in denen brennende Wachskerzen befestigt werden. Am Luziamorgen bringt dann die Luziabraut mit ihrer brennenden Krone Kaffee und Weißbrot den übrigen Familienmitgliedern ans Bett und bietet ihnen »lussekattor« (Luziakatzen) oder »dövelskattor« (Teufelskatzen) an. Man könnte dahinter einen uralten Volksbrauch vermuten, doch es gilt als erwiesen, daß das Luziabrauchtum

Luzia-Fest in Berlin um 1940. Im 3. Reich wurden »germanische Traditionen« bekanntlich wiederbelebt. (Nachlaß Buschan, Archiv Hamb. Museum für Völkerkunde)

in Schweden erst im 19. Jahrhundert zusammen mit dem Weihnachtsbaum über die soziale Oberschicht der Herrenhöfe nach Schweden gekommen ist. Vorbild für die Luziabraut war die lichte Gestalt des gabenbringenden Christkinds.[13] Möglicherweise stammt diese Lichtergestalt aus dem Elsaß, wie die folgende Schilderung von 1863 vermuten läßt:

»Im Elsaß . . . geht das Christkind herum und kündigt seine Ankunft durch eine Glocke an. Es ist eine Frau in weißem Gewande, mit langen, blonden Haaren, gewöhnlich aus Lammwolle, aufgeputzt. Das Gesicht ist mit Mehl geschminkt, auf dem Kopf trägt sie eine Krone aus Goldpapier mit brennenden Wachskerzen. In der einen Hand hält sie eine silberne Glocke, in der andern einen Korb mit Zuckerwerk . . .«[14]

Diese Lichtergestalt wurde im Elsaß allerdings von dem kettenrasselnden »Hans Trapp« begleitet, der den unartigen Kindern mit der Rute drohte. Auf diese dunkle Figur hat man in Schweden freilich verzichtet.

Christkindchen mit Kerzenkrone und Gabenbaum in Begleitung von Hans Trapp im Elsaß, um 1850 (aus Reinsberg-Düringsfeld, 1863, S. 381)

Klopfnächte

»Klopfnächte (Klöpfelnächte . . .) werden in Süd- und Mitteldeutschland die Nächte der drei letzten Donnerstage im Advent genannt. In der Schweiz heißen sie Bochsel-, Bossel-, Bolsternächte, in Kärnten Klöckerabende, in Württemberg: Anklopfete . . . «[1]

Wie wir bei der Vorstellung der Percht und der »wilden Jagd« bereits erfahren haben, ziehen in den dunkelsten Nächten des Jahres allerhand »dunkle Gestalten« durch die Lande. Zum Teil vermischen sie sich mit den maskierten Perchten (von der Andreasnacht bis zum 6. Januar), teilweise sind es Heischeumzüge von jungen Leuten, Frauen und Kindern, die an die Häuser anklopfen, singen und in Süddeutschland dafür Obst, Schinken und Würste erhalten.

Klopfnächte heißen diese drei oder auch vier Donnerstage vor Weihnachten, weil diese Gruppen mit Türklopfern, Hämmern usw. an die Türen klopften oder die Fenster mit Erbsen, Bohnen, Linsen, Getreide, Sand oder kleinen Steinchen bewarfen. In Schwaben schenkt man auch Knöpfle, eine Spätzleart, so daß diese Nächte danach auch Knöpflesnächte heißen.

Weshalb sind es gerade die *Donnerstage,* an denen diese Bettelzüge unterwegs sind? Man vermutet, daß dieser Brauch mit der ursprünglichen Verehrung des germanischen *Donnergottes Donar (Thor)* zusammenhinge, der unserem Donnerstag den Namen gegeben hat. Auch in den übrigen germanischen Sprachen ist der 5. Wochentag nach dem Donnergott benannt worden: *donderdag* (Niederlande), *Torsdag* oder *Thorsdag* (Skandinavien), *Thursday* (England). Bei den Römern war dieser allerdings dem griechisch-römischen Donnergott Zeus bzw. Jupiter heilig und hieß danach »*Jovis dies*« – Jupiters Tag«. Davon sind die romanischen Bezeichnungen ital. *giovedi,* span. *jueves,* franz. *jeudi* abgeleitet.[2]

Donar oder *Thor* war der volkstümlichste unter den Göttern der Germanen. Als Sohn Odins und der Erdgöttin Frigga oder Freya hatte er Macht über Winde und Wolken, über Blitz und Donner. Doch zugleich beschützte er die Erde und die Bauern, die sie bearbeiteten und half den Kriegern und Seefahrern.

Wenn Thor zürnte, schüttelte er seinen langen roten Bart. Dann durchzuckten Blitze den Himmel und Donner rollte durch die Wolken. Thor fährt auf einem von zwei Böcken gezogenen Wagen und schwenkt in der Rechten Mjölnir, seinen riesenhaften Hammer.[3]

Der Glaube an Thor hat noch lange nach der Christianisierung weitergelebt. Konnte man die Klopfumzüge auch nicht ganz verbieten, so war es ratsam, dem Klopfen einen neuen Inhalt zu geben. So wurde gesagt, das Klopfen solle die Ankunft (adventus) des Herrn verkünden. Eine andere Version besagt, die Klopfnächte erinnerten an die Zeit der Christenverfolgungen, als man zur Einberufung verbotener Gottesdienste Erbsen an die Fenster warf.[4]

Gott Thor oder Thunar
(aus: Reinsberg-Düringsfeld, 1863: XI)

Thomastag (21. 12.) und »Zwölfnächte«

»Der heilige Apostel Thomas ist in Galiläa gebürtig und ein armer Fischer gewesen. Als aber unser gütigster Heiland im jüdischen Lande predigte, nahm er ihn zuerst zu seinem Jünger und hernach zum Apostel an.

Nach Christi Auferstehung wollte der heilige Thomas den Aposteln nicht glauben, daß sie den Herrn lebendig gesehen hätten, sondern sprach: ›Es sei denn, daß ich die Male der Nägel in seinen Händen sehe und meine Finger in die Male der Nägel und meine Hand in seine Seite lege, so will ich es nicht glauben‹.«[1]

Wie wir wissen, wurde der »ungläubige Thomas« tatsächlich erst überzeugt, nachdem er seine Finger in die Wundmale Christi legen konnte. Die Kirche soll das Fest des Apostels wegen seines Mißtrauens auf den kürzesten Tag des Jahres gelegt haben. Eine größere Rolle als der Tag selbst, spielten im Volksglauben in dieser Zeit der *Wintersonnenwende* der vorausgehende Abend und die folgenden *zwölf Nächte.* In Nordfriesland war am Abend des Thomastages das *»Thamsen«* verbreitet. Da nach alter Vorstellung während der Sonnenwende das Zeitenrad still stand und sich erst nach den zwölf »heiligen« Nächten wieder in Bewegung setzte, mußte man während dieser Zeit »alle Räder zum Stillstand bringen«. So durfte sich kein Spinnrad drehen und alle Geräte mit Rädern mußten stehenbleiben. Die männliche Jugend machte sich einen Spaß daraus, alle drehbaren Geräte, Schubkarren, Wagen usw. zu »thamsen«, d. h. zu verschleppen oder zu verstecken.[2]

In Süddeutschland dagegen, in Baden, Thüringen und Böhmen, galt die *Thomasnacht* als *»Durchspinnacht«* oder *»Langnacht«*, die man mit Spiel, Tanz und Trinkgelage verkürzte. Im böhmischen Riesengebirge wurde sogar mehrere Nächte durchgesponnen, um das »Weihnachtsgeld« aufzubessern. Wie in der Andreasnacht waren vor allem *Liebesorakel* wie Scheitegreifen, Bleigießen, Zettellegen, Bettkastentreten usw. verbreitet, daneben Zukunftsdeutung im Zusammenhang mit dem Arbeitsplatz wie Schuhwerfen oder nächtliches Horchen auf Kreuzwegen.[3]

Die Thomasnacht war die erste der in Bayern und Österreich so genannten *»Rauch-«* oder *»Rauhnächte«* (neben Weihnachten, Neujahrs- und Dreikönigsnacht). Ursprünglich gingen in diesen Nächten die Perchten mit ihren Fellmasken um. So hängt die Bezeichnung Rauhnacht auch mit »rauch« = haarig (vgl. Rauchware = Pelzware) zusammen. Da man in dieser Zeit Haus und Hof auch mit Weihrauch (Rauchwerk) ausräucherte und gleichzeitig die »Elemente« Wasser, Feuer und Wind mit Weihrauch und Weihwasser »fütterte«, kann »Rauh- oder Rauchnacht« für beide Bedeutungen stehen.[4]

Die Rauh- oder Rauchnächte gehören zu den »*Zwölfnächten*«, die regional unterschiedlich vor allem den Zeitraum vom Thomastag bis Neujahr oder Dreikönige bzw. von Weihnachten bis zum Dreikönigstag umfaßten. In Schlesien und auf dem Balkan verstand man darunter jedoch die 12 Nächte von Luzia (13. 12.) bis Weihnachten, in Franken und Mecklenburg dagegen die 12 Nächte nach Neujahr.[5] Heinrich Handelmann berichtet 1866, daß im Börmer- und Megger-Koog (Schleswig-Holstein) »twischen de Dagen« (zwischen den Tagen), wie es dort heißt, »*de hele Ritt*« umging, eine Schar von ledigen Burschen und Mädchen, deren Anführer ein brennendes Licht in der Hand oder bei Sturm in einem tiefen hölzernen Gefäß verborgen hielt:

»Die ganze Schaar . . . dringt mit großem Ungestüm lärmend, tobend und singend in die Häuser, um sich mit dem Besten, was Küche und Keller zu geben vermögen, bewirthen zu lassen. Ehe sie etwas genießen, singen sie ein Lied, je alberner, desto besser. Weiß man, daß irgendwo der Wirth und die Wirthin (d. h. die Hausherrschaft) nicht daheim sind, so zieht man dies Haus den andern vor und nimmt aus Küche und Keller, was man will, ohne zu fragen.«[6]

Wir wissen noch aus vielen anderen Quellen, daß in diesen Nächten die »*wilde Jagd*« durch die Lüfte zog (s. dazu das Kapitel »Luzientag und Perchtennacht). Man hat versucht, den Zeitraum der 12 Tage mit der seit dem 13. Jahrhundert belegten Festzeit des »Dodekahemeron« der griechischen und lateinischen Kirche in Zusammenhang zu bringen, eine von Fasten freie Zeit nach Weihnachten[7], doch sprechen die vielfältigen Belege von lärmenden Maskenumzügen, von Opfergaben und zwangsweiser Bewirtung eher für einen später christlich überlagerten ursprünglichen *Toten- und Ahnenkult* rund um das Mittwinter- oder Julfest. In diesem Zeitraum galten *Arbeitsverbote* (nicht waschen, backen, düngen, spinnen), *Speiseverbote* (keine Hülsenfrüchte) und *Namenstabus* (Wolf, Fuchs, Ratten und Mäuse durften nicht mit diesen Namen genannt werden).[5] Diese Tabus, Opfergaben und Umzüge gehören zu den *Übergangsriten* (rites de passage)[8] in der dunkelsten Zeit der Wintersonnenwende und des Jahreswechsels.

Mariä Verkündigung, Hinterglasmalerei des Archimandrit Timotei T. Tohaneanu, Kloster Sîmbăta de Sus, Rumänien um 1980, Sammlung Maud Pohlmeyer. Das Fest Mariä Verkündigung wird am 25. März gefeiert, 9 Monate vor Christi Geburt am 25. Dezember.

Sternsingerfiguren (kolednicy) mit Sternträger in Goralentracht, Habergeiß, Tod, Teufel und König, von Jan Malik, Krakau, Polen um 1980

Schimmelreitergruppe mit Schimmelreiter, »Pracherweib« und Gabenkorb, Bär und Storch; Ostpreußen, Nachbildung um 1980 (s. dazu S. 158), Sammlung Maud Pohlmeyer

Schlesisches »Lichtszepter« mit Krippe, typisch schlesischem Gebäck und Strohstern, Nachbildung der Lichterpyramide von Lähn, Schlesien, 1985 (s. dazu S. 158), Sammlung Maud Pohlmeyer

Christkindl unter der Glasglocke, Wachsfigur mit Blumendekoration, Garmisch-Partenkirchen, 1983 nach altem Vorbild hergestellt, Sammlung Maud Pohlmeyer

Wurzeln des Geburts- und Tauffestes Christi – Vom Altertum zum Mittelalter

»Ein Fest kommt heran, das von allen am meisten Ehrfurcht und heiligen Schauer erregt, das man wohl nicht treffender benennen kann: als Mutterstätte aller Feste. Und welches ist das? Die leibliche Geburt Christi: Denn von ihr hat das Fest der Gotteserscheinung (Epiphanie) und die heiligen Ostern und die Himmelfahrt und Pfingsten Anlaß und Inhalt empfangen. Denn wäre Christus nicht leibhaftig geboren worden, so wäre er nicht getauft worden: das ist die Gotteserscheinung; er wäre nicht gekreuzigt worden und auferstanden: das ist Ostern; er hätte nicht den Geist herab geschickt: das ist Pfingsten. Von hier aus also sind, wie Flüsse, die von einer Quelle nach verschiedenen Seiten strömen, diese Feste erwachsen.«[1]

So selbstverständlich heute diese Predigt des Kirchenvaters Chrysostomos aus dem Jahre 388 klingen mag, so umstritten war die Einführung des Geburtsfestes Christi in den ersten Jahrhunderten nach seinem Tod. So erwähnen auch die ältesten Evangelientexte vom Ende des 1. Jahrhunderts die Geburtsgeschichte nicht. Das Markusevangelium, das als älteste Fassung gilt, beginnt mit der Taufe Christi im Jordan durch Johannes den Täufer. Folgerichtig feierten die ersten Christen nur das Erscheinungsfest Christi als Sohn Gottes (griechisch = Epiphanie oder Theophanie). Der Kernpunkt war dabei die Anerkennung des bis dahin unscheinbaren Menschen Jesus als Sohn Gottes durch Gott selbst. In einer alten Fassung des Matthäusevangeliums, dem sogenannten Evangelium der Hebräer, heißt es über seine Taufe im Jordan:

»Und als das Volk getauft war, kam auch Jesus und ließ sich von Johannes taufen. Und wie er aufgestiegen vom Wasser, da öffneten sich die Himmel, und er sah den Heiligen Geist in Gestalt einer Taube, die herabkam und in ihn einging. Und eine Stimme kam aus dem Himmel, die sagte: Du bist mein geliebter Sohn, an dir habe ich Wohlgefallen gefunden. Und wiederum: Ich habe dich heute g e b o r e n. Und alsbald umstrahlte den Ort ein gewaltiges Licht . . .«[2]

An dieser Stelle ist die Anerkennung Christi als Sohn Gottes mit seiner geistigen Geburt aus Gott heraus verknüpft. Dementsprechend wurde auch das Fest der Erscheinung Christi als Gottessohn (Epiphanie) und seiner Geburt in der Jordantaufe bis ins 4. Jahrhundert hinein am 6. Januar gefeiert. Warum gerade am 6. Januar?

Ägyptischer Isiskult als Vorbild des Epiphaniefestes

Die »Wiege« des Epiphaniefestes liegt in Ägypten. Vorbild war ein Isis-Osiris-Fest in Alexandria. Der ägyptische gnostische Kirchenlehrer Epiphanios[3] vermittelt uns einen Eindruck von den Riten, die in der Nacht vom 5. zum 6. Januar stattgefunden haben. Er versetzt uns in das sogenannte Korion:

»Es ist das ein großer Tempel, das Heiligtum der Kore. Dort durchwachen sie die ganze Nacht unter Gesängen und Flötenspiel, die sie dem Götterbilde darbringen; und wenn sie das Nachtfest geendet, nach dem Hahnenschrei gehen sie mit Fackeln herab in ein unterirdisches Heiligtum und bringen ein hölzernes Schnitzbild herauf, das nackt auf einer Tragbahre sitzt . . . Dies Schnitzbild tragen sie umher in siebenmaliger Umkreisung des mittelsten Tempelraums unter dem Klang von Flöten und Handpauken und Hymnen, und nach dem Aufzuge tragen sie es wieder hinab in den unterirdischen Raum. Fragt man sie, was das für eine geheimnisvolle Handlung sei, so geben sie zur Antwort: Zu dieser Stunde hat heute Kore, das heißt die Jungfrau, den Aion geboren . . .«[4]

Aion galt in Ägypten als Gott des Lebens in Zeit und Ewigkeit, mitunter auch als das oberste Wesen, das mit dem Sonnengott als der Quelle allen Lebens gleichgesetzt wurde. In jugendlicher Gestalt ist Aion auch unter dem Namen *Horos (Horus)* bekannt. Wenn das Leben auf Erden am Ende des Sommers abgestorben war, herrschten *Osiris* und *Isis* in der Unterwelt. Nach einem zwölftägigen Geburtsfest brachte Isis (Kore) in der geschilderten Nacht Horos auf die Welt. Horos war die junge Frühlingssonne, in der sich Osiris alljährlich erneuerte.[5] In Griechenland wurde Isis in den eleusinischen Mysterien mit der Korngöttin *Kore* gleichgesetzt, der Tochter der Korn- und Erdmutter *Demeter*. Kore verkörperte den Wachstumsprozeß der neuen Vegetation und die neue Ernte.[6]

Isis und Osiris waren seit dem 7. Jahrhundert vor Christus Mittelpunkt des Kultes in fast allen ägyptischen Tempeln. Da die Seele des Osiris Apis genannt wurde, nannte man den Kult auch Osirapis bzw. Sarapis oder *Serapis* bei den Römern.[7] Das geschilderte Fest zu Ehren von Isis und Osiris und ihres neugeborenen Sohnes Aion (Horus) fand am Ende der Überschwemmungszeit des Nils kurz nach der neuen Aussaat statt. Es war verbunden mit feierlichem Wasserschöpfen. Osiris selbst wurde später auch als Wasserkrug dargestellt. Da bei diesen Mysterien der Nil vorübergehend auch Wein geführt haben soll, hat man Osiris später mit dem thrakisch-griechischen Weingott *Dionysos* verglichen.[8]

Diese Schilderung des ägyptischen Serapisfestes soll die *Parallelen zum christlichen Epiphaniefest am 6. Januar* vor Augen führen. Die jungfräuliche Geburt des Aion oder Horos aus der Isis erinnert an die jungfräuliche Geburt Jesu aus Maria, die Bindung des Osiris an das Nilwasser an die Tau-

»Gottesmutter Isis« mit dem Horus-Kind, auf dem Kopf die Hathorkrone mit Kuhgehörn und Sonnenscheibe, Tanis, Ägypten, 3. Jh. v. Chr.

fe Jesu im Jordan, die Identifizierung des Osiris mit Dionysos an das Weinwunder Jesu auf der Hochzeit zu Kanaa, die auch am 6. Januar gefeiert wurde.

Ein derart kraftvoller Kult wie der von Isis und Osiris konnte aus der Sicht der ersten Christen nur zurückgedrängt werden, wenn eine eindrucksvolle Gegenfeier mit neuem Inhalt zum gleichen Zeitpunkt durchgeführt wurde. So fand in Analogie zum Wasserschöpfen aus dem Nil am 6. Januar auch die feierliche *Weihe des Taufwassers* statt. Bevor die Täuflinge selbst ins Wasser stiegen, schöpften alle Anwesenden das geweihte Wasser, um es als heilkräftiges Wasser mit nach Hause zu nehmen. In der griechisch-orthodoxen Kirche ist die Wasserweihe am 6. Januar heute noch ein volkstümliches Fest.[9]

Von Ägypten aus gelangte das Epiphaniefest nach Syrien, nach Antiochia in Kleinasien und nach Zypern, wo es bis in die 2. Hälfte des 4. Jahrhunderts als alleiniges Tauf- und Geburtsfest Christi gefeiert wurde. In Jerusalem hielt man zunächst am Vorabend des 6. Januar eine Nachtwache in der nahegelegenen Geburtshöhle von Bethlehem, feierte vor Anbruch des Tages mit zahlreichen Lichtern eine Messe in der Auferstehungskirche in Jerusalem und zuletzt in der großen Kirche von Golgatha. Von Jerusalem aus wanderte das Epiphaniefest nach Armenien, wo es noch heute als einziges Geburtsfest Christi am 6. Januar (am 18. Januar nach gregorianischem Kalender) gefeiert wird.[10]

Vom Epiphaniefest zum Weihnachtsfest

Isis- und Horusfest in Ägypten

Ägyptische Traditionen wirkten auch bei Einsetzung unseres heutigen Geburtsfestes Christi am 25. Dezember nach. Der bereits genannte Bischof Epiphanios berichtet um 375 von einem *Wintersonnenfest* in Alexandria, das am 25. Dezember unter dem Namen *Kykellia* gefeiert wurde. Dabei sollen die Teilnehmer gerufen haben: »Die Jungfrau hat geboren, es wächst das Licht!« Weiter heißt es bei Epiphanios:

»Diesen Tag feiern die Griechen, ich meine die Götzenanbeter, am 25. Dezember, der bei den Römern Saturnalia, bei den Ägyptern Kronia, bei den Alexandrinern Kykellia heißt. Denn am 25. Dezember geschieht der Einschnitt, der eine Wende ist, und es beginnt zu wachsen der Tag, da das Licht Zuwachs bekommt . . .«[11]

Kykellia bedeutet *»Ritus der Isis«*. Zum Auftakt des zwölftägigen Isis-Osiris-Festes fand zunächst ein Fackelzug zu Ehren der Geburt des Horus aus der Isis statt. Gemeint war damit die Geburt der neuen Sonne, die verbunden war mit der Ankündigung der neuen Aussaat in die von der Nilüberschwemmung frisch gedüngte Erde. Das Fest der Aussaat selbst wurde mit der Thronbesteigung des Horus am 27. Dezember gefeiert.

Es lag nahe, daß die ersten Christen in Ägypten auch hier ein Gegengewicht zu diesen Feierlichkeiten suchten. Diese Notwendigkeit wurde um so dringlicher in dem Maße, wie im übrigen römischen Reich die Verehrung des *Mithras* und des *»unbesiegbaren Sonnengottes« (Sol invictus)* zunahmen.

Sol invictus und Mithraskult

Die Verehrung des Sonnengottes *Sol Invictus* geht mit einer Wurzel auf den *syrischen Baalkult* zurück. *Baal* war ein oft als Stier oder auch in Menschengestalt dargestellter Sturm- und Fruchtbarkeitsgott der Westsemiten. Von den Propheten des Alten Testaments wurde Baal neben der Fruchtbarkeitsgöttin Astarte (Ischtar) als Inbegriff der Lasterhaftigkeit bekämpft.[12] Von den hellenistischen Griechen wurde er später mit *Helios,* ihrem Sonnengott, gleichgesetzt. So hieß auch die dem Baal geweihte Provinzhauptstadt *Baalbek* im Libanon in hellenistischer Zeit *Heliopolis,* Stadt des Helios. Mit der Eroberung Syriens durch die Römer im 1. Jahrhundert nach Christus fand auch der *Kult des Baal-Helios* unter dem Namen *Sol Invictus (unbesiegbarer Sonnengott)* in Rom Eingang. Anfang des 3. Jahrhunderts machte sogar *Elagabal von Emesa* in Syrien den Versuch, den Sonnenkult als Staatsreligion in Rom einzuführen. Als Hohepriester des Sonnengottes gab er vor, ein Sohn Kaiser Caracallas zu sein, und wurde 218 nach dessen Tod von den Soldaten unter dem Namen *Heliogábalus* zum Kaiser ausgerufen, vier Jahre später jedoch ermordet.[13]

Der *Sonnengott* wurde auf römischen Münzen mit Strahlenkrone auf dem Kopf, mit segnender rechter Hand und Peitsche in der Linken als *Lenker eines von vier Rossen gezogenen Wagens (Quadriga)* dargestellt. Im 3. und 4. Jahrhundert haben römische Kaiser die Bezeichnung »invictus« (unbesiegt) für sich selbst in Anspruch genommen und sich mit den Attributen des Sonnengottes geschmückt.

Als Bekrönung von Tempeln und Triumphbögen zeugt die Quadriga noch heute von der freilich meist vergessenen Tradition des Sonnenkultes, z.B. auf dem Brandenburger Tor. In etwas reduzierter Form hat das Motiv des feurigen Himmelswagens des Helios schließlich in der *Ikonendarstellung* der *feurigen Himmelfahrt des heiligen Elias* in der Ostkirche weiterlebt. Als bedeutender Prophet des Alten Testamentes und Vorläufer Christi hatte er sich gerade in der Bekämpfung des Baalkultes einen Namen gemacht.[14]

Eine zweite Wurzel der Sonnengottverehrung geht auf den *Mithraskult* zurück. *Mithra* war ein seit ca. 1000 v. Chr. im Iran und in Phrygien verehr-

Der »unbesiegte Sonnengott« (Sol invictus – Helios) mit Quadriga und Strahlenkrone, Malerei auf einer Schale, Unteritalien, 4. Jh.
Die »feurige Himmelfahrt« des Elias, Hinterglasmalerei, Rumänien um 1970 (Privatsammlung Hamburg)

ter Sonnengott. Sein Kult wurde zwar mit dem Aufkommen der Lehre Zarathustras seit dem 6. Jahrhundert v. Chr. zurückgedrängt, doch nach dem Tode Alexanders des Großen gewann Mithra erneut an Bedeutung durch seine Gleichsetzung mit Apollo und Helios. Bereits in vorchristlicher Zeit brachten griechische Seeräuber den Mithraskult in ihre Heimat, während römische Soldaten ihn im ersten nachchristlichen Jahrhundert in Rom und von dort in Pannonien, Germanien und Britannien einführten.[15]

Mithra (griech. Mithras) wurde als unbesiegbarer Gott des himmlischen Lichtes, als »Sol invictus«, als Gott der Fruchbarkeit, Schöpfer der Welt und einer neuen Ordnung, als die erste und letzte Ursache aller Dinge und als Garant der Gerechtigkeit und Wahrheit betrachtet. Gerade für Soldaten, die siegreich kämpfen und die eigenen Schwächen gezielt bekämpfen wollten, war Mithra attraktiv und ein leuchtendes Leitbild. Er wurde in Form geheimer Riten (Mysterien) in unterirdischen Heiligtümern am ersten Wochentag, dem nach dem Sonnengott benannten *Sonntag,* verehrt. Sein Geburtsfest feierte man zur römischen Zeit der Wintersonnenwende, am 25. Dezember. Im Mittelpunkt der Riten stand die Opferung des Urstieres, aus dessen Blut alles Leben entstanden sein soll: Aus seinem Schwanz entsprießt Korn, aus dem Blut entsteht Wein. Brot, Wein und Weintrauben spielten bei dem heiligen Bankett zu Ehren des Sonnengottes eine zentrale Rolle.[16]

Die offenkundigen Parallelen zwischen den Kulten des syrischen unbesiegbaren Sonnengottes Baal-Helios, des iranischen Mithras und des jüdischen Christus liegen auf der Hand. Ein erbitterter Konkurrenzkampf war unvermeidlich. Christenverfolgungen setzten ein. Das frühe Christentum hatte nur eine Überlebenschance, wenn es durch straffe Organisation, mutige Vorbilder sowie Übernahme und Neugestaltung bestehender Festtage nach innen und nach außen überzeugend wirkte. Dieser Kampf fand vor dem Hintergrund einer gefährlichen innen- und außenpolitischen und wirtschaftlichen Krise des Römischen Reiches statt. Neben Bürgerkriegen in den Provinzen wurden die Grenzen durch Angriffe von Persern, Arabern und Germanen bedroht. Kaiser Aurelian ließ Rom von einer starken Mauer umgürten und versuchte innenpolitisch um 275, die Reichseinheit durch *Einführung des orientalischen Sonnenkultes als Staatsreligion* zu sichern. Unter seinem Nachfolger Diokletian verschärften sich die Christenverfolgungen. Nach einer Zeit der Wirren übernahm schließlich Konstantin im Jahre 312 die Herrschaft, nachdem er seinen Konkurrenten Maxentius an der Milvischen Brücke vor Rom besiegt hatte. Angeblich hatte Konstantin vor dieser Schlacht eine Vision Christi am Kreuz, der ihm verkündigt haben soll: »Hoc signo vinces!« – »Unter diesem Zeichen sollst du siegen!« Tatsächlich siegte Konstantin und setzte 313 im Toleranzedikt von Mailand gemeinsam mit Licinius, dem Herrscher des Ostens, die öffentliche Anerkennung des Christentums neben anderen Religionen durch.

Mithrasrelief mit dem kultischen Stieropfer; auf dem Himmelsmantel des Mithras der Rabe als Tier der Luft; der Schwanz des Stieres in Form einer Ähre; unter dem Stier die Schlange (Erde), der Skorpion, Mischkrug (Wasser und Wein), Löwe (Feuer), rechts der Hund und Cautes-Luzifer (Lichtträger), darüber ein Baum mit Schlange; über der Szene die 12 Sternkreiszeichen. Sog. Heddernheimer Altar bei Wiesbaden (aus A. Schütze: Mithrasmysterien und Urchristentum. Stuttgart 1960 Tf. 14 und R. Merkelbach: Weihegrade und Seelenlehre der Mithrasmysterien, Opladen 1982, Abb. 9)

Damit war die Konkurrenz des Sonnenkultes jedoch noch keineswegs beseitigt. 321 führte Konstantin offiziell den Sonntag als Ruhetag ein. Doch im Verlaufe seiner Herrschaft wandte er sich mehr und mehr dem Christentum zu und ließ sich 337 auf seinem Sterbebett taufen. Auf römischen Münzen erschien nur noch selten das Bild des Sonnengottes, doch sein Geburtsfest wurde weiterhin am 25. Dezember als »dies natalis Solis invicti« mit 30 großen Wagenrennen im Circus Maximus und mit Abbrennen großer Feuer gefeiert.[17]

Bruma und Saturnalien

Warum gerade am 25. Dezember? Denn astronomisch gesehen fiel die Wintersonnenwende auf den 21./22. Dezember. Der Fehler geht auf die Kalenderreform von Julius Caesar im Jahre 46 v. Chr. zurück. Dabei legte man den 25. Dezember unter dem Namen »*dies brumalis*« *(bruma)* als kürzesten Tag des Jahres und als Wintersonnenwende fest. Denn der julianische Kalender hatte die vier Wendepunkte des Jahres je auf 8 Tage vor dem 1. Januar, 1. April, 1. Juli und 1. Oktober angesetzt, so daß sie auf den 25. Dezember, 25. März, 24. Juni und 24. September fielen.[18]

In den kritischen Tagen vor der julianischen Wintersonnenwende, in der Zeit vom 17. bis 24. Dezember, feierte man in Rom die *Saturnalien* zu Ehren des Saturnus, des legendären ersten Königs von Latium, der im »goldenen Zeitalter« den Ackerbau eingeführt haben soll. Wahrscheinlich war er eine etruskische Gottheit der Aussaat und des Saatkorns. Zu den Feierlichkeiten gehörte die Opferung eines jungen Schweins im Tempel des Saturn auf dem Forum und ein allgemeines Mahl auf Staatskosten. Gerichte und Schulen, Kramläden und Wechselbanken hatten geschlossen, und auch die Skalven hatten »Ferien«. Nach dem Mythos der »verkehrten Welt« wurden sie von ihren Herren bedient; man zechte und würfelte unter der Aufsicht eines durch Los gewählten »Saturnalienkönigs«. Auf einem speziellen Saturnalienmarkt kaufte man dünne Wachskerzen (cerei) und Ton- oder Wachspüppchen (Sigillaria), die man sich gegenseitig mit guten Wünschen schenkte.[19]

Die sinnlichen Ausschweifungen der Saturnalien und die anschließenden Festlichkeiten zu Ehren des Sol Invictus oder des Mithras in Rom und der Isis in Ägypten am 25. Dezember müssen den christlichen Kirchenvätern ein Dorn im Auge gewesen sein.

Einführung des Weihnachtsfestes

Nachdem, wie oben angedeutet, bereits Anfang des 3. Jahrhunderts unter der aus Syrien stammenden Kaiserin Julia Domna und ihrem Großneffen Heliogábalus der Sonnenkult offiziell eingeführt worden war und das Geburtsfest des Sonnengottes am 25. Dezember gefeiert wurde, hatte der Kirchenvater Hippolytos als Gegengewicht bereits zum 25. Dezember 217 das Weihnachtsfest als Geburtsfest Christi in seiner römischen Gemeinde vorübergehend eingesetzt.[20]

Allerdings feierten die übrigen christlichen Gemeinden weiterhin das Geburtsfest Christi mit seiner Taufe am 6. Januar, zumal der Sonnenkult nach der Ermordung des Heliogábalus vorübergehend an Bedeutung verlor. Erst *im Jahre 354* setzte der römische Bischof Liberius das *Geburtsfest Christi* offiziell auf den *25. Dezember* fest.[21] Um diesem Fest das nötige Gewicht zu geben, ließ er auf dem Esquilin in Rom eine Basilika erbauen, die er der Jungfrau Maria weihte. Es handelt sich um die nach dem Petersdom bedeutendste römische Basilika *Santa Maria Maggiore.* Am Vorabend des Weihnachtsfestes hatte der Papst dort eine Messe zu zelebrieren. Anschließend gab es bei einem Festmahl saftigen Schweinebraten, »den Juden zum Hohn«. Im 8. Jahrhundert wird in einer Seitenkapelle dieser Basilika eine »heilige Krippe« erwähnt, die der Kirche auch den Namen »*S. Mariae ad praesepe*« gegeben hat. Vor dieser Krippe wurde in der Weihnachtszeit die Messe gefeiert, bis die Krippe 1590 in eine Krypta unter den Hauptaltar verlegt wurde. In einer kristallgedeckten Lade werden dort u. a. die wundertätigen angeblichen Reste der Krippe von Bethlehem verehrt. Sie sollen aus der dortigen Geburtshöhle stammen, wo zuvor ein dem Adonis geweihter Hain war, und sich heute die unter Kaiserin Helena erbaute Geburtsbasilika erhebt.[22]

Von Rom aus verbreitete sich die Feier des Weihnachtsfestes im Jahre 388 nach Antiochia in Kleinasien. Der dort tätige eingangs bereits zitierte Kirchenlehrer Chrysostomos (»Goldmund«) hat in seiner ersten Weihnachtspredigt die neue Rolle des christlichen Festes treffend beschrieben:

»*Aber man nennt den Tag auch Geburtsfest des Invictus. Ja wer ist denn so unbesiegbar außer unserem Herrn, der den Tod siegreich unterworfen hat? Und wenn man sagt, es sei der Geburtstag der Sonne, nun er selbst ist die Sonne der Gerechtigkeit, von dem der Prophet Malachias gesagt hat: ›Aufgehn wird euch, wenn ihr seinen Namen fürchtet, die Sonne der Gerechtigkeit, und Heil ist in ihren Schwingen.*‹«[23]

In Ägypten wurde das Weihnachtsfest im Jahre 432 eingeführt, in Palästina erst 634. Die späte Einführung des Geburtsfestes im Geburtsland Christi geht auf die Konkurrenz mit dem jüdischen Tempelweihfest *Chanukka* zurück, das in Jerusalem ebenfalls am 25. Kislew = 25. Dezember gefeiert wird. Dieses Fest (Chanukka, hebr. = Weihe) erinnert mit einem achttägigen Lichterritus an den siegreichen Befreiungskampf des Judas Makkabäus gegen den Seleukidenkönig Antiochus IV., der 168 v. Chr. den salomonischen Tempel entweiht hatte:

»*Es wird berichtet, bei der Eroberung des Tempels sei nur ein einziger Krug Öl gefunden worden, der noch unversehrt war und das Siegel des Hohepriesters trug. Dieser Krug enthielt nur soviel Öl, um den Leuchter einen einzigen Tag zu speisen. Da geschah ein Wunder, und sie vermochten von dem Öl acht Tage lang diese Lichter brennen zu lassen. Das Jahr darauf wurden diese Tage zu Festtagen bestimmt, die alljährlich acht Tage lang mit Lob und Dank begangen werden.*«[24]

Heute zündet man an den Vorabenden der acht Chanukka-Tage täglich ein Licht mehr auf dem achtarmigen oder mit acht Dochtöffnungen versehenen Chanukka-Leuchter an. Nach dem Anstecken der Lichter gibt es gute Dinge für groß und klein, für die Kinder außerdem Chanukka-

Geschenke.[25] Die Parallelen zum christlichen Weihnachtsfest sind offenkundig.

Die zunächst unsichere Haltung der Gläubigen gegenüber dem neuen Geburtsfest Christi kommt in den belehrenden Äußerungen der frühen Kirchenlehrer zum Ausdruck. So beteuerte der nordafrikanische Bischof Augustinus Anfang des 5. Jahrhunderts:

»Wir feiern den 25. Dezember nicht wegen der Geburt der Sonne wie die Ungläubigen, sondern wegen der Geburt dessen, der die Sonne erschaffen hat.«

Und Papst Leo I. (440–461) klagt ebenso in einer Weihnachtspredigt, der Teufel habe einfältige Seelen so verwirrt, daß sie sich einbildeten, dieser Tag sei nicht wegen der Geburt Jesu heilig, sondern wegen der Erneuerung der Sonne.[26]

In Frankreich und Deutschland ist das Weihnachtsfest noch im 8. Jahrhundert unbekannt. Erst die Synode von Mainz ordnete 813 die erste Weihnachtsfeier in Deutschland an. Gleichzeitig wurde der Beginn des Kirchenjahres auf diesen Wendepunkt festgelegt. Das Fest sollte vier Tage lang gefeiert werden. Doch Ende des 11. Jahrhunderts schränkte die Kirchenversammlung zu Konstanz das Fest auf drei Tage ein. Allerdings wurde das ganze Mittelalter hindurch Weihnachten weiterhin an vier Tagen gefeiert.[27]

Die deutsche Bezeichnung »Weihnachten« taucht erstmalig im 12. Jahrhundert auf. Der bayerische Spielmann Spervogel hat im Jahre 1170 ein Gedicht folgenden Inhalts verfaßt:

»Er ist gewaltic unde starc,
der ze wîhen naht geborn wart:
daz ist der heilige krist.
jâ lobt in allez, das der ist.
niewan der tievel eine
durh sînen grôzen übermuot
sô wart îme diu helle ze teile.«

(Gewaltig ist er und ist stark,
der zu Weihnacht geboren ward:
das ist der heilige Christ.
Es lobt ihn, was erschaffen ist.
Allein der Teufel nicht;
dem ward für seinen Übermut
zur Straf' zuteil der Hölle hart Gericht.)[28]

»Ze wîhen nahten« – zu den geweihten Nächten –, damit war eine vorchristliche »geweihte Zeit« gemeint, die Opferzeit der germanischen Mittwinternächte.[29]

Mittwinternächte und Jul

Was wissen wir tatsächlich von dem vorchristlich-germanischen Mittwinterbrauchtum? Die Quellen sind spärlich und widersprüchlich, stammen sie doch nicht von germanischen Gläubigen selbst, sondern von Gegnern wie Missionaren. Der byzantinische Geschichtsschreiber Prokop berichtet im 6. Jahrhundert von einem Mittwinter-Sonnenwendfest der Nordländer, vermutlich nördlich des Polarkreises im »Lande der Mitternachtssonne«. Denn er spricht von einer Periode 40tägiger Dunkelheit. Fünf Tage vor Ablauf dieser dunklen, angstvollen Zeit würden Boten auf die Gipfel der höchsten Berge geschickt, um die wiederkehrende Sonne zu erspähen. Erblickte man sie, wurde noch im Dunkeln ihr größtes Fest bis zur Ankunft der Sonne gefeiert.[30] Leider wird über den Inhalt des Festes nichts Näheres berichtet.

In den Geschichten der norwegischen Könige (Heimskringla) heißt es Anfang des 13. Jahrhunderts:

»In ganz Inner-Drontheim ist fast das ganze Volk heidnisch in seinem Glauben, wenn auch einige Männer dort getauft sind. Nun ist es ihr alter Brauch, im Herbst ein Opferfest zu begehen, um den Winter zu begrüßen, ein zweites im Mittwinter und ein drittes im Sommer, um den Sommer zu begrüßen.«[31]

Hier ist bereits eine Zeitverschiebung unter christlichem Einfluß angedeutet, wenn auch die alte Dreiteilung des germanischen Jahres mit den drei Opferfesten noch erkennbar ist. *Jul* bezeichnete ursprünglich den Frühsommerbeginn und lag um den 10. Februar, woran die Bezeichnung »Sommertag« zu Mittfasten noch erinnert.[32] Im Jahre 940 wurde das skandinavische Frühlingsanfangsfest vom 11. Februar auf den Zeitpunkt des Weihnachtsfestes zum 25. Dezember vorverlegt.[33] In der norwegischen Heimskringla wird dazu folgendes erzählt:

König Hakon war ein guter Christ . . . Er gab ein Gesetz, daß das Julfest künftig zu derselben Zeit abgehalten werden sollte wie das christliche Weihnachtsfest. Da sollte jeder ein bestimmtes Maß Bier brauen oder sonst Strafe zahlen, und er sollte die Zeit heilig halten, solange das Bier reiche. Vorher hatte das Julfest aber in der Mittwinternacht begonnen, und dann war Jul drei Tage lang gefeiert.«[34]

Was bedeutet eigentlich *»Jul«?* Sicher ist lediglich, daß »Jul« die Bezeichnung einer längeren winterlichen Zeitspanne gewesen ist und darin ein Fest von mehreren Tagen eingeschlossen war. Der Zeitraum reichte möglicherweise von November bis Februar. Nach dem gotischen Kalender hieß der November »fruma juleis« (erster Jul); nach Beda Venerabilis (673–735) faßten die Angelsachsen die Monate Dezember und Januar unter dem Begriff »Giuli« zusammen, während der isländische Monatsname ylir die Zeitspanne von Mitte Dezember bis Mitte Januar umfaßte.[35]

Sicher ist ferner, daß *Jul* heute in den skandinavischen Sprachen »Weihnachten« im engeren Sinne bedeutet, ebenso im Englischen *yule* oder französisch *noël*. Nach neuerer Interpretation bedeutete Jul ursprünglich »*Zeit der Schneestürme*« (abgeleitet von »jehwla«).[36] Möglich ist noch die alte Ableitung von dänisch »*Hjul*« = Rad (engl. wheel), wenn man an einen alten Brauch im Raum Schleswig denkt: Ein Mann rollte am Weihnachtsabend ein Wagenrad vor sich her ostwärts ins Dorf. Das nannte man »trild e Jul ind« – Weihnachten hereintrudeln.[37] Das Rad ist zweifellos ein altes Sonnensymbol, so daß eine Beziehung von Jul zur Sonnenwende nicht auszuschließen ist. Nach Albers sei es eine alte Vorstellung der nordischen Sage, daß Freyr zwei von ihm gefangen gehaltene Riesentöchter dazu verurteilt hätte, ein gewaltiges Schwungrad zu drehen, welches das Himmelsgewölbe und mit ihm die Sonne in steter Bewegung erhielte.[38]

Freyr war der Gott der Sonne und des himmlischen Lichtes, sein Reit- und Opfertier Gullinborsti, ein Eber mit goldenen, weithin schimmernden Borsten, sein Land Lichtalfenheim, das Land der Lichtelfen. Es hieß von ihm, den Menschen brächte er Wärme und Fruchtbarkeit und vor allem – Frieden. Sein Fest war das Julfest.[39] In der Saga von Hervör wird von einem derartigen Fest folgendes berichtet:

»*König Heidrek opferte Frey. Den größten Eber, den er bekommen konnte, sollte er Frey darbringen. Den hielt man für so heilig, daß man über seinen Borsten in allen wichtigen Sachen schwören sollte. Und man sollte diesen Eber zum Sühnopfer opfern. Am Julabend sollte man den Sühneeber in die Halle vor den König leiten; da pflegten die Leute die Hände über seine Borsten zu legen und heilige Gelübde abzulegen.*«[40]

In einer Beschreibung vom Ende des 17. Jahrhunderts heißt es im Hinblick auf das Luziafest:

»*Das ander Opferfest ist im Dezember am Lucien Tag, der Göttin Freya zu Ehren sieben Tage lang gehalten und Juel geheißen, von dem Umblauff der Sonnen, welche zu der Zeit ihren sogenannten Stillstand hält und beginnt ihr laufendes Juel oder Radt näher zu uns zu lenken. Das ist ihr Neu-Jahrs-Fest gewesen, an dem sie das Jahr angefangen, und ihre Götter umb ein gutes, neues, fruchtbares Jahr gebeten und Juel Gaben und Gaben oder Neujahrs-Geschenken ausgeteilet. Sie haben an diesem Fest ein gemästetes Schwein geopffert, welches von großer Heiligkeit ist gehalten und Juel-Schwein geheißen. Man hat anneben weidlich gegessen und getrunken . . . Man hat dabei gespielet und getanztet, welches Juel-Spiel ist genannt.*«[41]

Welche der geschilderten Gebräuche von dem alten Julfest noch überlebt haben, erfahren Sie in unserem Kapitel »Weihnachtsbräuche in aller Welt« unter »Jul in Skandinavien und Finnland«.

»Weihnachtswünsche« am Christmas Tree, um 1900
(aus C. Hornung, 1970, S. 25)

Rund um den Weihnachtsbaum

von Karla Vossen

O Tannenbaum

In zahlreichen Sprachen singt man zu Weihnachten:

O Tannenbaum . . .
wie treu sind deine Blätter . . .
dein Kleid will mich was lehren,
die Hoffnung und Beständigkeit
gibt Mut und Kraft zu jeder Zeit . . .

Die Beständigkeit der grünen Nadeln wird in den längsten Nächten des Jahres zum Symbol der Hoffnung auf das nächste Frühjahr. Dabei spielt es für die Menschen keine Rolle, ob es sich um die Tanne im botanischen Sinne handelt oder um die Fichte. Wichtig ist das Immergrüne. So werden auch Kiefer, Eibe und Lebensbaum (Thuja) zum Symbol des fortdauernden Lebens. Den uns bekannten Text schrieb Anschütz 1824 nach einem alten Volkslied, dessen früheste Fassung aus dem 11. Jahrhundert stammt.[1] In ihm wird die Beständigkeit und »Treue« des Tannenbaumes mit der Zuverlässigkeit des geliebten Mädchens gleichgesetzt.

Mit dem Weihnachtsbaum und den Weihnachtsliedern hat sich das Bild der »deutschen Weihnacht« verbreitet. Dichter, Maler und Fotografen stellten es dar: Die vollständige, harmonische Familie steht mit vor Glück strahlenden Kindern singend am Weihnachtsbaum. Der Friede, nach dem sich alle sehnen, ist danach in deutsche Familien zu Weihnachten eingekehrt. Die Sehnsucht nach Frieden wächst, wenn wir ihn entbehren.

Der Weihnachtsbaum wurde in aller Welt zum Symbol für deutsche Weihnachten. Damit verbunden sind Erwartungen wie verschneite weiße Weihnachten, die selbst bei uns selten in Erfüllung gehen. Erst recht werden sie bei äquatorialer Sonne nicht verwirklicht. Dort schmückt man als Ersatz zum Fest eine Palme. Selbst ein trockener Ast eines Schiffers erhält durch Kerzen seine festliche Weihe. Heute gibt es schon handlich zusammenklappbare, für das Fluggepäck berechnete Kunststofftannen. Auf Tannenduft braucht man dank entsprechender Spraydosen nicht zu verzichten. An den frühen Festbaum waren jedoch noch keine sentimentalen Gefühle geknüpft.

Baumkult und Kultur des Baumes

Die schnelle Verbreitung des Weihnachtsbaumes (s. u.) hat sicher eine ihrer Ursachen in der engen Beziehung unserer germanischen Vorfahren zu

Bäumen. Für sie war Natur lebendig oder sogar beseelt. Der Donnergott Donar lebte angeblich in einer Eiche, die Bonifatius fällte und damit die Christianisierung einleitete. »Heidnische« Baumheiligtümer wurden später zu christlichen Kultstätten umfunktioniert. Maria übernimmt dabei häufig die Rolle der Schutzheiligen. Sowohl in der germanischen Mythologie als auch in der christlichen Religion spielte der Weltenbaum als Yggdrasil oder Lebensbaum, mit dem Christus und das Kreuz verglichen werden, eine Rolle:

»Beide Bäume breiten ihre Äste über die ganze Welt und reichen zum Himmel hinauf, beide haben drei Wurzeln, in den Zweigen wohnen allerlei Getier, ein Brunnen quillt an ihrem Fuß, sie werden begossen, und Honigtau fällt von ihnen herab.«[2]

Da in den Bäumen gute Geister wohnten, wurden diese zur Abwehr gegen das Böse angerufen. Vor allem Bäume mit immergrünen spitzen Nadeln sollten Unheil abhalten. Im Volksglauben hatten Dämonen, Hexen, Krankheiten und Blitz keinen Eintritt in das Haus, wenn es durch Tannengrün geschützt war.[3] Zahlreiche Quellen des Mittelalters weisen auf die Verwendung von Tannengrün hin, vor allem während der 12 Rauhnächte von Weihnachten bis zum Dreikönigstag. Tannengrün wurde über der Haustür befestigt oder auch in Wohnräumen hängend angebracht. Später übernahmen von der Decke hängende Weihnachtsbäume diese Funktion. Erst als man diese mit Kerzen schmückte, befestigte man sie mit der Spitze nach oben.[4]

Wer keine grünen Zweige hatte, dem fehlte der Schutz und damit das Glück. Ein Sprichwort lautet noch heute: »Er kann auf keinen grünen Zweig kommen.« Grün galt als Farbe der Hoffnung. Deshalb fügte man jedem Geschenk einen Tannenzweig bei. Zum Neujahr hielt man im 15. Jahrhundert etwas Neues (wahrscheinlich Kleidung), Gesang und Tannenreisig für notwendig:

». . . und wer nit etwas nuwes hat
und umb des nuw ior syngen gat
und gryen tann risz steckt jn syn husz
der meynt, er leb das jor nit usz.«[5]

Obwohl auch mittelalterliche Klöster und Kirchen zu Weihnachten mit Tannengrün geschmückt wurden, lehnte man später diesen Brauch als »unflätig, unchristlich Ding« ab.[6] Geiler von Kaiserberg führte in seiner Straßburger Fastenpredigt 1508 zum Fest des römischen Gottes Janus, mit dem nach vorwärts und rückwärts gewandten Gesicht, der dem Monat Januar den Namen gab, aus: Zu Neujahr ehrten die Heiden den Gott Jennerianus.

»Etlich mit tanzen und springen, ander mit stechen, ander mit danreiß in die Stuben legen, ander mit fechten, ander das sie einander schickten lebkuchen, wein etc. . . .«[7]

Die Mutter am Christabend (Hebel 1820): Der Weihnachtsbaum hängt an der Decke (aus Meyer, 1913, S. 123)

Wegen des heidnischen Ursprungs und wegen des Waldschadens verboten zahlreiche Verordnungen das Abschneiden des Tannengrüns zur Weihnachtszeit oder legten Beschränkungen auf. Im Elsaß wurde 1369 den Kleinbauern das Recht zugestanden, am Weihnachtsabend ein Fuder Zweige zu schneiden. Doch ausdrücklich verbot man für diesen Tag das Holen stärkerer Blöcke.[8] Ob es sich dabei um den weit verbreiteten Weihnachtsblock handelt, ist unklar.

Vor der Übernahme des Weihnachtsbaumes um die Jahrhundertwende war es in den ländlichen Gegenden der Schweiz, Frankreichs, Englands und Schwedens Sitte, Weihnachten ein dickes Holzstück zu weihen und zu verbrennen. Durch Ausstreuen der Asche segnete man Menschen, Tiere, Haus und Land oder behielt auch ein Stück bis zum folgenden Jahr. Solange der Holzklotz brannte, durften in England allerhand derbe Späße getrieben werden. Dieser Brauch wanderte auch nach Amerika, wo die farbigen Sklaven am Heiligen Abend einen möglichst dicken Klotz holten. Solange er brannte, galt der Weihnachtsfriede, und sie durften nicht bestraft werden, außerdem bekamen sie reichlich Alkohol zu trinken.[9]

Auf heute jugoslawischem Gebiet brachte man Weihrauch und Gerste auf einem Holzklotz dar, die unter Gebeten und Gesängen verbrannten.[10] Diese Sitte kennt man noch heute bei den Serben. Als die offenen Kamine durch Herde ersetzt wurden, verschwanden die Weihnachtsblöcke, und der Weihnachtsbaum konnte Einzug halten.

Gemeinschaftsbäume

Fröhlich tanzt man heute in Schweden rund um den Weihnachtsbaum. Astrid Lindgren schildert das gemeinsame Singen, Tanzen und Spielen von Erwachsenen und Kindern in Bullerbü. Auch in Norddeutschland kannte man diese Sitte noch Anfang des 20. Jahrhunderts.[11]

Um die Jahrhundertwende errichteten Mädchen in den Vogesen den »Wintermaien« am Brunnen. Meistens wurden dafür einer Tanne die unteren Äste abgeschlagen. Sie entspricht dadurch den häufig verwendeten Maibäumen. In vielen Gegenden lädt der Maibaum zu Tanz, Umzug und Umtrunk ein.

»Blüht der Maien« im Winter und trägt auch noch »Früchte«, so gilt dies als gutes Vorzeichen für das kommende Jahr. Auch in Weihnachtsliedern ist davon die Rede:

Es blühet der Maien
bei kalter Winterszeit . . .

Geschmückt wurde der Wintermaien im Elsaß mit bunten Bändern, ausgepusteten Eiern und kleinen Figuren, darunter ein Hirte oder Mann, der eine Frau schlägt.[12] Weihnachten und Neujahr als Wendezeiten waren voller freudiger Ungewißheit, wobei die Hoffnung auf Fruchtbarkeit bei Menschen, Haustieren und Feldern eine große Rolle spielte. So versetzte man sowohl Fruchtbäumen als auch Frauen einen Schlag mit der lebens- und kraftspendenden Rute oder hängte ein entsprechendes glückbringendes Bild in den Wintermaien. Auch das Ei gilt als Fruchtbarkeitssymbol.

Große Ähnlichkeiten bestehen zu den schlesischen Maien. Mit ihnen wurde schon 1737 der Sommer eingesungen. Noch heute sind sie bekannt:

». . . Diese Mayen bestehen gemeiniglich aus jungen Tannenwipfeln, an welche sie gemahlte Eyerschalen, Papierne Blumen, Flitter-Gold und bundfärbige Bänder anknüpfen . . .«[13]

Früheste Berichte von einem geschmückten Nadelbaum als Mittelpunkt des Weihnachtsfestes sind aus vorreformatorischer Zeit im Oberrheingebiet bekannt. Die dort vor dem Dreißigjährigen Krieg herrschende wirtschaftliche Blüte ging einher mit regem sozialem Leben. Herrengesellschaften, Vereine und nicht zuletzt die Zünfte schmückten sich ihren Baum. Dieser wurde bei Umzügen vorangetragen, um ihn wurde auch getanzt und ausgiebig gebechert und getafelt.

1419 wird urkundlich die Freiburger Bruderschaft der Bäckerknechte erwähnt. Sie schmückte im Heiligen-Geist-Spital einen Baum, wie aus späteren Rechnungen hervorgeht, mit Äpfeln, Birnen, gefärbten Nüssen, Oblaten, großen und kleinen Lebkuchen, Flittergold und gefärbtem Papier. Zu Neujahr zogen die Bäcker unter Musik mit ihren Zunftfahnen durch die Stadt und überreichten dem Armenvater im Spital eine Riesenbrezel. Anschließend schüttelte der Altgeselle den Baum, und die Armen lasen Backwerk und Obst auf. Den Tanz leitete die Armenmutter ein.[14] Das Abschütteln der Lebensmittel vom Baum erinnert an die Obsternte im Herbst. Um die Fruchtbarkeit der Obstbäume auch im folgenden Jahr zu sichern, schüttelte man sie in vielen Orten zur »weyhe nacht«. Dieser Analogiezauber wurde in manchen Gegenden durch Umwinden der Obstbäume mit einem Strohgebinde unterstützt.[15]

Im 16. Jahrhundert häuften sich die Berichte von Umzügen mit geschmückten Weihnachtsmaien. Kerzen wurden jedoch nicht erwähnt. Als Leckereien erschienen Gebäck und Früchte. Die Schneidergesellen von Basel hängten 1597 Äpfel und Käse in ihren Baum, den sie nach dem Umzug in der Herberge aufstellten und plünderten.

Die Honoratioren in Schlettstadt überließen um 1600 den Kindern das »Abblümen« des Weihnachtsmaien am Dreikönigstag. Geschmückt wurde er am Christabend mit Äpfeln und Oblaten. Das große Gelage am 6. Januar bezahlten der »König« und sein »Marschall«. Sie wurden für diesen Abend durch eine Erbse und eine Bohne gewählt, die in einen großen Kuchen eingebacken wurden. Wer eine Bohne oder Erbse fand, der wurde zum Bohnenkönig oder Bohnenmarschall ernannt.[16] Das Einbacken einer Bohne in den Weihnachtskuchen gehört auch zu den späteren Weihnachtsspielen.

Im Norden, in Riga und Reval, schmückte man 1510 und 1514 Tannenbäume mit Papierrosen. Nach dem »Trunke« brachte man sie zum Marktplatz, wo sie umtanzt und später abgebrannt wurden.[17]

Während bei diesen Wintermaien keine Kerzen erwähnt werden, trug man im Preußen des 17./18. Jahrhunderts Lichterkronen durch die Straßen. Diese Sitte bedeutete in den Städten mit ihren engen Gassen und Holzhäusern eine enorme Brandgefahr. Deshalb erließen die preußischen Könige mehrere Verordnungen, nach denen dieses »Verbrechen« ernsthaft zu bestrafen sei, da ». . . *einige Bäume mit Kränzen aufgerichtet werden, so sie Losebäume nennen, um welche das junge Volk Tanzet*« . . . »*Weil mit denen Lichter-Cronen auf dem Christabend viel Gaukeley, Kinderspiel und Tumult getrieben wird, als befehlen wir . . . solche Christ- und Lichter-Cronen gäntzlich abzuschaffen . . .*«[18] Diese »Losebäume« sind die ersten erwähnten Bäume oder Kränze mit Lichtern. Das Wort »Losebaum« hängt wahrscheinlich mit einer Befragung (losen) der Zukunft anhand des Baumes zusammen.

Der Weihnachtsbaum in der christlichen Familie

In Straßburg heißt es 1604 zum Tannenbaum:

»*Auf Weihnachten richtet man Dannenbäum zu Straßburg in den Stuben auff, daran hencket man roßen aus vielfarbigem papier geschnitten, Äpfel, Oblatten, Zischgold, Zucker. Man pflegt drum ein vierekent Ramen zu machen . . .*«[19]

Ob es sich bei dem Rahmen um das Baumgestell oder einen Paradiesgarten (s. u.) handelt, ist wegen der unleserlichen Schrift ebenso unklar wie die Bezeichnung Stube, die sich auf die Herberge oder die häusliche Wohnung beziehen kann.

Nach den Wirren des Dreißigjährigen Krieges verliert der Gemeinschaftsbaum mit seinem fröhlichen Treiben an Bedeutung. Aufgrund politischer Unruhen, wirtschaftlicher Not und der Auflösung bestehender sozialer Gruppen verlagert sich die Aufstellung des Tannenbaumes in die Familie. Kirchliche Vertreter standen dem Weihnachtsbaum noch 1654 kritisch gegenüber. Dannenhauer, Prediger am Straßburger Münster, wetterte gegen diesen »heidnischen« Brauch:

»*Unter anderen Lappalien, damit man die frohe Weihnachtszeit oft mehr als mit Gotteswort begeht, ist auch der Weihnachtsbaum oder Tannenbaum, den man zu Hause aufrichtet, denselben mit Puppen und Zucker behängt und ihn hernach schütteln und abblümen läßt . . . Viel besser wäre es, man weihte die Kinder auf den geistlichen Cedernbaum Jesum Christum.*«[20]

Wenn auch Dannenbauer den vorchristlichen Brauch ablehnt, so weist er doch künftigen Auslegungen den Weg: Durch Christi Tod am Cedernbaum wird die Sünde überwunden. Dadurch öffnet sich für die Menschen wieder das Paradies. Diesen Einzug feiern wir am Tage Christi Geburt. Aus dem Weihnachtsbaum als Fruchtbarkeitssymbol wird das Symbol des Paradiesbaumes.

Nach Dannenhauer war der Weihnachtsbaum Mitte des 17. Jahrhunderts in Straßburg im häuslichen Bereich üblich und wurde speziell für die Kinder errichtet. Beides waren entscheidende Grundlagen für die rasche Ausbreitung des Weihnachtsbaumes vom Elsaß aus über ganz Europa.

Seit dem 17. Jahrhundert wuchs die Bedeutung der Kleinfamilie als feste wirtschaftliche Einheit. Die Intimsphäre der Wohnung wurde zum Schutz vor den Problemen in den wachsenden Städten. Durch die Trennung von Arbeits- und Freizeitwelt waren die Aufgaben der wohlhabenden Städterin auf den häuslichen Bereich und die Kindererziehung beschränkt, geprägt durch bürgerliche Ideale wie Fleiß, Ordnung, Sauberkeit und Zucht. Erwachsene stellten zunehmend Spielzeug her, woraus sich im 19. Jahrhundert zahlreiche Heimwerkstätten und Verlage, vor allem in Berchtesgaden, im Erzgebirge und Thüringer Wald entwickelten. Die zum Verkauf gelangenden »Schätze« waren jedoch für die ärmere Bevölkerung unerschwinglich.

Früheste Berichte vom Weihnachtsbaum als Mittelpunkt familiärer Feier sind uns von Fürstenhöfen und Gütern bekannt. Liselotte von der Pfalz, die 1671 nach Paris verheiratet wurde, berichtete 1708 ihrer Tochter vom »Christkindel« ihrer Kindheit:

»Da richtet man Tische wie Altäre her und stattet sie für jedes Kind mit allerlei Dingen aus, wie neue Kleider, Silberzeug, Puppen, Zuckerwerk und alles mögliche. Auf diese Tische stellt man Buchsbäume und befestigt an jedem Zweig ein Kerzchen. Das sieht allerliebst aus . . .«[21]

Auch in Wittenberg war der Lichterbaum 1737 auf Gutshöfen eine Besonderheit:

»Am heiligen Abend stellte sie in ihren Gemächern so viele Bäumchen auf, wie sie Personen beschenken wollte. Aus deren Höhe, Schmuck und Reihenfolge in der Aufstellung konnte jedes sofort erkennen, welcher Baum für es bestimmt war. Sobald die Geschenke verteilt und darunter ausgelegt und die Lichter auf den Bäumen und neben ihnen angezündet waren, traten die Ihren der Reihe nach in das Zimmer, betrachteten die Bescherung und ergriffen jedes von dem für es bestimmten Baum und den darunter bescherten Sachen Besitz. Zuletzt kamen auch die Knechte und Mägde in bester Ordnung herein, bekamen jedes ein Geschenk und nahmen dieselben an sich.«[22]

Die Sitte, der Personenzahl entsprechend Bäume aufzustellen, wird später nur noch aus einer Erziehungsanstalt im Thüringer Wald berichtet. Interessanterweise stellten die Bauern aus Schwaben zu Pfingsten so viele Tannenbäume vor den Stall, wie sie Tiere besaßen, um diese vor Krankheit zu schützen.[23]

Bei den ersten Kerzen, die 1708 und 1711 zum Schmücken der Weihnachtsbäume an den kurfürstlichen Höfen in Heidelberg und Hannover verwendet wurden, handelt es sich um Wachskerzen. Erst nach der Erfindung von Stearin 1818 und Parafin 1830 konnten sich auch breitere Bevölkerungsschichten Kerzen leisten. Daß gerade im »Brandmuseum« in Kiel Weihnachtsbäume ausgestellt sind, hat sicher seine Ursache in der schwierigen Befestigung der Kerzen vor 1880:

»Die Kerzen buntfarbig geriffelt ... wurden mit Stecknadeln am Baum befestigt. Den Nadelknopf kniff man mit der Zange ab. Dann wurde das stumpfe Ende der Nadel über einer brennenden Kerze glühend gemacht und in das stumpfe Kerzenende eingeschmolzen.«[24]

Zur Verbreitung des Weihnachtsbaumes innerhalb des gebildeten Bürgertums haben zweifellos auch deutsche Dichter beigetragen. Die unterschiedliche Namensgebung trägt zunächst lokale und individuelle Züge:
»aufgeputzter Baum«, Goethe, Leipzig, 1774 –
»grüner Baum«, Schiller, Weimar, 1789 –
»Lebensbaum«, Jung Stilling, Nassau, 1793 –
»Baum der Erkenntnis«, Jean Paul, Stuttgart, 1797–
»Weihnachtsbaum«, bei Matthias Claudius, Hamburg, 1796 –
»Weihnachtchindli-Baum«, J.P. Hebel, Schwaben, 1760–1826 –
»Tannenbaum« oder »Märchenzweig«, Theodor Storm, Holstein, 1817–1888 –[25]

Ältere Bezeichnungen für den Weihnachtsbaum, die im Zusammenhang mit Umzügen und gemeinschaftlichen Festen genannt werden, weisen eher auf die Fruchtbarkeit der Wintermaien, die Zukunftsbefragung und den Überbringer, den Nikolaus hin:
»weyhenacht meyen«, Freiburg, 1554 –
»Losebäume«, Preußen um 1700 –
»Chlausbaum«, Schweiz, 1799 –[26]

Als Fruchtbaum kennen wir den Weihnachtsbaum am Oberrhein aus vorreformatorischer Zeit. Dieser Brauch scheint dort als Folge der Religionskriege aufgegeben worden zu sein. Bei Bräuchen des Nordens haben Licht, Feuer, Sonne entscheidende Bedeutung. Aus der Verschmelzung des immergrünen Baumes und des Lichtes entstand in protestantischen Gebieten der Lichterbaum. Da diese Sitte den familiären Bedürfnissen der Fürsten und Bürger entsprach, konnte sie sich im protestantischen Deutschland mit seinen aufstrebenden Städten rasch ausbreiten. Der Weihnachtsbaum mit seinen Kerzen wurde damit zum Zeichen des Protestantismus. Noch 1863 ereiferte sich ein katholischer Priester in Tirol gegen diese Sitte.[27] In einer Schlettstädter Zeitung, im damals französischen Elsaß, wird der Protestantismus sogar als »Tannenbaumreligion« bezeichnet.[28] Und während der Besetzung deutschsprachiger Gebiete durch die Franzosen Anfang des 19. Jahrhunderts breitete sich die Sitte des Weihnachtsbaumes nicht aus.

Protestantische Weihnachten (aus Reinsberg-Düringsfeld, 1863, S. 384)

Verbreitung des Weihnachtsbaumes

Nach der Neuordnung Europas auf dem Wiener Kongreß 1814/15 begann der steile Aufstieg Preußens. Berlin entwickelte sich zum politischen, wirtschaftlichen und kulturellen Mittelpunkt Zentraleuropas. Die königliche Familie wurde zum Vorbild – seit 1830 auch in der Gestaltung des Weihnachtsfestes als Familienfeier mit Weihnachtsbaum.[29] Durch verwandtschaftliche Bindungen europäischer Fürstenhäuser hielt der Weihnachtsbaum bald auch in Wien, Moskau, Paris und London Einzug. Unter Königin Victoria von England entfaltete der Weihnachtsbaum mit 13 m Höhe und Geschenken im Wert von 10000 Pfund eine gewaltige Pracht.[30] Die repräsentative Gestaltung des Weihnachtsbaumes wurde zu einem Wettstreit europäischer Adliger und hatte ihre Parallelen in der großbürgerlichen Kultur.

Neben den Weihnachtspyramiden (s. u.) dienten in Berlin und Umgebung die dort wachsenden Kiefern als Weihnachtsbaum. Erst nach dem Bau der Eisenbahn kamen 1851 die ersten Fichten und Tannen aus dem Harz und dem Thüringer Wald auf den Berliner Weihnachtsmarkt. Als jedoch später eine Dame in der »feinen« Gegend des Gendarmenmarktes nach einer Kiefer fragte, antwortete die Hökerin:

»Kienen, die gibt es hier nicht, die kauft in dem Viertel keiner, ich hab' bloß Tannen.«[31]

Im 19. Jahrhundert erfolgte die Umdeutung des vorchristlichen Weihnachtsbaumes mit seinem Schmuck im christlichen Sinne (s. u.) und damit auch der Einzug der Lichterbäume in die Kirchen. In dem Maße wie der Weihnachtsbaum nicht mehr als Symbol der Fruchtbarkeit galt, sondern zum Zeichen christlicher Nächstenliebe wurde, änderte sich auch sein Schmuck. Geschenke hängte man an seine Zweige, die am Heiligen Abend geplündert wurden. Da er dann nicht mehr repräsentativ war, und der Wunsch bestand, ihn als Mittelpunkt der Weihnachtszeit bis zum Dreikönigstag zu erhalten, wurde er in der Folgezeit dauerhafter dekoriert. Die Geschenke wanderten unter den Baum, und alle Wunschträume der Kinder wurden durch Miniaturen ersetzt, die nun neben dekorativen und symbolischen Elementen den Christbaum schmückten. Ganze Industriezweige entwickelten sich, die aus unterschiedlichstem Material Schmuck herstellten. Ende des 19. Jahrhunderts wurde es dann Mode, Christbaumschmuck im häuslichen Kreis anzufertigen.

Prunkvoll wurde der Baum der kaiserlichen Familie in Berlin geschmückt. Der Kaiser selbst zeigte sich als treusorgender Familienvater und wurde seinen Offizieren zum Vorbild. Als sich Weihnachten 1870/71 deutsche und französische Soldaten in Schützengräben gegenüberlagen, ließen die Heerführer in allen Quartieren Lichterbäume errichten.[32] Dieses Symbol des Weihnachtsfriedens sollte sie, fern der Heimat, mit dem Kaiser verbinden. Wie er waren sie stolz über die Siege. Erwachende nationale Gefühle verbanden sich mit dem Weihnachtsbaum, den die Soldaten aus dem ganzen Reich nach ihrer Rückkehr mit in ihre Familien brachten. Den siegreichen Feldzug spielerisch nachzuvollziehen, wurde Anliegen der Söhne:

»Trommel, Pfeife und Gewehr,
ja, ein ganzes Kriegesheer
möcht ich gerne haben . . .«

Diese Gegenstände wurden als Spielzeug oder Miniaturschmuck an den Weihnachtsbaum gehängt und durch eine nationale Flagge an der Spitze gekrönt. Der nationale Gegensatz zwischen Preußen und Franzosen kam bereits 1813 zum Ausdruck, als deutsche freiwillige Jäger am Rhein ihren Weihnachtsbaum schmückten.[33] Kein Wunder, daß das französische Volk nach den verlorenen Kriegen lange den deutschen Weihnachtsbaum ablehnte.

Weihnachtsfeier 1813 (aus M. Rapsilber, o. S.)

Während des Dritten Reiches »verzierte« man den Weihnachtsbaum mit Sinnbildern nationalsozialistischen Gedankengutes, mit Lebensbaum, Sonnenrad, Rune und Hakenkreuz.[34]

Und heute empfehlen uns, wie vor 100 Jahren, Frauenzeitschriften, wie wir den Baum »individuell« zu schmücken haben. So ist es in einem Jahr üblich, den Baum »in Rot« zu putzen, im nächsten ist Lila gefragt. Häufig wird auch die ganze Sehnsucht nach Schnee hineingelegt und der Weihnachtsbaum »in Weiß« gestaltet. Immer noch schmücken Familien den Baum mit allem, was ihnen im Laufe der Jahre lieb geworden ist, auch mit selbstgebasteltem Christbaumschmuck.

Die Wandelbarkeit des Weihnachtsbaumes ermöglichte seine Aufnahme in verschiedene Kulturen und die rasche Ausbreitung im 19./20. Jahrhundert in christlichen Ländern. In die USA kam der Weihnachtsbaum durch zahlreiche Auswanderer aus Deutschland. Für sie bedeutete der Baum eine enge Verbindung mit der Heimat, die sie meistens aus wirtschaftlichen oder politischen Gründen verlassen mußten. Seit 1830 ist er in den USA nachgewiesen und wurde wie in Europa geschmückt.[35]

Unter der Jultanne (aus Rust Halbritter: Adolf Hitlers Mein Kampf, 1975)

Vermarktung des Weihnachtsbaums

Der Sinn der Amerikaner für das Praktische und Künstliche leitete einen Funktionswandel ein. Sie ersetzten die Kerzen durch Gaslampen, und der Tannenbaum wurde aus Eisen hergestellt.[36] Wesentlich einfacher war später die Handhabung elektrischer Kerzen. Sie ermöglichten ein schnelles Anzünden und gefahrloses Brennen und waren daher die Voraussetzung, um Tannenbäume in öffentlichen Gebäuden und auf Plätzen aufzustellen. Einen riesigen Tannenbaum ließ eine Amerikanerin erstmalig 1912 auf dem Madison-Square in New York errichten.[37] Seit den 20er Jahren schmücken sich auch unsere Städte mit diesem weihnachtlichen Symbol. Zur Dekoration und Repräsentation der Häuser wohlhabender Familien zog der Lichterbaum um 1960 in die Vorgärten ein.

Doch wird der Weihnachtsbaum nicht erst zum Fest errichtet, sondern er strahlt schon in der Adventszeit. Früh entdeckten die Kaufleute, daß derartige gefühlsbeladene Symbole die Kunden auf die Vorfreude des Festes einstimmten und nutzten diese Gefühle für die Werbung aus. Mittelpunkt eines Weihnachtsbasars in Hamburg war 1853 ein sich drehender Christbaum, der von einem Riesenkarussell mit Fabeltieren umgeben war.[38] Heute fehlt nirgendwo die weihnachtlich geschmückte Einkaufsstraße. Ab Oktober werben Kaufleute dafür, Weihnachtsgeschenke rechtzeitig und reichlich zu besorgen. An den ersten Einkaufstagen nach dem Fest verschwinden dann die Christbaumkugeln aus den Auslagen und werden durch Luftschlangen ersetzt.

Für die meisten Menschen hat der geschmückte Weihnachtsbaum rein dekorativen Charakter. Als Mittelpunkt des häuslichen Festes verliert er seinen Wert in einer Zeit, in der das Familienbewußtsein mehr und mehr aufgegeben wird. Vertreter der Kirche sehen in ihm nicht mehr die christliche Symbolik des 19. Jahrhunderts mit ihren gefühlsbetonten Auslegungen (s.u.). In Gotteshäusern unserer Zeit hat der Christbaum ebenso nur schmückende Bedeutung wie in mancher Familie. Verlorengegangen sind uns das Verständnis für die Natur und die für uns lebenswichtige Bedeutung des Baumes sowie sein kultischer Bezug.

Für uns besitzt der Baum heute kaum noch symbolhafte Bedeutung. Durch den Verlust der Naturnähe merkten wir lange Zeit nicht einmal, wie unsere Wälder abstarben. Wie lange werden wir uns überhaupt noch Weihnachtsbäume leisten können? 1974 wurden in der Bundesrepublik 16 Millionen Tannen und Fichten gebraucht. 14 Millionen waren einheimische Bäume, die weitgehend in speziellen Plantagen als Monokultur angepflanzt wurden.[39] Vielleicht kehren wir eines Tages wieder zurück zu den naturfreundlichen traditionellen Weihnachtsgestellen oder auch zu den Holzgestellen in Baumform, die jedes Jahr neu geputzt werden.

Weihnachtsgestelle

Im ganzen deutschsprachigen Raum existierten die unterschiedlichsten Weihnachtsgestelle, die den Boden für den Einzug des Weihnachtsbaumes vorbereiteten. Zwischen dem geschmückten Tannenbaum und den weihnachtlichen Gestellen gibt es viele Parallelen: Beide konnten bei Umzügen mitgeführt werden oder waren Mittelpunkt einer häuslichen Familienfeier. Sie trugen immergrüne Nadeln oder Blätter und wurden geschmückt. Beide wurden stehend oder hängend benutzt. Im Unterschied zum Weihnachtsbaum besaßen die Gestelle schon früh Lichter.

Die Beschaffung der Weihnachtslichter über dem Altar war in Lüneburg um 1350 Aufgabe der Bäckerzunft. Vermutlich handelt es sich dabei um einen Leuchter in Baumgestalt.[40] Als Lebens- oder Paradiesbaum verdrängte er im Mittelalter den Baumkult und wurde zum Sinnbild der alttestamentarischen Geschichte von der Vertreibung aus dem Paradies. Im Paradiesgarten Eden standen zwei Bäume:

»... ein Baum, dessen Früchte unvergängliches Leben schenken, und einer, dessen Früchte umfassendes Wissen verleihen soll ... (1. Mose 2, 3).

Der Ungehorsam gegenüber Gottes Gebot, die Frucht vom Baum der Erkenntnis nicht zu essen, führte zur Vertreibung aus dem Paradies und zur Sterblichkeit der Menschen. Diese wurden nach christlicher Anschauung durch Christi Geburt und durch seinen Opfertod von den Sünden befreit:

»... und nun wird jeder, der sein Vertrauen auf den Sohn Gottes setzt, nicht zugrunde gehen, sondern ewig leben« (Johannes 3 Vers 16).

Schwäbische protestantische Familien erzählten noch um 1940 in einem dunklen Raum die Geschichte von der Vertreibung aus dem Paradies, bevor sich die Tür zum Weihnachtszimmer öffnete. Vor dem hell erleuchteten Baum sangen sie die letzte Strophe des 1554 gedichteten Liedes »Lobt Gott, ihr Christen alle gleich«:

»Heut schleußt er wieder auf die Tür
zum schönen Paradeis:
Der Cherub steht nicht mehr dafür,
Gott sei Lob und Ehr und Preis.«

Der Heilige Abend hieß teilweise auch »Adam und Eva«. Zahlreiche mittelalterliche Weihnachtsspiele erzählen die Geschichte von der Vertreibung aus dem Paradies. Symbol des Paradieses sind der Lebensbaum und seine Äpfel (zur Symbolik des Apfels s. Christbaumschmuck).

Der Name Paradies (evangelisches Mittelfranken) oder Paradeisl (Bayern) lebt in den ebenso genannten *apfeltragenden Gestellen* fort. In streng katholischen Gegenden hat St. Nikolaus ähnlichen Gestellen seinen Namen gegeben als Klausenbaum (Niederrhein), Nikolausturm (Oberösterreich) oder Chlauszüg (Schweiz).[41]

Beim oberbayerischen »Paradeisl« werden drei Äpfel mit Stöcken verbunden. Von jedem führt ein Stab nach oben und endet in einem vierten Apfel. Darin stecken ein Licht und ein Buchsbaum- oder Tannenzweig. Heute befestigt man die Stäbe auch stabil mit Holzdreiecken. Auf jedem steht eine Kerze.

Die unterste Stufe apfeltragender Gestelle kann auch aus vier quadratisch angeordneten Äpfeln bestehen. Auch eine Zwischenstufe aus drei oder vier miteinander verbundenen Äpfeln wird eingefügt. Beim »schlesischen Putzapfel«, der auch in Mitteldeutschland bekannt ist, tragen drei bis vier Stäbe einen mit Kerze und Zweig geschmückten Apfel.[42]

Auch der Appenzeller »Chlauszüg« wird mit Äpfeln verziert. Diese Pyramide ist ganz mit bemalten Lebkuchen und Äpfeln bedeckt und steht auf einer mit Äpfeln, Trockenobst und Nüssen gefüllten Milchschüssel. Heute wird sie mit einem Weihnachtsbäumchen gekrönt.[43] Nach M. Pohlmeyer verschenkten früher die Paten während der Adventszeit je nach Vermögen große oder kleine Hefekränze. Diese wurden pyramidenförmig aufeinandergelegt und mit bemalten Lebkuchen und Äpfeln verziert. Während der Adventszeit stand die Pyramide offen und nahm alle Gerüche der Umgebung an. Erst nach Weihnachten durfte sie angeknabbert werden.

Gemeinsam sind diesen Gestellen die mittelalterlichen Sinnbilder des Paradieses: die Baumform als Lebensbaum, der Apfel als Zeichen des Sündenfalls, grüne Zweige als Symbol der Hoffnung und Lichter für Christus als Erlöser und »Licht der Welt«. Teilweise tragen sie auch der Paradiesvorstellung entsprechend edle, meistens vergoldete Früchte. An die bayerischen Paradeisl hängt man heute auch Wachsfiguren und Strohsterne. Apfeltragende Gestelle werden im allgemeinen schon in der Adventszeit aufgestellt.

Symbolhaltige Gedanken spielten auch bei dem »Föhrer *Bügelbaum*« oder *Bogen* eine Rolle. Unter Figuren wie Schwein, Fisch, Mühle, Rind und Segelschiff aus bemaltem Teig steht der Paradiesbaum mit Adam und Eva. Oft verzieren vier Äpfel das Gestell. Vom Sündenfall führt der Bogen bis zu Christi Tod und Erlösung. Die Kreuze des Mittelpunktes sind Sinnbild des Kreuzes Christi. Nach anderer Deutung beschreibt der Bügel den kleinsten Jahresbogen der Sonne. Nachgewiesen ist er auf der Insel Föhr erst seit dem 19. Jahrhundert.[44]

Der »Hiddenseer Baum« (bei Rügen) besteht aus mehreren Bügeln. Im Gegensatz zum flachen Föhrer Baum ist er dreidimensional. Die Föhrer umwinden ihren Bügelbaum möglichst mit Buchsbaum, notfalls auch mit Efeu. Für den großen Bügelbaum von Hiddensee reichte das Wintergrün der Insel nicht aus. So ersetzen bunte Papierfransen die Tannen. Von einem Bogen zum anderen führen Ketten aus Bonbons, Keksen, getrocknetem Obst, goldenen Nüssen und Muschelschalen. Eine bunte Fahne krönt die Spitze. Bügelbäume sind auch auf anderen Inseln der Nord- und Ostsee bekannt.

Die Bergleute des Erzgebirges benutzten den »Schwippbogen« zu Weihnachten. Unter einem großen Lichterbogen finden wir 1796 die Paradiesdarstellung.[45] Für die Bergleute, die bei den langen Arbeitszeiten oft monatelang kein Tageslicht sahen, hatte das Licht eine besondere Bedeutung. Heute bestehen Schwippbögen meistens nur noch aus dem Lichterbogen ohne bildliche Darstellungen. Sie werden gedrechselt oder geschmiedet und tragen unterschiedlich viele Lichter. Bügelbäume und Bögen stellt man zu Weihnachten auf.

Auch der Garten des Paradieses wurde vielfältig gestaltet. Der *Paradiesgarten* aus Hohenlohe (bei Schwäbisch-Hall) ist rings von einem Holzzaun umgeben. Das Tannenbäumchen in der Mitte verziert man heute prächtig mit Glasschmuck. Darunter befindet sich das Christkind in einer paradiesischen Fülle von Äpfeln, Springerle und Nüssen. In Golling (bei Salzburg) ziehen St. Nikolaus und der Krampus in den Garten ein. Dieser steht in der Adventszeit im Herrgottswinkel und wird Weihnachten durch die Krippe abgelöst.

An einen *Paradiesgarten* erinnert auch die Beschreibung, die Berend Goos von der Hamburger *Weihnachtspyramide* Anfang des 19. Jahrhunderts gibt:

»Tannenbäume waren damals noch nicht so allgemein im Schwunge wie jetzt, dafür hatten wir in der Regel eine sogenannte Pyramide aus vier oben zusammenlaufenden, mit Buxbaum oder Tannenlaub dicht umwundenen, Stäben bestehend, oben mit einer Fahne aus Flittergold verziert. Der untere viereckige Raum enthielt die schönsten Gartenanlagen, mit Grotten, Teichen, Brücken sowie den dazu passenden Figuren versehen, alles aus Moos, Strohblumen, Pappe und Spiegelglas angefertigt. Die belaubten Seitenrippen der Pyramide dienten zugleich als Halter der das Ganze hellbestrahlenden bunten Wachskerzen, und im Innern hing noch von der Spitze herab ein schwebender Wachsengel, recht niedlich anzuschauen. Man kaufte diese Pyramiden fertig auf der Weihnachtsausstellung des Gemüsemarktes.«[46]

Der Gestaltung des Paradiesgartens waren keine Grenzen gesetzt. Unerläßlich waren jedoch »twolw blickerne Wihnachtslichter för'n Schilling.«[47] Ebenso wie in Hamburg standen in Berlin kunstvolle Weihnachtspyramiden. Doch um 1860 zündete nur noch die arme Frau im Hinterhaus ihre Weihnachtspyramide an. Im Vorderhaus brannten dicke Kerzen an hohen Tannenbäumen.[48]

Auch die erzgebirgische Weihnachtspyramide ist ein lokaler Vorläufer des dortigen Weihnachtsbaumes. Die im 18. Jahrhundert gebräuchliche Form bestand aus drei oder vier Stäben, die mit Tannen- oder Fichtenzweigen umwunden wurden. An der Wende zum 19. Jahrhundert versah man sie mit einem Flügelrad, das durch die Wärme der brennenden Kerzen angetrieben wurde. Derartige Weihnachtspyramiden gelangten auch in Berlin auf den Weihnachtsmarkt.[49]

Als »modernes Spielzeug« galt um die Jahrhundertwende die noch heut verbreitete erzgebirgische Weihnachtspyramide. Durch Kerzen wird ein Flügelrad in Bewegung gesetzt, an dessen Achse sich die Weihnachtswelt aus Holzfiguren dreht. Oft ziehen auf mehreren Etagen Könige, Hirten und Engel ihre Kreise. Bei besonders großen und kunstvollen Pyramiden wandern die Bewohner ganzer Dörfer in alten Trachten und mit ihrem Beruf entsprechenden Arbeitsgeräten umher. Heute sind sie ein begehrter Exportartikel der DDR.

Ebenso wie die erzgebirgischen haben auch die schlesischen Weihnachtspyramiden mehrere Etagen. Sie bestehen aus nach oben kleiner werdenden Scheiben, auf denen jeweils vier Kerzen stecken. In Lähn hieß diese schlesische Pyramide »Lichtzepter«. Dabei werden um vier Scheiben breite Holzstreifen gelegt, die mit Sternen bemalt sind. Rote, rechtwinklig daran befestigte Holzstäbchen bilden eine Girlande. An den nach unten stehenden Zacken befestigt man Strohketten oder Ketten aus winzigen Glaskugeln. Dazwischen hängen Goldpapiersterne und -sonnen. Auf der obersten Scheibe steht ein sechseckiger Stern mit der 13. Kerze. Krippenfiguren oder auch ganze Dörfer werden auf den einzelnen Scheiben aufgebaut. Im schlesischen Probsthain bei Goldberg konnte eine Lichterpyramide mit durchbrochenen Scheiben sogar 2,50 m hoch sein. Bis 1944 brachte jeder Hof seine geschmückte Pyramide am Heiligen Abend in die Kirche.[50]

Auch die *Reifenbäume* der Siebenbürger Sachsen wurden am Heiligen Abend mit in die Kirche gebracht. Sie bestehen aus drei übereinanderhängenden, geschmückten, mit Kerzen versehenen Tannenkränzen.[51] Auch in England und Thüringen waren sie bekannt. Ihre Entsprechung finden sie in den Kränzen unter dem Maibaum oder auch in den brandenburgischen Lichterkronen, die bei weihnachtlichen Umzügen mitgeführt wurden.[52]

Der »Reifentampenbaum« (Tampen = Seil) aus Norddeutschland wurde von Seeleuten hergestellt. Auf jedem der sich nach oben verkleinernden Reifen befestigte man vier Kerzen mit einem Knoten. Selbst der Schmuck der Reifen kann noch aus Seemannsknoten bestehen.

In Nürnberg kennt man noch heute den »Raffa«, eine Pyramide ohne Kerzen, die Weihnachten an der Decke hängt. Dazu werden drei Weidenruten unterschiedlicher Größe mit grünem und gelbem Papier umwickelt und mit Nüssen und Zuckerwerk behängt.

Der Tradition der Reifenbäume gab Hinrich Wichern um 1850 einen neuen Sinn, als er für seine Zöglinge im Rauhen Haus den ersten Adventskranz mit 24 Kerzen schmückte.

Ursprünglich und fröhlich ist der Brauch von »Wäperraut« (Werpelrot) und »Tunschere«. Die Wäperraut besteht aus einem grünen Zweig und einer geschabten Weidengerte. Diese wird zu einem Reifen gebogen, mit Äpfeln besteckt und an den Zweig gebunden. Geschmückt wird sie mit Bildern, Buntpapier oder Kuchen. Bei der Tunschere werden astfreie Haselnuß- oder Fliederzweige mit einem Messer faserig geschabt und zu kunstvollen Gebilden wie Windmühlen oder Reifen mit Speichen zusammengesetzt. Am Silvesterabend stellt man heute die Tunschere oder die Wäperraut Freunden oder Bekannten heimlich unter dem Ruf »wäp-wäp« oder »tun, tun« ins Haus. Gelingt es, den Bringer zu greifen, so wird er überreichlich bewirtet. Eine Ehre ist es jedoch zu entkommen.[53] Das heimliche Werfen des Geschenkes ähnelt dem Julklapp in Schweden. Um 1875 waren es junge Burschen, die dem geliebten Mädchen die Wäperraut ins Haus brachten. Erwiderte das Mädchen die Gunst, so schickte sie als Antwort die Tunschere. Statt des grünen Zweiges in einem Brettchen steckte früher ein Kohlstrunk in einem Torfsoden.[54] Tunschere und Wäperraut haben ihren symbolischen Charakter ebenso verloren wie der Christbaumschmuck.

Christbaumschmuck

Symbol der Fruchtbarkeit, christliches Zeichen
oder Dekoration?

Was bedeuteten den Menschen des 16./17. Jahrhunderts die Äpfel, Rosen, Oblaten, Lebkuchen, Nüsse, das Zuckerwerk und Zischgold, die sie in ihre Tannenbäume hängten? Sicher hatten sie, ebenso wie wir heute, Spaß an dem dekorativen Aussehen dieser »Wintermaien«, die den Mittelpunkt ihrer Gemeinschaftsfeiern bildeten. Doch für naturabhängige Menschen, die um das tägliche Brot bangten, mußten diese Bäume mit ihren eßbaren Früchten und ihren Blüten wie aus dem Paradies erscheinen. Obst, Würste, Schinken und Käse am Baum erinnern an die Geschichte aus dem Schlaraffenland.

Neben diesen Zeichen fröhlichen Schmausens hingen häufig noch Blüten aus Papier in den Bäumen. Blüten und Früchte drücken zur Weihnachtszeit die Hoffnung auf ein fruchtbares Jahr aus. Durch Opfer oder Analogiezauber versuchten die Menschen, auf kommende reiche Ernte Einfluß zu nehmen. Entsprechend finden wir den Glauben, daß nur derjenige, der Weihnachten in Fülle essen kann, auch im folgenden Jahr nicht hungern muß.[55] Als Blüten an diesen fruchtbringenden Bäumen verwendete man häufig »Rosen, aus vielfarbigem Papier geschnitten«.

Schon im Mittelalter rankten sich Glaube und Legende um die *Rose*. Die Unschuld eines Mädchens war bewiesen, wenn sie mit verbundenen Augen aus weißen und roten Rosen die weißen auswählte. Auch heute noch sind rote Rosen Zeichen der Liebe. Andererseits kann Rot, die Farbe des Blutes, in Verbindung mit der Rose auch Tod bedeuten. In der Symbolik des Mittelalters weist sie auf Christi Wunden hin. Die christliche Legende erzählt, daß Maria bei der Flucht durch die Wüste Christi Windeln an einem Rosenstrauch getrocknet hat.[56] Daher erinnern rote Rosen am Weihnachtstag an Christi Geburt und Tod. Ein Kirchenlied aus dem 15. Jahrhundert weist deutlich auf Christus als Rose oder Reis am Stammbaum Jesse hin. Zur Hälfte der dunklen Jahreszeit, zur halben Nacht, kommt er als Hoffnung für die Menschen:

Es ist ein Ros entsprungen
aus einer Wurzel zart,
wie uns die Alten sungen,
von Jesse kam die Art,
und hat ein Blümlein bracht
mitten im kalten Winter
wohl zu der halben Nacht.

Legenden von Rosen, die nur um die Weihnachtszeit blühen, ähneln den zahlreichen Geschichten über Obstbäume, die in der längsten Nacht des

Jahres gleichzeitig blühen und Frucht tragen. Die Sitte, Zweige zu Weihnachten zum Blühen zu bringen, kennen wir aus dem Barbarabrauchtum (s. o.). Vor allem der Apfelbaum soll in der Nacht vom 24. zum 25. Dezember Blüten und Früchte getragen haben. Als Wildform ist der Apfelbaum in Nordeuropa seit der Steinzeit bekannt. Sein Gedeihen glaubte man zu beeinflussen, indem man ihn mit einer lebensbringenden Rute zur Sonnenwende schlug, ihn mit Stroh umwickelte oder ihm Opfer brachte. *Äpfel* waren als Attribute der Demeter und Aphrodite Symbole der Fruchtbarkeit und der Liebe. Auch in nordischen Sagen sind goldene Äpfel Zeichen der Werbung. Oft werden sie unter Abenteuern aus einer anderen Welt geholt. Frauen knüpfen an sie die Hoffnung auf ein Kind oder auf Verjüngung. Das Zuwerfen des Apfels galt schon in der Antike als Liebeszeichen. Als Liebesorakel warf das Mädchen eine Apfelschale über den Kopf und las aus der entstehenden Form den Anfangsbuchstaben des »Zukünftigen«. Mit Hilfe von Äpfeln konnte auch Liebeszauber ausgeübt werden. Auch bei den Hochzeitsbräuchen der Indogermanen spielte der Apfel eine Rolle. So führte man um den Brautapfel, einem mit Geld gespickten Apfel, einen Wettlauf durch. Interessanterweise gehörte der mit Geld gespickte Apfel in Holstein auf jeden Weihnachtsteller.[57] In Schlesien bekamen die Dienstboten einen solchen »Goldapfel«.

Wenn wir heute vom Apfel sprechen, den Eva Adam reichte, so handelt es sich eindeutig um eine mittelalterliche Auslegung der Bibel. Im Urtext ist nur von »Früchten der Erkenntnis« die Rede. Da es zur Zeit der Entstehung der alttestamentarischen Geschichte in Kleinasien keine Äpfel gab, handelte es sich wahrscheinlich um Quitten oder Granatäpfel.[58] Die im Volksglauben verwurzelte Vorstellung des Apfels als Fruchtbarkeitssymbol und Mittel zur Erkenntnis der Zukunft wurde zum christlichen Sinnbild für die Überwindung der Sünde und damit zum Symbol für Unsterblichkeit und Auferstehung.

Als Reichsapfel symbolisiert der Apfel gleichermaßen die weltliche und die religiöse Macht. Um 1800 lebte der Glaube an die Kraft der Symbolik des Apfels im Christbaumschmuck fort. So holte Friedrich Perthes im Wandsbeker Schloß »mit halsbrecherischer Kunst« den goldenen Apfel von der Spitze des Christbaumes und überreichte ihn zum Zeichen der Verlobung an Caroline Claudius.[59] In Preußen gab man 1755 selbst vergoldete »Erdäpfel« (Kartoffeln) als Paradiesäpfel aus.[60]

Da weder die rotbackigen noch die vergoldeten Äpfel als Weihnachtsschmuck sehr haltbar sind, übernahmen später Christbaumkugeln deren Rolle. Anfang des 19. Jahrhunderts überzog man dafür noch Lehmkugeln mit Schaumgold, die dann durch leuchtende Glaskugeln ersetzt wurden.[61]

Neben Äpfeln, Birnen und Pfennigen bekamen Mägde und Knechte bei ihren weihnachtlichen Heischegängen um 1500 auch *Nüsse* geschenkt.[62] Nüsse gibt es auch heute noch zu Silvester beim »Rummelpottlaufen« in

Hamburgs Vororten. In katholischen Gegenden bringt der Nikolaus »Äpfel, Nüss und Mandelkern«. Nüsse sind reich an Fetten, Mineralien und Vitaminen. Sie schützen daher den Menschen vor Mangelerscheinungen. Nach germanischem Glauben wird Iduna, die Göttin des leuchtenden Sommergrüns, durch eine Nuß symbolisiert, und die Griechen streuten Nüsse unter die Hochzeitsgäste, wenn die Braut ins Hochzeitsgemach geführt wurde.[63] Nüsse wurden sowohl zur Heilung oder Weissagung verwendet als auch zur Abwehr von Übel. Die angebliche Kraft der Haselnuß geht später auf die aus Italien kommende Walnuß über.

Christliches Sinnbild wurde sie um 400 durch Augustinus:

»Als Christussymbol bezeichnet die Hülle das Fleisch Christi, das die Bitterkeit der Passion gekostet hat, der Kern das süße Innere der Gottheit, die Nahrung spendet und durch ihr Öl das Licht ermöglicht, die Schale das Holz des Kreuzes.«[64]

Die *Eier* der Wintermaien wurden später christlich gedeutet als Symbol für die Auferstehung Christi. Vorher galten sie als Sinnbild des erwachenden Lebens im Frühjahr. Mit Eiern schmückte man im Elsaß die Wintermaien am Brunnen, und goldumklebte Eier zierten den Weihnachtsbaum in Schleswig um 1856.[65] In Polen beklebte man seit ca. 1920 ausgepustete Eier mit buntem Papier, so daß sie wie ein Krug erscheinen. Vergoldete Nüsse und Äpfel sowie Rauschgold (hauchdünn geschlagenes, rauschendes Messingblech) schmücken nicht erst seit dem 19. Jahrhundert die Weihnachtsbäume. Schon im Altertum galt *Gold* wegen seiner Reinheit und Farbe als Volksheilmittel. Als wirksamen Abwehrzauber gegen Dämonen hängte man sich etwas Goldenes um. Neben seiner Schönheit hatte Goldschmuck also magische Bedeutung.[66] Gold bringen die Heiligen drei Könige nach Bethlehem. Auch in den Wünschen der Hamburger Sternsinger um 1850 zeigt sich die Wertschätzung des Goldes.

»Wi wünschen den Herrn en güldenen Disch,
Up alle veer Oorde braden Höhner und Fisch; ...
Wi wünschen de Fru en güldene Kron,
In dissem Jahr noch en jungen Sohn, ...

Wi wünschen de Köksch (Köchin) en güldenen Kamm,
Up tokamend Niejahr en Brödigam.
Wi wünschen den Knecht en Appel so roth,
Up tokamend Niejahr en Deern in'n Schoot.«[67]

Neben vergoldeten Dingen schmückte man den Baum oft mit *Gebäck in Figurenform.* Hostien und *Oblaten* hängte man in den Wintermaien. Heute benutzen wir Oblaten als Unterlage für eiweißreiche Plätzchen in der Weihnachtsbäckerei. Doch traditionelles Gedankengut lebt noch bei deutschstämmigen Bauern in Litauen fort. Die Weihnachten geweihten Oblaten werden vom Hausherrn gebrochen und an die Familienmitglieder verteilt. Auch beim christlichen Abendmahl reicht man Oblaten. Sie bestehen, ebenso wie die alttestamentarischen jüdischen Matzen, die bei rituellen Mahlzeiten gegessen werden, aus ungegorenem Mehlteig. Oblaten in den Wintermaien dienten vermutlich als Opfer.

Weiß wie die Oblaten sind die in Franken und Schwaben am Weihnachtsbaum üblichen *Springerle.* Sie sind jedoch dick und unzerbrechlich und durch die Zugabe von Zucker, Eiern, Hirschhornsalz und Anis sehr schmackhaft. Der Name Springerle weist auf die seit dem 17. Jahrhundert bekannte Form des Gebäcks – auf wilde Reiter. [68] Ob diese, ebenso wie die gebackenen Hunde, Hirsche, Böcke, Hasen und Eber ein Nachklang der Opfer sind, die man in vorchristlicher Zeit dem »wilden Heer« brachte, das in den 12 Rauhnächten durch die Lande zog, läßt sich nicht beweisen. Bis ins 15. Jahrhundert waren Opfer im Zusammenhang mit dem Toten- und Fruchtbarkeitskult üblich.[69] In späteren Jahrhunderten wurden diese Tiere ergänzt durch christliche Motive wie Fisch, Engel, Quitte oder durch dekorative Früchte und Blumen. Ähnliche Motive hat der rheinische *Spekulatius.* Er besteht jedoch aus einem anderen Teig und wird einzeln in Formen gegeben. Springerlemodel sind rechteckig; häufig hängen mehrere Motive zusammen, die vor dem Backen getrennt werden.

Für *Lebkuchen* sind uns unterschiedliche Rezepte überliefert. Lebkuchen werden in einem Stück gebacken und anschließend meist rautenförmig (die Raute gilt als Stilisierung der Vulva) zerteilt. Es gibt sie auch frei geformt oder in Modeln hergestellt. Dies war in Süddeutschland das Gewerbe der »Lebzelter«, die oft auch Wachsabdrücke in Modeln anfertigten. Sowohl Wachsfiguren als auch Backwaren konnten religiösen Zwecken dienen. Da sich Lebkuchenteig beim Backen leicht verformt, wird er häufig nachträglich verziert. Bei späteren Massenproduktionen klebte man sogar Bilder auf. Lebkuchen und *Pfefferkuchen* stammen schon aus der mittelalterlichen Klosterbäckerei. Mönche und Nonnen hatten wegen ihrer Verbindung zum Mittelmeer Zugang zu den orientalischen Gewürzen und sparten damit nicht in ihren Backwaren. Nach zahlenmystischen Vorstellungen mußten siebenerlei oder neunerlei Gewürze eingebacken werden.[70] Pfeffer stand dabei häufig für die Vielzahl der Gewürze. Eine andere Ableitung des Namens Pfefferkuchen ergibt sich aus dem Brauch, am 28. Dezember, dem »Tag der Unschuldigen Kindlein«, Freunde, vor allem jedoch junge Mädchen, mit der Fruchtbarkeit bringenden Rute zu schlagen, zu »pfeffern«. Diese gaben dafür als Dank Gebäck. Da dieser Brauch oft ausartete, wurde er mehrfach vergeblich offiziell verboten.[71] Streng gläubige Christen änderten den Namen Pfefferkuchen in Pflastersteine:

»Sie erinnern an die Steine, mit denen Stephanus getötet wurde, und machen wirklich schmeckbar, daß für den Gläubigen auch das Härteste und das Bitterste süß wird.«[72]

Auch Westpreußen ist für seine weihnachtlichen Gebildbrote bekannt.

Hasen, Pferde und Reiter mischen sich mit christlichen Motiven. Immer gehörte dazu ein Taxuszweig, den der Bäcker teuer bezahlen mußte. Die berühmten *Thorner Kathrinchen* sind

»schöne braune Männer und Frauen mit goldenen Gesichtern, Händen und Beinen ... Sie ... rochen so süß und angenehm wie Pfefferkuchen«.[73]

Christliches Gedankengut konnte in dem figürlichen Gebäck nicht die vorchristlichen Motive verdrängen. St. Nikolaus auf dem Pferd hängt heute neben einem wilden Reiter aus Teig am Weihnachtsbaum. Und am Föhrer Bügelbaum stehen Adam und Eva als christliches Symbol des Paradieses neben dem Teigschwein, das die Germanen Freyr opferten. »Schwein haben« bedeutet heute noch Glück haben. In Norddeutschland aß man bis ins 19. Jahrhundert Schweinebraten zu Weihnachten. Unter kirchlichem Einfluß setzte sich der Weihnachtskarpfen als ursprüngliche Fastenspeise und Symbol für Christus durch.

Rein *christliche Sinnbilder* am Weihnachtsbaum häufen sich im 19. Jahrhundert. Verkündigungsengel krönen die Spitze des Baumes. Sie tragen Spruchbänder wie »Ehre sei Gott in der Höhe« oder »Friede auf Erden«. Glocken, die zur Andacht rufen sollen, und Fische als Sinnbild Christi werden Ende des 19. Jahrhunderts kunstvoll aus Glas geblasen. Aus Papier und Golddrähten bastelt man elegante Lilien, die die Reinheit symbolisieren und als Marienblume gelten. In zahlreichen bunten Ketten sieht man die Ketten der Schuld, von denen Christus die Menschen erlöste.[74] Sterne verheißen das Licht in der Finsternis, und so krönt der Stern von Bethlehem mit seinem Kometenschweif den Baum.

Besonders deutlich wird der christliche Bezug bei der Himmels- oder Jakobsleiter, die in Norddeutschland sehr beliebt war. Oft reichte sie von der Spitze des Raumes bis zum Fußboden. Sie soll an den Traum Jacobs aus dem 1. Buch Moses, 28 erinnern:

»Während er schlief, sah er im Traum eine breite Treppe, die von der Erde bis zum Himmel reichte. Engel kamen auf ihr zur Erde herunter, andere stiegen wieder zum Himmel hinauf.«

Schon Ende des 19. Jahrhunderts verkitschte man christliche Motive. So wird das »Jesulein« im Schlitten aus Flittergolddrähten industriell hergestellt. »Gold und Flitter« verdrängten die eßbaren Schätze und den selbstgebastelten Christbaumschmuck.[75] Dieser bekommt rein dekorativen Charakter und trägt zur Sentimentalität rund um den Weihnachtsbaum bei.

Rezepte für weihnachtliches Figurengebäck

Braune Lebkuchen

1 kg Honig erhitzen, 9 Gewürze zufügen: 400 g gehackte Mandeln, 1 Eßl. Zimt, 1 Teel. gemahlene Gewürznelken, 1 Teel. Ingwer, 1 Teel. Muscatnuß, 1 Teel. Cardamom, 1 Messerspitze Hirschhornsalz in Milch gelöst, 100 g Orangeat, die abgeriebene Schale einer Zitrone, 1/2 kg Roggenmehl gut einkneten, den Teig mindestens 12 Stunden gehen lassen, danach fingerdick auf dem Blech verteilen.

Soll Lebkuchenteig frei geformt oder ausgestochen werden, so wird der Honig nicht erhitzt oder mehr Mehl zugefügt.

Pfeffernüsse

Zut.: 1/2 Pfd. Zucker, 2 Eier, 5 g Pottasche, Schale von 1/2 Zitrone, 8 g Zimt, 1/2 Teel. Nelken, 1/4 Teel. Pfeffer, 1/2 Pfd. Mehl. – Zum Streichen 2 Eßl. Kirschwasser.

Zucker und Eier rührt man 1/2 Std., gibt die anderen Zutaten darunter und arbeitet den Teig auf dem Wellbrett zusammen. Nun wird er 1 cm dick ausgewellt, mit einer kleinen Ringform im Durchmesser von 2 cm ausgestochen und die Nüsse auf ein mit Mehl bestäubtes Brett gesetzt. Man läßt sie 12–24 Std. in einem Raum, in welchem sich eine Temperatur von 12–14° befindet, stehen. Vor dem Backen werden die Pfeffernüsse mit der abgetrockneten Seite nach unten auf das mit Wachs bestrichene Blech gesetzt, die Oberfläche mit Kirschwasser betupft und die Pfeffernüsse in mittlerer Hitze bei 150° C etwa 35 Min. gebacken. (Stückzahl: 120)

(E. Wundt u. a.: Kochbuch für Koch- und Haushaltsschulen. Karlsruhe 1927.)

Thorner Katharinchen

500 g Honig, 500 g Zucker kochen und abkühlen lassen, 4 Eier schaumig schlagen und folgende Gewürze zufügen: 1Eßl. Zimt, 1 Teel. gemahlene Nelken, die abgeriebene Schale einer Zitrone, Bittermandelöl, 2 Teel. Hirschhornsalz, 2 Teel. Pottasche, aufgelöst mit warmer Milch; der Honig wird mit der Eiermasse gemischt und 1 1/2 kg Weizenmehl (möglichst frisch gemahlen) werden untergeknetet. Der Teig muß ca. 2 Tage ruhen und wird dann ausgerollt und mit Männer- oder Frauenformen ausgestochen.

Gestaltengebäck (Kenkentjüch) von Föhr

8 Loth feingeriebene Mandeln, 8 Loth Zucker, 8 Loth kalte Butter, 8 Loth Mehl

Alle Zutaten miteinander mischen, kneten und 1/4 Zoll (7 mm) dick ausrollen und Figuren ausstechen. Langsam auf einem mit Mehl bestreuten Blech hellfarbig backen. Mit Rote-Beten-Saft bemalen. (Früher nach hölzernen Figuren ausgeschnitten, jetzt braucht man Blechformen zum Ausstechen.)

(Catharina Lüden: Feiern im Jahreslauf der alten Föhrer. Boyens, Heide in Holstein o. J.)

Spekulatius

300 g feiner Zucker, 250 g Butter oder Margarine, 500 g Mehl, 50 g geriebener Zwieback, 1 Ei, je 1 Messerspitze Muskat, Nelken, Kardamom und 1/2 Teelöffel Zimt

oder:

250 g Butter, 250 g Zucker, 2 Eier, 500 g Mehl, 1 Päckchen Backpulver, 100 g Mandeln, 5 g Zimt, das Abgeriebene einer halben Zitrone.

Butter, Zucker und Ei schaumig rühren, das gesiebte Mehl und die anderen Zutaten beifügen. Den Teig einige Stunden kalt stellen, 1/2 cm dick auswellen, in die Model eindrücken und ausschneiden, bei Mittelhitze backen.

(Jahresgabe der »Mölkerstiege«. Wien 1983)

Springerle

5 Eier, 500 g Zucker, 625 g Mehl, 2 Hirschhornsalz, Anis

Zucker und Eier eine Stunde schaumig rühren. Hirschhornsalz und gesiebtes Mehl zugeben. Etwa 1 cm dick auswellen. In die Model eindrücken und ausschneiden. Die Kuchen müssen 24 Stunden trocknen. Um die begehrten »Füßchen« zu bekommen, muß die Unterseite der Springerle noch feucht sein. Sind sie zu trocken, so werden sie vor dem Backen kurz auf ein feuchtes Tuch gelegt. Die Backbleche werden gefettet und mit Anis bestreut. Springerle sollen oben weiß und unten hellbräunlich gebacken sein. Backdauer 20 Minuten bei schwacher Hitze. Vor dieser Zeit Ofen nicht öffnen.

(Jahresgabe der »Mölkerstiege«. Wien 1983)

Zimtsterne

400 g Mehl, 200 g Stärkemehl mit 2 Messerspitzen Backpulver mischen, 2 Eier, 300 g Zucker, 3 Eßl. Zimt, 2 Eßl. Rum, die abgeriebene Schale von 2 Zitronen unterrühren. 250 g kalte Butter in Stücke schneiden und schnell unterkneten. 12 Stunden ruht der Teig, bevor er ausgerollt und ausgestochen wird. Backzeit ca. 10–12 Min.

Zusammenfassung

Der Weihnachtsbaum als geschmückter Lichterbaum entwickelte sich erst seit ca. 1700. Seine Wurzeln reichen jedoch weit in die Geschichte zurück. Tannengrün diente zur Abwehr allen Unheils, und geschmückte »Wintermaien« drückten gleichzeitig die Hoffnung auf Fruchtbarkeit aus. Das Licht, die Sonne als Lebensspenderin, verehrte man schon im Sonnenkult Persiens und Ägyptens.

Der Tannenbaum wurde der Natur entfremdet, als er in Form des Weihnachtsbaumes in die Fürstenhöfe und Städte einzog. Er entsprach den Repräsentations- und Dekorationsbedürfnissen des Bürgertums. Für die entstehende Kleinfamilie wurde er zum Mittelpunkt der häuslichen Weihnachtsfeier. Weihnachten entwickelte sich zum Fest der Familie und besonders dem der Kinder. Die alte Sitte der Neujahrsgeschenke erhielt unter dem Weihnachtsbaum geschäftigen Auftrieb. Alte Sinnbilder wurden durch die christliche Kirche neu gedeutet. Damit trug sie zur Verbreitung des Weihnachtsbaumes bei. Ebenso förderten verbesserte Transportmöglichkeiten aufgrund des Baues der Eisenbahn sowie Weihnachtserlebnisse an der Front den »Siegeszug« des Christbaumes. Die Wandelbarkeit des Christbaumschmuckes ermöglichte die jeweils zeitgemäße und lokal angepaßte Gestaltung des Weihnachtsbaumes. Immer mehr entwickelte sich der geschmückte Christbaum zum rein dekorativen Mittelpunkt der familiären Weihnachtsfeier. Infolge einer veränderten Einstellung zur Familie nach dem 2. Weltkrieg und der Vermarktung des Weihnachtsbaumes verlor er an Bedeutung.

Auch wenn viele Menschen heute nicht mehr an Christus als den Erlöser glauben und seinen Geburtstag nicht feiern wollen, so kann doch für diese Menschen die »geweihte Nacht« gleichzeitig die wieder steigende Kraft der Sonne bedeuten. In einer Zeit, in der wir uns über die Zerstörung der Natur bewußt werden, lernen wir alte, naturgegebene Zusammenhänge neu zu erfassen. Wenn der Weihnachtsbaum wieder Zeichen der Hoffnung für uns ist, wird er wieder Mittelpunkt einer fröhlichen Gemeinschaftsfeier sein.

Weihnachtsbräuche in aller Welt

Das Weihnachtsfest hat sich aus den oben beschriebenen altrömischen, ägyptischen, persischen, jüdischen und germanischen Wurzeln über die gesamte christliche Welt verbreitet. Es ist nicht möglich, auf dem vorgegebenen beschränkten Raum alle Variationen des früheren oder heutigen Weihnachtsbrauchtums auch nur annähernd exakt zu beschreiben. Doch mag uns zur ersten Orientierung eine knappe Übersicht der Gemeinsamkeiten und Unterschiede der einzelnen Regionen genügen. Auffallend ist zunächst, daß das Weihnachtsbrauchtum in den nördlichen, kälteren und dunkleren Regionen ausgeprägter ist als in den südlichen, wärmeren Regionen, wo sich diese Bräuche stärker um das alte Epiphanie- oder Dreikönigsfest ranken. In Nord-, Ost- und Südosteuropa hat das Weihnachtsfest offensichtlich alte Ernte- und Fruchtbarkeitsriten in der dunkelsten Zeit des Jahres überlagert.

Es erscheint am sinnvollsten, die Länder mit verwandten Weihnachtstraditionen jeweils zu einer Gruppe zusammenzufassen. Dabei haben sich die folgenden »Weihnachts-Großregionen« herausgeschält:

Deutschsprachiger Raum
Skandinavien und Finnland
Ostblockländer und Ostkirche
Romanische Länder
Niederlande und Flandern
Angelsächsische Länder
Übrige Welt

Die folgende Übersicht ist als ein erster noch unvollkommener Versuch einer Zusammenfassung zu werten, da es bisher meines Wissens keine befriedigende Gesamtschau dieser Art gibt.[1]

Deutschsprachiger Raum: Konsumrausch zur Weihnachtszeit

Da Karla Vossen in ihrem Kapitel »Rund um den Weihnachtsbaum« wesentliche Aspekte der »deutschen Weihnacht« berührt hat und die vorausgehenden Feste und ihr historischer Hintergrund ebenfalls behandelt wurden, können wir uns hier auf wenige Ergänzungen beschränken. Allerdings sei einschränkend vermerkt, daß die sicherlich wichtigen Bereiche »Weihnachtslieder und Krippenspiel« und »Weihnachtliche Krippenkunst« einer späteren Publikation vorbehalten bleiben, weil diese Themen in der Sonderausstellung des Hamburgischen Museums für Völkerkunde aus Raummangel ausgeklammert wurden. Interessenten möchten wir das »Weihnachtsbuch« von Ingeborg Weber-Kellermann empfehlen, die zu den genannten Komplexen eine gute Übersicht bietet.

Im deutschsprachigen Raum der Nachkriegszeit haben zweifellos Kommerz und Konsumbedürfnis den weihnachtlichen Kult in den Hintergrund treten lassen bzw. für ihre Zwecke ausgenutzt. Jedermann beklagt den hektischen Weihnachtsrummel, wenn auch die Wirtschaft wesentlich davon profitiert. Ein Blick zurück auf die Geschichte des Weihnachtsgeschäftes kann uns bei der Beurteilung dieser Entwicklung weiterhelfen.

Vorläufer der heutigen weihnachtlichen Einkaufsstraßen und Einkaufszentren waren die *Weihnachts-* oder *Christkindl-Märkte.* Von dem *Münchener Christkindlmarkt* heißt es, er sei 1310 bereits erwähnt worden.[2] Gesichert erscheint das Alter des berühmten *Nürnberger Christkindlmarktes,* der bis ins 17. Jahrhundert in die Zeit der aufblühenden Spielwarenindustrie zurückgeht.[3] Traditionelle Herstellungszentren für Spielwaren waren Berchtesgaden, der Thüringer Wald und das Erzgebirge.[4] Dieses Spielzeug wurde vorwiegend über die Weihnachtsmärkte von Nürnberg, Dresden und Leipzig abgesetzt. Im Jahre 1697 berichtet ein Zeitgenosse von dem Nürnberger »Christkindleins Marck«:

». . . Die kleinen Kinder von Nürnberg . . . sind überzeugt, das Christkind kaufe hier die Sachen, die es nachher in der Nacht zum Weihnachtstage unter sie austeilen wolle.«[5]

Aus dem Jahre 1785 besitzen wir eine beißend-moralisierende Schilderung des Treibens auf dem *Leipziger Christmarkt:*

»Der Christmarkt geht drei Tage vor dem Feste an. In diesen Tagen sind auf dem Markte große und kleine Buden aufgebaut, die abends illuminiert werden und ein schönes Schauspiel von sich geben. Hier steht eine Bude mit allerlei Spielsachen für Kinder, als Bäume, Häuser, Gärten, Kutschen, Schlitten und dergleichen. Neben diesen sieht man Schränke, Tische, Stühle, Betten, Canapees und andere Tischlerarbeiten. Nicht weit davon wird man von dem schön geputzten Messingkram ganz geblendet. Hier steht eine Bude voll Zinn, da eine voll Silber, hier wieder eine voll Galanteriewaren. Da steht ein altes Weib, die hat einen kleinen Tisch vor sich, welcher mit Mißgeburten von Puppen besetzt ist, an deren jeder ein Zettel hängt mit Witzen, die sich der Wiedergabe entziehen. Diese Puppen finden jedoch reißenden Absatz, und selbst Leute, die viel von sich halten, kaufen solche Wechselbälge, die sie dem ersten besten Frauenzimmer zum Weihnachtsgeschenk präsentieren. Es ist allerdings schrecklich, daß es soweit gekommen ist; solche Weiber, die dergleichen schändliches Zeug, das jeden gesitteten Menschen schamrot macht, öffentlich verkaufen, sollte man aus der Stadt hinauspauken lassen. Aber Gott bewahre – das ist eine Sache, über die man scherzt . . .

Der Markt ist an diesen drei Tagen so voll Menschen, daß man kaum durch die Gänge kommen kann. Die Studenten machen dabei den größten Lärm. Es hängen sich acht bis zwölf aneinander, und wenn sie ein paar Frau-

enzimmern begegnen, so schließen sie einen Kreis um sie, daß selbige nicht wieder heraus können. Dabei treiben sie allerhand pöbelhafte Possen und lachen hinterher, als wenn sie etwas Schönes gethan hätten. Einige von ihnen sind so unverschämt, daß sie sich kleine Trompeten von Holz kaufen und jedem Frauenzimmer, bei dem sie vorbeigehen, ins Ohr blasen. Das nennen sie ›Commerce‹ . . .

Soviel Menschen auch dabei herumgehen und die schönen Sachen angaffen und bewundern, so kaufen sie doch nichts. Die Verkaufsleute würden

Berliner Weihnachtsmarkt um 1830.
Gemälde von Paul Hauptmann (Berlin Museum)

nicht bestehen können, wenn nicht am Tage mehr gekauft würde als abends, und das geschieht auch. Es ist unglaublich, was die Leute zu der Zeit für Geld verschwenden.«[6]

Schilderungen dieser Art, von denen wir eine ganze Reihe besitzen, zeigen anschaulich, wie sehr sich auf diesen Märkten Handel, Schaulust und Vergnügen miteinander paarten. Ähnlich attraktiv waren der *Dresdner Strietzelmarkt,* der *Frankfurter Christkindchensmarkt,* der *Berliner Weihnachtsmarkt* und die Christkindlmärkte in Ulm und Augsburg, wo Nikolausmarkt und Weihnachtsmarkt nebeneinander bestanden.[7] Diese Märkte fanden in der Regel auf einem Platz neben der Hauptkirche statt, um die Kauflust der Gläubigen vor und nach den weihnachtlichen Gottesdiensten anzureizen. Das Geld saß in dieser Zeit locker, weil für Gesinde und Dienstmädchen zu Weihnachten Zahlzeit war (»Weihnachtstaler«[8], vgl. unser heutiges »Weihnachtsgeld«). Bei dem *Hamburger Weihnachtsmarkt,* dem berühmten *»Hamburger Dom«,* hatte sich das Markttreiben teilweise bis in das Gotteshaus hinein erstreckt. Der Dom in Hamburg war bis 1802 zum Ärger des Hamburgischen Rats exterritoriales Gelände; denn er gehörte dem erzbischöflichen Domkapitel von Bremen. Schon um 1668 wurden in der Domhalle, einem großen Gewölbe vor dem Dom, von Altwarentrödlern alte Kleider, Bücher, verbotene Pamphlete und später auch alte Möbel angeboten. Darum nannte man diese Halle auch »Schappendom« (Schapp = Schrank mit Doppeltür). Den Domherren flossen dabei erhebliche Einnahmen zu, so daß man dieses Treiben duldete. Aus diesem Dommarkt entwickelte sich der *»Hamburger Dom«.* Albert Borcherdt berichtet in seiner Rückschau »Das lustige alte Hamburg. Scherze, Sitten und Gebräuche unserer Väter« darüber folgendes:

»Alljährlich, acht Tage vor dem Weihnachtsfest, sind zahlreiche Budeninhaber nach der Domkirche gezogen, um in der nächsten Nähe derselben ihren Stand aufzuschlagen. Dabei haben sie es denn schon zur katholischen Zeit nicht allzu genau mit den ihnen von der Kirche angewiesenen Plätzen genommen, sondern sind mit ihren Verkaufsstellen weit in die Kirche hinein gerückt . . . Nach der Reformation hat das Domkapitel gestattet, daß die Kreuzgänge und somit auch der Schappendom zum Weihnachtsmarkt benutzt wurden. Zur gedachten Zeit mußten dann die Tischler nach alter Satzung die Domhalle räumen, worauf sich zwischen den Pfeilern derselben zahlreiche Buden ansiedelten. Vor allem waren es Zuckerbäcker und Galanteriewarenhändler, welche dort ihre Waren ausstellten, außerdem aber auch die Verkäufer von Hamburger und Nürnberger Puppen, den sogenannten ›Dompoppen‹, sowie die Buchhändler mit ihren Kalendern und Wünschen. Diese Buden beengten die schmalen Gänge zwischen den Pfeilern so sehr, daß höchstens zwei Menschen nebeneinander gehen konnten . . .[9]

1802 wurden die Besitzungen des Bremer Domkapitels laut Reichsdeputationsbeschluß an den Hamburger Staat übertragen. Den Hamburger

Weihnachtsreklame 1974–1977
(aus Weber-Kellermann, 1978, S. 85)

Weihnachtsmarkt verlegte man 1804 aus dem baufälligen Dom auf den Gänsemarkt, behielt jedoch den alten Namen »Dom« bei. Um 1820 weitete sich der »Dom« bis zum alten Steinweg und zum Großneumarkt aus. Der »*Gänsemarktdom*« entwickelte sich immer mehr zum Jahrmarkt mit Schaubuden, Schaustellern und Artisten. Aus dieser Tradition ist der *heutige »Hamburger Dom«* hervorgegangen, der mit einer unübersehbaren Fülle von Karussells, Imbiß- und Schaubuden in jedem Frühjahr und Herbst auf dem Heiliggeistfeld stattfindet.

Schon in der Mitte des 19. Jahrhunderts hatte der Hamburger Straßendom Konkurrenz durch die Entstehung *privater Weihnachtsbazare* erhalten. Diese versuchten durch *immer neue Attraktionen,* die Betreiber konkurrierender Bazare zu überbieten, um Weihnachtskunden anzulocken.[10] Auf diese Entwicklung geht zweifellos die weihnachtliche Übersättigung und die Unzufriedenheit über den *Konsumrausch* zurück, die das weihnachtliche Schenken heute mit einem tief verwurzelten Unbehagen verbindet. Auch die heute überall aus dem Boden geschossenen Nikolaus- und Weihnachtsbazare, selbst die Wohltätigkeitsbazare ändern an dieser Grundtendenz nichts. Im Gegenteil: Die immer raffinierter werdenden Formen der *Werbung,* die mit weihnachtlichen Motiven, Weihnachtsmännern und »Engelszungen« arbeitet, heizen den Weihnachtskonsum noch an. Zahlen belegen das. So betrug der *Umsatz* des gesamten Einzelhandels der Warenhäuser und Fachgeschäfte der BRD im Zeitraum von Januar bis Oktober 1967 durchschnittlich ca. 126000 DM, allein im November ca. 150000 DM und im Dezember ca. 190000 DM, der Umsatz für elektrotechnische Erzeugnisse in den gleichen Zeiträumen ca. 180000 DM zu 232000 DM im November und 401000 DM im Dezember 1967. Ähnliche Umsatzsteigerungen im Weihnachtsgeschäft wiesen die Uhren- und Schmuckwarenbranche, die Lederwarengeschäfte und die Kunsttöpferei- und Glaswaren-Boutiquen auf.[11] Heute, fast zwanzig Jahre danach, sind die weihnachtlichen Umsatzsteigerungen zweifellos noch in die Höhe geschnellt. Dies gilt tendenziell sicherlich für die gesamte westliche Welt und bis zu einem gewissen Grade auch für die Ostblockländer.

Dem Schluß, den Ingeborg Weber-Kellermann aus dieser Entwicklung zieht, können wir uns anschließen:

»Ist aber totale ›Konsumverweigerung‹ ein angemessener Ausweg? Ganz sicher nicht. Auch das Schenken will gelernt und verstanden sein.«[12]

Wir müssen wieder lernen, mit Herz und Verstand und in Maßen zu schenken. Vielleicht hilft uns dabei ein Blick zurück in die Vergangenheit und ein Vergleich mit anderen Ländern.

Karikatur zur Protestbewegung gegen den Weihnachtskonsum (aus »Stern«, 50, 1974)

Jul in Skandinavien und Finnland

Weihnachten (Jul, finn. Joulua) ist in Dänemark, Schweden, Norwegen, Island und Finnland durch zwei Traditionsstränge geprägt worden: eine einheimische Tradition des Julfestes als Ausdruck alter bäuerlicher Ernte- und Mittwinterbräuche und eine relativ junge importierte Tradition rund um den Weihnachtsbaum und Weihnachtsmann.

Die Tradition des alten *Ernte- und Schlachtfestes* zeigt sich vor allem in den vielfältigen Bräuchen in Verbindung mit *Stroh* und *Kornähren.* Im 18. und 19. Jahrhundert gehörten wochenlange Vorbereitungen zur Julzeit: Schlachten, Fertigung der Festkleider, Gießen von Talglichtern, Bierbrauen, Backen, Reinemachen und Schmuck des Hauses, Einholen des Brennholzes und ein Bad aller Hausgenossen. Das gute Gelingen des *Julbrotes* und *Julbieres* war ein gutes Omen für das kommende Jahr. Zuletzt befestigte man *Julgarben* für die Vögel auf Stangen vor dem Haus. Kamen viele Vögel zum Aufpicken der Körner, bedeutete das ein gutes Jahr. In der *Julstube* breitete man *Julstroh* aus als gemeinschaftliches Nachtlager für alle Hausbewohner. Beim Einholen des Strohs hieß es: »Nun tragen wir Jul ins Haus.«

Am *Julabend* gab es Julgrütze, Bier und Julschinken oder, unter katholischem Einfluß, auch Fisch. Auf dem Langtisch mußten die *Jullichter* die ganze Nacht über brennen, und figürlich verziertes Julbrot oder Julbier standen bereit – angeblich für die in der *Julnacht* einkehrenden Toten. Überreste dieses ursprünglichen Opfers bekamen die Haustiere, oder man streute sie auf die Äcker oder in die Aussaat des nächsten Frühjahres. Ähnlich verfuhr man mit der Asche des dicken *Julblocks,* den man auf Gotland am Julabend ins Kaminfeuer legte.[13]

Überfluß an Essen in der Julzeit war von guter Vorbedeutung für das kommende Jahr. In Schleswig-Holstein, wo über Schwedisch-Pommern oder über Dänemark Julbräuche eingedrungen waren, nannte man den Weihnachts- und Silverabend scherzweise auch *»Vull Buuks-Abend« (Vollbauchabend), weil es hieß: »Wenn man am Neujahrsabend hochschmauset, so hat man das ganze Jahr vollauf.«*[14]

Das Julbier spielte in den frühen Quellen eine besondere Rolle, hieß doch die Julfeier »Jul trinken«, weil man in einen »heiligen Rausch« zu Ehren Odins oder Freyrs verfallen wollte.

Nach Verlesen des Weihnachtsevangeliums und Singen von Julliedern gab es für die jungen Leute Gesellschafts- und Geschicklichkeitsspiele im *Julstroh,* bevor alle zusammen darin einschliefen. Auch das Frühstück am Weihnachtsmorgen wurde im Stroh liegend verzehrt. Am ersten Jultag zogen Kindergruppen umher, um »*God Jul*« zu wünschen. Am zweiten Jultag gingen vermummte Gestalten um, darunter auch die in Kalbsfell verkleidete *Julgeiß* (Julgeita) und der fellbekleidete oder strohumhüllte *Julbock* (norweg. *Julebukk*). Sie wurden in den Häusern bewirtet und erhielten Nahrhaftes als Geschenk. Die Volkskundlerin Weber-Kellermann führt an, *Julgeita* und *Julebukk* hätten früher darauf achten müssen, daß die Knechte und Mägde zur Julzeit tatsächlich neue Kleider trugen, die sie in der Regel damals selbst weben und nähen mußten. Dabei hätten Julgeita und Julebukk wie bei einem Initiationsritus die Fähigen und Fleißigen gelobt und die Untauglichen gerügt.[15] Wie dem auch sei, die Julböcke leben heute noch weiter als geflochtene Strohfiguren, die Weihnachten aufgestellt werden, oder als ein beliebtes nordisches Souvenir. Als ursprünglicher nordischer Brauch ist auch in Norddeutschland die schöne Stitte des *Julklapp* verbreitet, wobei der Geber möglichst unerkannt mit dem Ruf »Julklapp« ein in viele Hüllen verpacktes Geschenk mit einem eingelegten kleinen Gedicht in die Haustür wirft.

In der 2. Hälfte des 19. Jahrhunderts drangen über Dänemark und die schwedische Oberschicht der *deutsche Weihnachtsbaum* und später auch der *Weihnachtsmann* nach Skandinavien ein. Wie im alten Schleswig-Holstein steht heute der Weihnachtsbaum nach Möglichkeit in der Mitte der Julstube, so daß die ganze Familie herumtanzen kann. Aus den schwedischen *Heinzelmännchen* oder *Hausgeistern* der Weihnachtszeit *(Tomtebis-*

se, Tomte oder *Nisse)* wurde die koboldartige oder verschmitzte Figur des Weihnachtsmannes *(Jultomte).*[17] Er bringt heute die Geschenke in einem großen Sack und kommt angeblich aus Lappland oder vom Nordpol auf einem Rentierschlitten herangefahren oder durch die Luft geritten.[16]

In *Finnland* heißt der ebenfalls importierte gabenbringende Weihnachtsmann *Joulupukki.* Auch dort trägt er koboldartige Züge entweder als Julbock oder in Anlehnung an die finnischen Heinzelmännchen, die als alte Hausgeister seine Helfer sein können. Im übrigen gelten ähnliche Bräuche wie in Skandinavien, d. h. auch das finnische Weihnachtsfest hat sich aus einem alten Herbst- und Erntedankfest entwickelt. Strohschmuck ist beliebt, z. B. die große »Strohunruhe« *(»himmeli«),* die in der Weihnachtsstube von der Decke herunterhängt.

Typisch finnisch ist die gemeinschaftliche Weihnachtssauna vor dem Heiligen Abend; ansonsten wird viel gegessen und getrunken im Familienkreis, darunter auch Schweinefleisch mit dem schönen Namen »gebackener Schwede«. Am 2. Weihnachtstag, dem *Stephanstag,* wird getanzt, Schlitten gefahren, und früher wurde geritten. Die Pferde versorgte man an diesem Tag besonders gut; denn Stephan ist auch in Finnland der Schutzpatron der Pferde.[17]

In *Island* kannte man dreizehn koboldartige *Weihnachtskerle (»jólasweinar«),* die an den 13 Tagen vor Weihnachten (siehe dazu das Kapitel »Luzientag und Perchtennacht«) früher als wilde Gesellen und Kinderschreck auftauchten. In den 13 Tagen nach Weihnachten, zuletzt am Dreikönigstag (threttándi), verschwinden sie wieder. Erst durch Einführung der Santa-Claus-Gestalt (Sankt Nikulás) vor gut 50 Jahren wurden sie zu kinderfreundlichen Geschenkebringern.[18]

Die *Julzeit in Skandinavien* endet erst am St.-Knuts-Tag, dem 13. Januar, zu Ehren des dänischen Großkönigs Knut IV., des Heiligen, der von 1080–1086 regierte. Er wird wegen seiner Frömmigkeit und Großzügigkeit gegenüber den Armen verehrt. Am 13. Januar wird viel gegessen und getrunken, bis alle Festvorräte aufgezehrt sind. Zum letztenmal zündet man die Kerzen an, schmückt den Baum ab und setzt ihn vor die Haustür mit dem Wunsch:

»Gott segne dein Jul,
Möge es bis Ostern dauern.«[19]

Ostblockländer und Ostkirche: Alte Hausgötter und Erntebräuche

Wie in unserem Martinskapitel schon angedeutet wurde, wird in der orthodoxen Kirche die Weihnachtszeit bereits am 14. November mit einer sechswöchigen leichteren Fastenzeit eingeleitet. Deshalb finden z. B. in *Serbien* am Abend des 13. November große Gelage mit Lagerfeuern, Lamm oder Spanferkel am Spieß, Musik und Tanz statt.

Ein besonderer Höhepunkt in der vorweihnachtlichen Zeit der orthodoxen Kirche ist das *Nikolausfest* am 6. Dezember. Nikolaus, der Schutzpatron der Fischer und Seefahrer, wird von den serbischen Fischern hoch verehrt. Am Nikolaustag feiern sie ihre »*Slava*«. Das Slavafest ist ein uralter Brauch, der auf den thrakischen Heroenkult oder den Kult der römischen Hausgötter zurück geht. Jede Familie hat ihre Slava, ihren Schutzheiligen; in jedem Haus hängt eine Ikone des jeweiligen Familienheiligen. Zu einer Slava wird am Vorabend durch Boten eingeladen, die einen Apfel als Symbol der Freundschaft überbringen. Als Gastgeschenk bringt der Geladene ebenfalls einen Apfel mit. Das Fest beginnt frühmorgens nach dem Kirchgang. Beim Festmahl sitzt, so glaubt man, der Sippenheilige auf der rechten Schulter des Hausältesten. Im Mittelpunkt steht das Anzünden des Lichtes zu Ehren des Heiligen und das Brechen des Festbrotes als Sinnbild des häuslichen Friedens und des Glücks.[20]

In *Griechenland* ist der heilige Nikolaus ebenso populär wie in *Serbien* oder *Rußland*. Sein Fest wird mit feierlichen Prozessionen begangen. Es ist ein Festtag der Seefahrer; denn die meisten griechischen Schiffe stehen unter dem Schutz des Heiligen, der in der Hafenstadt Piräus besonders verehrt wird.[21]

Am 4. Dezember, dem *Barbaratag*, oder auch am 10. 12. ist es in ganz *Südosteuropa* Sitte, Getreide in einen feuchtgehaltenen Teller zu säen. Das frische Grün soll den Weihnachtstisch schmücken. In Kroatien legt man in die Mitte des Tellers noch einen roten Apfel.[22]

Über die Gebräuche am Luzientag und den folgenden zwölf Tagen und Nächten haben wir bereits in dem betreffenden Kapitel berichtet. Im Mittelpunkt des Weihnachtsbrauchtums stehen vielerorts die *Kultbrote*, die aus den zuletzt geernteten Ähren des Jahres gebacken werden. In *Bulgarien* beginnt man am 20. Dezember mit dem Backen dieses Weihnachtskuchens und der Gebildbrote. Der wichtigste Weihnachtskuchen ist mit verschiedenen Symbolen versehen, die die Haupteinnahmequelle der Familie darstellen, z. B. einen Pflüger auf dem Acker und Korngarben, einen Schafstall mit Schäfer und Hund, einen Bienenstock oder ein Weinfaß usw.

Der Hl. Abend wird durch *Beräucherung* des Hauses, der Wirtschaftsgebäude und des Viehs eingeleitet. Deshalb heißt der Weihnachtsabend mancherorts in Bulgarien auch »*Weihrauchabend*« oder auch »*Wachabend*« (vgl. lat. vigilia). Man glaubt, auch das Vieh habe an diesem Abend außergewöhnlich wache Sinne. So gibt man ihm von den Festspeisen zu fressen. Die Weihnachtsspeisen selbst stellt man auf *Stroh*, das auf dem Fußboden ausgebreitet ist. Darauf legt man eine *Pflugschar* und daneben alle *Nahrungsmittel*, die der Hof im vergangenen Jahr erzeugt hat. Damit wird in magischer Weise zum Ausdruck gebracht, daß alle diese Speisen im kommenden Jahr wieder zur Verfügung stehen sollen.

Die Weihnachtsmahlzeit leitet der Älteste. Er bricht den *Weihnachtskuchen* und verteilt ihn in festgelegter Reihenfolge an die Anwesenden. Zuerst kommt die Hüterin des Hauses, die Gottesmutter Maria an die Reihe, dann die Gäste, die im nächsten Jahr Glück bringen können.[23]

In *Serbien* besteht der Weihnachtskuchen, die *Česnica,* aus einer Art Blätterteigstrudel mit Nüssen und Rosinen, der in Honig getränkt oder nur mit Fett bestrichen ist. In einem der Kuchen ist ein Silber- oder Goldstück eingebacken. Wer nach der Verteilung des in der Kirche geweihten Kultbrotes am Weihnachtsabend das Goldstück findet, darf im kommenden Jahr mit viel Glück rechnen.[24]

In Bulgarien bleiben die Kultbrote zusammen mit einer Kerze in der Zeit zwischen Weihnachten und dem Dreikönigstag auf dem Tisch stehen. Dem Volksglauben nach wollen auch die Seelen der Verstorbenen und die Geister ihren Anteil bekommen, so auch die »Verkünderinnen« (Schicksalsfrauen) und die »göttlichen Geburtshelferinnen«.[25] Ein ähnlicher Brauch besteht in Kroatien, wo der ringförmige Weihnachtskuchen (kolach) mit drei Kerzen geschmückt ist, die unter bestimmten Zeremonien zwischen Weihnachten und dem 6. Januar angezündet werden.[26]

Auch in *Griechenland* spielen die *Kultbrote* eine wichtige Rolle. Sie sind z. T. mit Teigsymbolen, verschiedenen Tieren, Früchten, Blumen, einem Mühlstein oder Weinfaß verziert und werden als »*Christpsomo*« (Christusbrot) zu Weihnachten oder Neujahr auf den Tisch gebracht. Für andere Weihnachts- oder Neujahrsbrote gibt es spezielle Kuchenformen (*sini* oder *tapsi*) aus verzinnten runden Kupferplatten mit eingravierten Ornamenten. Man bäckt darin die »*Courambiès*«, runde oder ovale kleine Kuchen, die nach dem Backen mit Orangenwasser bepinselt und mit Puderzucker überstaubt werden. Andere Kuchen heißen »*Mélomacarona*«. Sie bestehen aus Mehl, Öl, Zucker, Orangensaft und Nelkengewürz, werden nach dem Bakken mit heißem Honig gestrichen und mit Zimt und gehackten Nüssen bestreut.[27]

Neben diesen Kult- und Gebildbroten steht in *Bulgarien, Albanien, Serbien, Kroatien* und *Slowenien* und zum Teil auch in *Griechenland* der sogenannte *Weihnachtsklotz* im Mittelpunkt; denn der Weihnachtsbaum ist dort noch weitgehend unbekannt. Es handelt sich um einen ca. 1 m langen Stamm einer dreijährigen Eiche, der entweder frisch geschlagen wird oder bereits vor der Haustüre bereitsteht. Der Hausherr oder der älteste Sohn bringt diesen Klotz (in Bulgarien, Serbien und Slowenien »*badnjak*« oder »*kóladnik*« genannt) mit allerlei Zeremonien ins Haus. Er wird von den in neue Gewänder gekleideten Frauen wie Christus selbst empfangen. Man bringt ihn zur Herdstelle und »*salbt*« ihn, indem man mit einem großen Bohrer ein Loch bohrt, etwas Öl hineingießt und es mit Weihrauch oder wohlriechenden Kräutern auffüllt. Danach umwickelt man den geweihten »*Badnjak*« mit einem weißen Tuch. Am Weihnachtsabend wird er beräuchert und ins Feuer gelegt. In einer Beschreibung dieses alten Brauchtums auf dem Balkan aus dem Jahre 1689 heißt es:

»*Wann sie hernach zum Abendessen gehen, geben sie diesem Klotzen von jedwedem Gemüse oder Suppen einen Löffel voll, desgleichen von jeglicher Speise ein Stücklein und essen und sprechen ihm dabei zu, er solle auch essen. Dieses rührt unzweifelhaft noch her aus dem vormaligen Heidenthum als ein Überbleibsel deß heidnischen Hausgötzen-Opffers. Es hat zwar solche Gewohnheit in wenig Jahren ziemlich abgenommen, nachdem die Geistlichen gar scharff dawider gepredigt; nichts desto weniger stecken Ihrer viele annoch in diesem Wahn-Glauben gar tieff und fest, daß, wann sie solches unterließen, sie das gantze Jahr durch weder Stern noch Glück haben würden. Beweisen also diese Klotzen-Speiser, daß sie am geistlichen Verstande noch sehr klotzig und höltzern seyen.*«[28]

Im Laufe der Zeit hat der Einfluß der christlichen Geistlichkeit den Brauch zwar nicht ganz ausrotten können, doch sie hat ihn neu interpretiert. Denn der *bulgarische* Volkskundler Christo Vakarelski berichtet 1969, während des »Salbens« besängen die Mädchen den Weihnachtsklotz, den sie jetzt »Bäumchen« nennen, er sei ausersehen, bis in den Himmel zu wachsen, um dem Christkind als Treppe zur Erde zu dienen. Dadurch solle er reichen Segen, Gesundheit, langes Leben und frohen Mut bringen.[29]

Der Weihnachtsklotz muß die ganze Nacht hindurch brennen. Aus der Art seines Brennens deutet man die gewünschte Fruchtbarkeit des Viehs; denn je mehr durch Anschlagen die Funken stieben, desto fruchtbarer würden Schafe und Kühe. Der Asche und den nicht verbrannten Teilen des Badnjak-Klotzes schreibt man heilende und Übel abwehrende Wirkung zu.

Der *Weihnachtsabend* gilt als alte *Wendezeit* und damit auch als *Zukunftsabend (Badni-Wetscher)*. Vater und Sohn gehen z. B. mit einer Axt in den Garten, um die unfruchtbaren Obstbäume zu »erschrecken«. Wenn der Vater scheinbar zuschlagen möchte, hält ihn sein Begleiter mit den Worten zurück: »Halt, fälle diesen Baum nicht, er wird im kommenden Jahr sicher reichlich Früchte tragen!« Diese Zeremonie wird dreimal wiederholt. In manchen Gegenden versucht man, selbst kinderlose Frauen durch »Erschrecken« fruchtbar zu machen.[30]

Die traditionelle *Weihnachtstafel* enthält in *Bulgarien* neun Fastengerichte: Weihnachtsbrote, Bohnen oder Erbsen als Symbol für reiche Ernte, gefüllte Weinblätter, gefüllte Krautwickel oder Paprikaschoten, Wein zum Gedenken an die Toten der Familie, Honig als Symbol des Überflusses im neuen Jahr, eine Mehlspeise mit Kürbissen sowie Nüsse, Knoblauch und Kompott aus getrocknetem Obst. Zuerst ißt man Knoblauch, nachdem man sich damit zur Abwehr allen Übels die Innenflächen der Hände abgerieben hat. Den ersten Bissen des Weihnachtsmahles selbst hebt man auf und füttert damit am Weihnachtsmorgen das Vieh, damit es gesund bleibe. Unverheiratete Mädchen legen diesen Bissen auch unters Kopfkissen in der Hoffnung, von ihrem Zukünftigen zu träumen, mit dem sie den Bissen teilen möchten.[31]

Nach dem Essen wälzen sich die Kinder im *Weihnachtsstroh* und suchen dann nach Körnern. Diese wirft man in die Getreidekammer; denn sie garantieren eine reiche Kornernte im nächsten Jahr. Wie im alten germanischen Norden, in Skandinavien, schläft der Hausherr mit den Kindern in der Heiligen Nacht auf diesem Stroh. Daraus werden später Kränze geflochten, die man an die Obstbäume hängt. Am Georgstag, dem 23. April, wird dann der Rest des Strohs auf einer Anhöhe verbrannt, weil man glaubt: So weit der Feuerschein des Georgsfeuers reicht, bleibt das Getreide von Unwetter und Hagel verschont.[32]

Zu den Weihnachtsbräuchen auf dem *Balkan,* in *Rumänien, Bulgarien, Griechenland, Polen* und der *Ukraine* gehören nicht zuletzt auch die *Weihnachtsumzüge* von Kinder- und Erwachsenengruppen. In Bulgarien nennt man die Männergruppen *Koledari* und *Kurrendaner,* in der Ukraine *Kolyadniky,* in Polen *Kolednicy,* in Rumänien *Colinden* und in Griechenland *calanda* (von lat. calendae – calare = den 1. Tag des Monats ankündigen). Sie treten entweder am Weihnachts- oder am Silvesterabend auf. Es handelt sich um Gruppen von 10 bis zu 19 Männern, die schon Wochen vor Weihnachten unter der Leitung eines erfahrenen Sängers (*Staneník* oder *Starez*) weihnachtliche und milieubezogene Lieder einüben. Bis zu 80 Lieder sollen zum Repertoire eines guten Vorsängers gehören. Die Gruppen besingen den Wohlstand des Hauses, die zahlreiche Familie und verbinden dies mit dem Wunsch, die Äcker sollten reiche Frucht tragen, die Schafe Lämmer, die Kühe Kälber werfen. Zum Schluß heißt es immer: »Soviel Sterne am Himmel, soviel Glück in diesem Haus!«

Die Sänger werden zum Dank für die guten Wünsche bewirtet und erhalten Geschenke in Form von Geld, Speck, Käse und anderen nahrhaften Dingen.[33] Die *rumänischen Colinda*-Gruppen ziehen lärmend mit Rummeltopf, Holzflöten und Kuhglocken von Haus zu Haus und rufen den Bewohnern ihre Glückwünsche in teilweise improvisierten Versen zu.[34]

In der *CSSR* umfaßt die Weihnachtszeit den Nikolaustag (Svatej Nikulas) am 6. Dezember bis zum Dreikönigstag (Tri kralu) am 6. Januar. Den Kindern verspricht man für konsequentes Fasten, daß sie zu Weihnachten goldene Schweine sehen würden. Tatsächlich gibt es Spanferkel zu Weihnachten.

Die *Slowakei, Böhmen* und *Mähren* sowie *Ungarn* zeichnen sich durch ihre Hirtenspiele aus. Darin sind Motive eines edlen Räuberhauptmanns im Kampf gegen die herrschende Ordnung mit den biblischen Motiven der Anbetung der Hirten vermischt worden. Bei den ungarischen Széklern in

Siebenbürgen tragen diese Hirten eine Krippe mit dem Jesuskind und eine Bethlehem-Kulisse mit sich herum.[35]

Aus *Polen* sind vor allem die schönen *Scherenschnitt-Krippen* und die großen *Krakauer Krippen* aus Pappe und buntem Staniolpapier bekannt geworden. Die eigentliche Krippe mit dem Christkind ist von phantasievollen Szenen aus dem täglichen Leben in Polen umgeben.[36] Weniger bekannt sind die originellen Stabpuppen aus Krakau mit den Heiligen Drei Königen, Engel, Tod und Teufel und Hirtenfiguren, mit denen das Weihnachtsgeschehen in burlesker Form nachgespielt wird.[37]

In der *Sowjetunion* ist das traditionelle Weihnachtsbrauchtum nach der Revolution als feudal-bürgerliches und religiöses Relikt bekämpft worden. Die ersten *Weihnachtsbäume* standen dort wie im übrigen Europa zunächst in den Salons der Adligen.

In den 30er Jahren dieses Jahrhunderts wurde als Mittelpunkt der Bescherung die »*Neujahrstanne*« und als Weihnachtsmann »*Väterchen Frost*« eingeführt.[38] Während des Neujahr-*Jolka*-Festes bringt er mit Hilfe von Schneewittchen Kindern und Erwachsenen reiche Geschenke. Es gibt Schlittenfahrten, Marionettentheater und Zirkus- oder Theatervorstellungen und im Kreis von Freunden und Verwandten ein Festessen. Zum Jahreswechsel werden Millionen Glückwunschkarten oder Päckchen verschickt.

Die *Russische Orthodoxe Kirche* feiert das Geburtsfest Christi ebenso wie die anderen kirchlichen Feste noch nach dem alten julianischen Kalender, d. h. der 25. Dezember »alten Stils« entspricht heute dem 7. Januar »neuen Stils«. Das Weihnachtsfasten der Gläubigen hat am 15. November »alten Stils« begonnen, steigert sich mit dem 20. Dezember und erreicht seinen Höhepunkt am Vortag des Festes (*sotschéwnik* oder *sotschélnik*). Am Weihnachts-*Sotschélnik* wird streng gefastet, bis der erste Stern am Himmel erscheint. In der Ikonenecke brennen Lämpchen. Auf dem mit schneeweißem Tuch gedeckten Tisch liegen Brot, Salz und die Fastenspeise, darunter Heu zur Erinnerung an die Krippe von Bethlehem.

Im Süden und Westen Rußlands ißt man »*kutjá*« und »*uswár*«. »*Uswár*« – Kompott aus Früchten und Beeren – kocht man gewöhnlich bei der Geburt eines Kindes und »*kutjá*« – in Honig gekochte Reis- und andere Körner – anläßlich der Beerdigung eines Verstorbenen. Diese Speisen erinnern an die Geburt und an den Tod Christi. Nach dem Essen gratuliert man seinen Taufpaten zum Weihnachtsfest, bringt ihnen »kutja« und Piroggen und erhält von ihnen Geschenke. Nach der Art des Wetters am Sotschélnik-Abend sagen die Alten gute oder schlechte Ernten voraus. Um zwei Uhr nachts beginnt der Weihnachts-Gottesdienst, der sich bis zum Morgen hinzieht. Die Weihnachtsfeiertage *(swjátki)*, d. h. die heiligen Tage, dauern traditionell vom 6. bis 13. Januar »neuen Stils«, bis zum Beschneidungsfest. Die Zeit ist angefüllt mit Verkleidebräuchen, Zinn-, Bohnen-, Schuh- oder

Spiegel-Orakeln. Das *Beschneidungsfest* und Fest des heiligen *Basilius* markiert den Beginn des neuen Jahres.

Anschließend feiert man auf dem Lande die »Taufabende« zur Vorbereitung auf den *Tauf-Sotschélnik,* das Tauffest Christi oder *Epiphanias.* Der Vortag ist wiederum ein strenger Fastentag. Im Mittelpunkt von Epiphanias steht die Große Wasserweihe. Dabei taucht der Priester das Kreuz Christi dreimal ins Taufwasser. Dieses erhält damit für die Gläubigen heiligende und heilende Kraft. Früher gab es in Rußland den Brauch, gleich nach der Wasserweihe in einem eiskalten Fluß zu baden zur Reinigung von den Sünden, da in alter Zeit der Ritus der Wasserweihe in einem Fluß vollzogen wurde.[39]

Das *ukrainische* Weihnachtsfest fällt nach dem alten julianischen Kalender ebenfalls auf den 7. Januar. Zum Abschluß der 39tägigen Fastenzeit wird am Heiligen Abend ein reiches Mahl bereitet, das zur Erinnerung an die 12 Apostel aus 12 Gerichten bestehen soll. In einer Ährengarbe, *»diduch«* = Großväterchen genannt, sollen auch die Geister der Verstorbenen anwesend sein. Die drei Weihnachtsfeiertage beginnen in der Ukraine ebenfalls mit dem Erscheinen des ersten Sternes am Himmel.[40]

In *Griechenland* ist nach alter Tradition der 6. Januar (nach heutigem Kalender), *Epiphanias,* der größte Feiertag des Jahres. Wie in Rußland steht die *Wasserweihe* in der Kirche im Mittelpunkt. Anschließend geht der Priester von Haus zu Haus, um diese mit dem neu geweihten Wasser zu segnen, ebenso die Brunnen und Felder.[41] Paten und Patenkinder beschenken sich gegenseitig, doch heute erhalten die Kinder ihre Geschenke auch am 1. Januar, dem Tag des heiligen Basilius, der ein frommer Mönch und Wohltäter gewesen war. Im griechischen Neujahrs- oder Basiliusbrot ist eine Silber- oder Goldmünze eingebacken. Wer sie findet, hat Glück im kommenden Jahr.[42]

Romanische Länder: Die Könige kommen

Wenn *Italiener* sich ein »Frohes Fest« wünschen, so sagen sie wörtlich *»Buon Natale«* – ein gutes Geburtsfest – abgeleitet von lat. *»dies natalis«* – Geburtstag. Tatsächlich spielt dieses Fest in den Städten Italiens jedoch eine geringere Rolle als das Epiphaniefest am 6. Januar, ebenso wie in Griechenland und in Spanien. Die umstrittene Verlegung des Geburtsfestes Christi vom 6. Januar auf den 25. Dezember im 4. Jahrhundert hat offensichtlich bis heute nachgewirkt.

Die Weihnachtszeit im engeren Sinne beginnt in Italien acht Tage vor dem 25. Dezember, zur gleichen Zeit, als vor fast 2000 Jahren im alten Rom die Saturnalien begannen. Und sie endet nach den »zwölf Nächten« mit dem Dreikönigsfest.

Im Mittelpunkt von »*Natale*« steht nicht der Weihnachtsbaum, sondern die *Krippe (presepio)*. Jede Kirche und jeder, der es sich leisten kann, wetteifert mit den Nachbarn um die schönste und lebendigste Krippe. Dabei bilden die Krippenfiguren und Szenerien der neapolitanischen Barockkrippe von König Karl IV. (1798–1819) die bekanntesten Vorbilder.[43]

Nach katholischem Ritus wird 24 Stunden vor Heiligabend streng gefastet. Bei Sonnenuntergang eröffnet ein Kanonenschuß auf dem Kastell S. Angelo in Rom die heilige Zeit. Um 9 Uhr abends finden feierliche Gottesdienste statt, der traditionsreichste in der Basilika Sta. Maria Maggiore (ad praesepe), wo die erste Krippe überhaupt aufgebaut wurde und sich angebliche Überreste der Krippe von Bethlehem befinden. Nach der Messe gibt es ein Festessen im Familienkreis mit Ziehen von Geschenken aus der »*Urne des Schicksals*«, eine Art häuslicher Lotterie.[44]

Der eigentliche Geschenktag ist jedoch der 6. Januar. Im Zentrum dieses Brauches steht in Rom das *Jesuskind* (*bambino Gesú,* zärtlich »*bambinello*« genannt) der Kirche S. Maria Aracoeli (»Himmelsaltar«) auf dem Kapitol. Diese Kirche wurde um 1250 bezeichnenderweise an der Stelle errichtet, wo die Tiburtinische Sibylle dem Kaiser Augustus das Kommen Christi geweissagt haben soll. Schon um Weihnachten besuchen traditionsgemäß Hirten mit Dudelsack (zampogna) aus den Abruzzen ihr »bambinello«, eine Wachspuppe mit Edelstein-flimmernder goldener Krone inmitten der Grotte von Bethlehem und den drei Königen aus dem Morgenlande – alle aus Wachs. Bekannt sind die *Kinderpredigten,* die in der Zeit vom 1. bis 6. Januar von sechs- bis zehnjährigen Jungen und Mädchen dort und in der Kirche S. Andrea dell Valle gehalten werden.

Der Reiseschriftsteller Ferdinand Gregorovius hat uns um 1850 die rührende Legende überliefert, wie dieses »bambinello« zu so großem Ansehen gelangte:

»Eines Tages, es war vor vielen Jahren, verliebte sich eine junge Engländerin in ihn bis zum Sterben. Täglich besuchte sie die Kirche, täglich wuchs ihre Sehnsucht, endlich beschloß sie, den Kleinen zu entführen. Sie verfertigte heimlich einen ähnlichen Bambino, einen Wechselbalg, trug ihn in die Kirche und vertauschte ihn mit der echten Puppe, die sie mit nach Hause nahm. Aber in derselben Nacht fingen alle Glocken im Kloster und in der Kirche Ara Celi von selbst zu läuten an, die Mönche stürzten heraus und fanden den entführten Bambino mit gebogenem Knie an der Tür stehen, im Begriff, sie aufzustoßen, denn er hatte sich aus den Gemächern der Engländerin auf und davon gemacht. Dies ist die Legende vom Bambino in Ara Celi.«[45]

Heute richten sich viele italienische Kinder schriftlich vor Weihnachten mit ihrer Wunschliste an dieses »bambinello«. Ein anderer Überlieferungsstrang wurzelt in vorchristlichem Brauchtum. Viele italienische Kinder glauben, die *Dreikönigshexe Befana* würde die Geschenke bringen. Angeblich ist Befana eine sprachliche Verballhornung von »Epiphania«. Der Legende nach hatte sie von den Hirten die frohe Botschaft von der Geburt Christi gehört, doch sie sei zu spät aufgebrochen und habe den Stern verfehlt. Seitdem befände sie sich immer noch auf der Suche nach dem Kind. Und deshalb brächte sie auch immer Geschenke in jedes Haus in der Hoffnung, irgendwo das Jesuskind anzutreffen.

Die Befana kommt ebenso wie der Nikolaus in Frankreich, den Niederlanden, England und den USA durch den Kamin und sei deshalb schwarz von Ruß. Die Kinder hängen ihre Strümpfe unter den Kamin oder stellen ihre Schuhe davor; guten Kindern bringt sie Geschenke, bösen Asche und Kohlen.[46]

Auch in *Spanien* ist der *Dreikönigstag (dia de los Reyes Magos* oder katalan. *Reïs Magos)* wichtiger noch als Heiligabend. Entsprechend der biblischen Geschichte von den Weisen aus dem Morgenlande, die Geschenke brachten, erhalten die Kinder an diesem Tag ihre Geschenke, wenn sie am Vorabend ihre Schuhe auf den Balkon stellen und Heu für die Kamele der Magier daneben. In vielen Orten Spaniens finden am 5. oder 6. Januar prachtvolle Umzüge mit der Ankunft der Heiligen Drei Könige *(»Reyes Magos«)* statt, z. B. in Aledo und Churra (Prov. Murcia), Cañada und Alcoy (Prov. Alicante), Higuera de la Sierra (Prov. Huelva), Pamplona und Sangüesa (Prov. Navarra), Port-Bou (Prov. Gerona) und Riofrio-Mondariz (Prov. Pontevedra).[47] Die Hamburger Lehrerin Ilse Schütz, die in Agost (Alicante) seit einigen Jahren ein sehenswertes Töpfereimuseum aufbaut, hat 1984 für uns das Weihnachtsgeschehen in der Provinz Alicante beobachtet. Sie schreibt:

»Vor Weihnachten hat man den Eindruck, daß das wichtigste Weihnachtsereignis in ganz Spanien die alljährliche, große Weihnachtslotterie ist . . . In diesem Jahr wurden insgesamt 1 155 000 000 pesetas (etwa 21 000 000 DM) mit einem Hauptgewinn von 250 000 000 pts. (etwa 5 000 000 DM) verlost. Die große Ziehung ist zwei Tage vor Weihnachten. Alle öffentlichen Medien übertragen das Ereignis, wenn alljährlich Schüler von San Ildefonso, einer Schule in Madrid, die Nummern ziehen und mit dem entsprechenden Gewinn singen, ja singen. Fast gregorianisch klingt es . . .

Spanien ist ein katholisches Land, ein Land der Heiligen. Die vielen fiestas, die man überall im Verlauf des Jahres feiert, sind fiestas der verschiedenen Heiligen. Die Geburt Christi ist kein Anlaß für eine derartige fiesta. Was wichtig ist, ist, daß die Familie sich trifft. Viele Verwandte reisen von außerhalb an, um an Weihnachten in ihrem Heimatdorf zu sein, Weihnachten, d. h. vor allem am 25. Dezember. Auch den 24. Dezember, die ›Noche Buena‹, die ›Gute Nacht‹, verbringt man, soweit möglich, zusammen und ißt gemeinsam Abendbrot. Um 24 Uhr geht man in die Messe, ›la Misa del Gallo‹ (sinngemäß die ›Messe vor dem Krähen des Hahnes‹). In jeder Kirche habe ich eine Krippe gesehen, und am Ende der Messe geht man vorbei und küßt das

Jesuskind, eine Puppe. Auch in vielen Häusern wird alljährlich eine Krippe aufgebaut, mit viel Kreativität und Freude am Dekorieren . . .«

Früher zogen noch Kinder und Jugendliche mit Tambourinen (panderetas) und »Rummelpötten« (zambombas) singend durch die Straßen, heute nur noch vereinzelt. Ilse Schütz fährt fort in ihrer Weihnachtsreportage:

»In ganz Spanien typisch zur Weihnachtszeit ist der ›turrón‹, eine Süßigkeit aus Mandeln und Honig. – Es gibt immer noch eine ganze Menge Mandelbäume in der Provinz, und das Zentrum der Turrón-Herstellung ist Jijona. – Diese Süßigkeit gibt es heute in vielen Variationen, und in der Weihnachtszeit bekommt man sie in allen Häusern angeboten, als Nachtisch und zum Naschen, wenn man einen kurzen Besuch macht . . .«

»In Agost gibt es dann vom 26. Dezember bis zum 1. Januar die ›Fiesta de Navidad‹. Es ist eine traditionelle fiesta mit Musik, Tänzen und Trachten. Das christliche Weihnachtsgeschehen spielt dabei keine Rolle . . .«

»In vielen Häusern gibt es heute einen kleinen, künstlichen ›Weihnachtsbaum‹ mit Kugeln und Lametta. (In Spanien wird er als protestantisch angesehen.) Nirgendwo habe ich erlebt, daß man Kerzen angezündet und gesungen hätte. In Alcoy hat man die große Tanne auf einem Platz mit Lichterketten dekoriert; aber ansonsten habe ich keine Weihnachtsbäume in der Öffentlichkeit gesehen. In größeren Orten wie Alicante, Alcoy bringt man einige Tage vor Weihnachten ein paar Lichterketten in der Hauptgeschäftsstraße an. Die Dekoration in den Schaufenstern ist weihnachtlich, aber minimal im Vergleich zu deutschen Gepflogenheiten. Das hängt sicherlich damit zusammen, daß Weihnachten hier noch nicht die größte Konsumorgie des Jahres ist. Allmählich führt sich das gegenseitige Beschenken auch hier ein, aber sehr allmählich unter Erwachsenen. Üblich ist das Beschenken der Kinder mit Spielzeug.

Aber im übrigen ist es nicht das Christkind, welches die Geschenke bringt, sondern die ›Heiligen drei Könige‹. Das ist am 6. Januar, oder genauer gesagt, am Vorabend desselben. An diesem Vorabend, dem 5. Januar, ist es üblich, den ›roscón‹ zu essen, einen Kranzkuchen, in den allerlei Überraschungen eingebacken sind. Wer in seinem Stück die Figur findet, wird gekrönt, wer die Bohne findet, muß den Nachtisch bezahlen.

In vielen Orten ziehen die drei Könige richtig mit Gefolge ein. Alcoy hat dieses Jahr das hundertjährige Bestehen der ›cabalgata de los Reyes‹ (Kavalkade der Könige) gefeiert . . . Am 4. Januar zieht der Botschafter durch die Straßen und kündigt die Ankunft der drei Könige für den nächsten Tag an. Dann, am nächsten Tag, kommen sie mit großem Gefolge, auf richtigen Kamelen ziehen sie ein und mit einem riesigen Gefolge aller Rassen, Stände, Trachten, Musik. Kinder werden ihnen zum Küssen hinaufgereicht. Pagen, ›els negres d'ecala‹, die ›Leiterneger‹, verteilen unterwegs die Geschenke in den entsprechenden Häusern. Mit einer riesigen Leiter steigen sie die Balkone hinauf. Auf dem Rathausplatz warten dann Maria und Josef mit dem Kind, einem lebendigen Baby, welches schreiend vor Kälte oder vor Angst trotzdem aushalten mußte, um die Anbetung der Könige entgegenzunehmen . . .«

Soweit Ilse Schütz aus der Provinz Alicante. Zu erwähnen ist abschließend, daß in Labastida in Nordspanien (Prov. Alava) in der Nacht vom 24. zum 25. Dezember eine einzigartige *»Misa del Gallo«* gefeiert wird. Im Mittelpunkt steht der Hirtentanz mit 13 Tänzern, die von einem *»abuelo«* (Großvater) mit Lamm und einer *»zagala«* (Hirtin) mit einem Jesuskind auf dem Arm begleitet werden.[47]

In *Portugal* finden wir ähnliche Weihnachtsbräuche wie in Spanien. Weihnachten selbst *(o dia de Natal)* oder Heiligabend *(Véspera de Natal)* ist im wesentlichen ein Fest der erweiterten Familie. Die *Krippe (presépio)* steht im Mittelpunkt des Geschehens. Originelle, bunt bemalte Krippenfiguren aus Ton werden bei Barcelos (Santa Maria dos Galegos) hergestellt. Wie in Spanien feiert man die Mitternachtsmesse *(a Misa do Galo)*. Mancherorts finden Umzüge und Hirtenspiele statt. Weihnachtsbaum und Weihnachtsmann sind auf dem Lande noch fast unbekannt. Der Dreikönigstag *(os »Reis«* oder *Reis Magos)* beendet die Weihnachtszeit – die Krippe wird wieder eingepackt.[48] Früher zogen am Dreikönigstag Gruppen von Tür zu Tür und sangen die *»Janeiras«*, ursprünglich Bittgesänge für die Seelen der Verstorbenen. Zum letzten Mal versammelt sich die Familie, um den *Königskuchen (bolo rei)* zu verzehren. Wer darin ein kleines Dreikönigsgeschenk findet, hat Glück im nächsten Jahr, während der Finder einer Saubohne den nächsten *»Bolo Rei«* spendieren muß. Jeder Teilnehmer schluckt außerdem 7, 12 oder 24 Kerne eines *Granatapfels* als Sinnbild künftigen Reichtums.[49]

In *Süd- und Mittelamerika* ist das Weihnachtsbrauchtum durch spanische oder portugiesische Traditionen geprägt worden. Seit dem Zweiten Weltkrieg sind jedoch Weihnachtsbaum und Weihnachtsmann auch in den tropischen Breiten auf dem Vormarsch. Allerdings dienen Pinien, Kakteen, Pappmaché- und Kunststoff-Bäume als Kerzenhalter. Nur in den großen Städten gibt es aus Deutschland importierte Tannen. Doch Weihnachtslotterie, Weihnachtsstierkampf und fiesta-Stimmung mit Feuerwerk und lauter Musik beherrschen die Szene.[50]

Originell sind die indianischen, bunt bemalten Weihnachtskrippen aus Perú, Bolivien oder Mexiko. *Mexiko* zeichnet sich zudem durch zwei interessante Weihnachtsbräuche aus, die *»posadas«* und die *»piñatas«* . Posada bedeutet Herberge. Es handelt sich um ein Krippenspiel mit zwei Gruppen in Privathäusern, wobei die eine Gruppe vor einer Krippenszene mit leerer Krippe die hartherzigen Wirtsleute spielt, die andere die schutzsuchenden Pilger. Die religiös inspirierte Suche nach einem Nachtquartier für die Heilige Familie geht über in ein lustiges Spiel für die Kinder, eine Art Topfschlagen. Dabei wird ein mit buntem Papier geschmückter Tontopf, die *piñata,* an einer Leine aufgehängt und mit Früchten, Nüssen und Süßigkeiten gefüllt. Den Kindern verbindet man nacheinander die Augen, bis es einem Kind gelingt, den Topf mit einem Stock zu zerschlagen. Die Posada-Spiele, die am 16. 12. beginnen, erreichen ihren Höhepunkt am Weihnachtsabend, wenn ein kleines Bild oder Püppchen als Jesuskind in die Krippe gelegt wird.[51]

In *Frankreich* wird Weihnachten »*Noël*« genannt, abgeleitet von lat. *natalis* (Geburtsfest). Ursprünglich gab es keinen Weihnachtsbaum (mit Ausnahme des Elsaß, s. Kapitel »Rund um den Weihnachtsbaum«), sondern wie auf dem Balkan, in England und in der französischen *Schweiz* den »*bûche de Noël*«, den Weihnachtsklotz. Daran erinnert nur noch eine Art *Baumkuchen,* den man »*bûche de Noël*« nennt. Die deutsch-französischen Spannungen bis zur Mitte des 20. Jahrhunderts verzögerten begreiflicherweise eine Übernahme des »deutschen« Weihnachtsbaumes.

Saint Nicolas brachte ursprünglich seine Gaben am 6. Dezember in Begleitung des rutenschwingenden *Père Fouettard.* Oder er kam nachts durch den Schornstein, wenn die Kinder ihre Schuhe am Kamin aufgestellt hatten. Dieses Brauchtum hat sich bis heute weitgehend auf den 24./25. Dezember verschoben. Jetzt bringt der Weihnachtsmann *(Père Noël)* die Geschenke, in Südfrankreich auch *Père Challende,* da dort das Weihnachtsfest in römischer Tradition auch »*Calendes*« genannt wird.

Berühmt sind in Frankreich die »*Santons*«, tönerne, bunt bemalte Krippenfiguren in volkstümlichen Trachten des 19. Jahrhunderts, die in der Provence zwischen Marseille und Nizza sowie bei Arles und Avignon hergestellt werden. Das größte Herstellungszentrum ist angeblich Aubagne östlich von Marseille.[52]

Niederlande und Flandern: Sinterklaas-Fest

In den *Niederlanden* und im angrenzenden *Flandern* konzentriert sich das Weihnachtsbrauchtum auf die Nikolauszeit vor dem 6. Dezember. Für viele kleine Holländer ist *Sinterklaas-Abend* der schönste Feiertag des Jahres. In den Küstenorten kommt der Nikolaus bereits drei Wochen vor seinem Geburtstag oder am letzten Samstag im November mit einem Schiff angeblich aus Spanien in einem der alten holländichen Häfen an. In Amsterdam z. B. wird Sinterklaas in roter Bischofsrobe mit Mitra, weißen Handschuhen und Bischofsring auf einem Schimmel reitend in Begleitung des »*Zwarten Pitt*« (Schwarzer Peter) von Tausenden von Kindern und Erwachsenen empfangen und dann mit Polizeieskorte und Musikkapelle zum königlichen Palast begleitet, wo ihn die Königin begrüßt. Das Fernsehen überträgt dieses Ereignis heute landesweit. An diesem Abend stellen die Kinder einen Schuh vor den Kamin mit einem Wunschzettel neben ein Wassergefäß und eine Mohrrübe oder Heu für das Pferd des Nikolaus. Am nächsten Morgen finden sie an dieser Stelle kleine Nikolausfiguren aus Schokolade und ein Lebkuchenmännchen mit einem kurzen witzigen Gedicht. Es heißt, in den Sinterklaasgedichten werde immer die Wahrheit gesagt . . .

Am 5. Dezember legt man einen großen Sack vor die Haustür und findet ihn am »*Abend der Pakete*« mit Geschenken für die ganze Familie vor. Dazu gibt es Spekulatius (speculaas), Buchstabenschokolade und Süßigkeiten.

Den *Weihnachtsabend* und den ersten Feiertag feiert man in Holland nach dem Kirchenbesuch mit Weihnachtsbaum und gutem Essen im Familienkreis. Der Baum wird schon mehrere Tage vor dem Fest geschmückt. Für die Erwachsenen hat sich der Nikolaus-Brauch des Beschenkens mehr auf Weihnachten verlagert.

In *Flandern* finden farbenprächtige Prozessionen und Weihnachtsspiele in den Kirchen statt. Am zweiten Weihnachtstag sind Orchester, Chöre, Berufsmusiker und Amateurgruppen in vollem Einsatz.

Die Weihnachtszeit endet mit dem *Dreikönigstag*. In *Flandern* ziehen drei ausgewählte Männer als Könige verkleidet von Haus zu Haus, singen Lieder und werden dafür bewirtet.[53]

Angelsächsische Länder – Santa Claus und Merry Christmas

Im Mittelpunkt der Weihnachtszeit im alten *England* standen der *Weihnachtsblock (yule log, Christmas block)* und der auf einer Platte servierte *Eberkopf*. Doch mit dem Schrumpfen der Kamine konnte man keine großen Holzblöcke mehr verbrennen. An seine Stelle trat seit dem 19. Jahrhundert über die englische Oberschicht und verstärkt noch seit den 30er Jahren der Weihnachtsbaum *(Christmas tree)*. Eberköpfe sind ebenfalls selten geworden und wurden durch Truthahn (turkey) oder Gans (Christmas goose) verdrängt. Nur der englische *Plumpudding* ist nach wie vor sehr beliebt. Ursprünglich war es ein Pflaumenporridge, »ein steifer Brei aus Hammel- oder Rinderbrühe mit Schwarzbrot, Backpflaumen, Rosinen, Ingwer und Muskatnuß«, doch im 18. Jahrhundert hat man durch Zusatz von Mehl sein heutiges Rezept entwickelt. In einer Serviette gekocht wird er kugelrund und mit Stechpalmenzweigen geschmückt flambiert serviert. Gräfin Schönfeldt vermittelt uns ein »modernisiertes« Rezept mit einer Kochzeit von »nur« vier Stunden im Wasserbad:[54]

Der englische Plumpudding

250 g Rindertalg, 3 Äpfel, Zitrone, Orange, 150 g Rosinen, 150 g Korinthen, 100 g Mehl, 300 g Semmelbrösel, 200 g brauner Zucker, Salz, 50 g Orangeat, 50 g Zitronat, gemahlener Zimt, Muskatnuß, Piment, 50 g kandierte Kirschen, 50 g gestiftelte Mandeln, 1 geriebene Mohrrübe, 4 Gläschen Rum, 6 Eier, Hagelzucker, hochprozentiger Alkohol.

»Bescherkindlein« aus Schleife, Sorben, DDR, um 1984 (s. dazu S. 165), Sammlung Maud Pohlmeyer

Hiddenseer Bügelbaum mit bemaltem Gebäck, Dörrobstketten, vergoldeten Nüssen und Muschelketten, Nachbildung von der Ostseeinsel Hiddensee, Pommern, 1984 (s. dazu S. 166), Sammlung Maud Pohlmeyer

»Föhrer Bogen«, Bügelbaum mit figürlichem Gebäck, Adam und Eva, Fisch und Hahn, Schwein, Kuh, Schiff und Mühle, Nordseeinsel Föhr, nach Vorbild aus dem 19. Jahrhundert nachgebildet (s. dazu S. 97 und 170), Sammlung Maud Pohlmeyer

Appenzeller »Züg« oder »Chlausezüg«, Weihnachtspyramide von Johann Fuchs-Graf, Appenzell, Schweiz, um 1983 (s. dazu S. 166), Sammlung Maud Pohlmeyer

Den Rindertalg so klein wie möglich schneiden oder durch den Fleischwolf drehen, die Äpfel schälen, entkernen, vierteln und kleinhacken, Saft und abgeriebene Schale einer Zitrone und einer Orange dazugeben, dann die gewaschenen und abgetrockneten Rosinen und Korinthen, Mehl, Semmelbrösel, braunen Zucker, einen Teelöffel Salz, Orangeat und Zitronat, je einen gestrichenen Teelöffel gemahlenen Zimt, Muskatnuß und Piment, feingewiegte kandierte Kirschen, gestiftelte Mandeln, die geriebene Mohrrübe, Rum und Eier. Alles gut miteinander vermengen, und zwar mit der Hand und mit dem Holzlöffel, weil die Knetarme des Elektrogerätes die Rosinen und Trockenfrüchte zu stark zerschlagen könnten. Die Schüssel zudecken, über Nacht rasten lassen, dann den Teig in eine gut ausgefettete und ausgebröselte Puddingform füllen und vier Stunden im Wasserbad kochen. Die Form aus dem Wasserbad nehmen, etwas abkühlen lassen, den Pudding auf eine feuerfeste Platte stürzen, mit Hagelzucker bestreuen, mit in einer Saucenkelle angewärmtem hochprozentigem Alkohol übergießen, anzünden und so auftragen. Dazu gibt es die sogenannte harte Sauce, die man aus Butter und Brandy rührt.

Plumpudding
(aus Hornung, 1970, S. 47)

Neben dem Plumpudding sind die englischen *Mince Pies* beliebt, kleine Mürbeteigpasteten mit einer Füllung von Äpfeln, Nüssen und Rosinen, die ursprünglich eine Krippe darstellen sollten.[55]

Am Weihnachtsabend *(Christmas Eve)* hängen die Kinder ihre Strümpfe in den Kamin oder an den Bettpfosten, damit *Santa Claus,* ein verschmitzter, großväterlicher Bartmann, der mit einem Rentierschlitten über die Dächer reitet, seine Gaben durch den Schornstein hineinwerfen kann.

In *Irland* besteht die schöne Sitte, am Weihnachtsabend Kerzen in die Fenster zu stellen als Einladung für alle, die wie Maria und Josef obdachlos und hungrig waren.[56]

Wales ist das Land der *carol-singers,* die in jedem Dorf von Haus zu Haus ziehen und auch Singwettbewerbe abhalten, um die schönsten neuen Weihnachtslieder ausfindig zu machen. Die englischen *Christmas carols* gehen auf eine mittelalterliche Liedform, die »*Wassail-songs*« zurück. Mit diesen Freudenliedern wünschten sich die Nachbarn früher im tiefen Winter Gesundheit und Glück.[57]

In *Schottland* spielt Weihnachten selbst eine geringere Rolle als Silvester (New Year's Eve) und der Neujahrstag, an dem sich die Familien zu einem Festessen treffen.[58]

Die *amerikanischen* Weihnachtsbräuche sind zunächst ein Spiegel der unterschiedlichen Traditionen der europäischen Herkunftsländer gewesen. Die *Engländer* brachten aus ihrer Heimat Santa Claus mit, der mit einem Rentierschlitten (eine ursprünglich skandinavische Zugabe) über die Dächer fährt, um den braven Kindern Geschenke in ihre am Kamin aufgehängten Strümpfe zu bringen. Unter protestantischen *Deutschen* in Pennsylvania war das Christkind oder Christkindel der Gabenbringer. Die Kinder legten im 19. Jahrhundert am Weihnachtsabend Heu neben einen Brotkorb, der am nächsten Morgen mit Nüssen, Keksen und Süßigkeiten gefüllt war. Das Heu war für das Maultier oder den Esel des Christkindes bestimmt. Es ist amüsant zu verfolgen, wie im »melting pot of nations« um 1840 aus »*Christkindel*« zunächst »*Kriss Kingle*« und dann »*Kriss Kringle*« wurde als Alternativbezeichnung für Santa Claus oder Saint Nicholas. In der Einleitung des 1842 erschienenen »*Kriss Kringle's Book*« heißt es dazu:

"Kriss Kringle is the name given by Children to St. Nicholas . . . Now is not 'Kriss Kingle' a nice, fat, good humored looking man . . . Mr. 'Kriss Kingle' loves good little boys and girls, and if they behave and mind what their parents tell them, they may rest assured that he will pay them a visit, and leave them something nice, as a reward for their good behaviour."[59]

Diese Zeilen könnte man als »*Geburtsurkunde*« des heutigen amerikanischen *Weihnachtsmannes* bezeichnen, der etwa gleichzeitig mit dem deut-

»Merry Old Santa Claus« mit langer Tonpfeife, Mistelzweig auf dem Kopf und vielen Geschenken (aus Hornung, 1970, S. 35)

schen Weihnachtsmann geschaffen wurde und entsprechend »gutes Betragen« der Kinder mit Geschenken belohnte.

Die *»Böhmischen (oder Mährischen) Brüder«,* auch Gemeinen oder Herrnhuter genannt, brachten im 18. Jahrhundert neben den Jesuiten das »Prager Jesulein« und damit die Krippe in die USA. Graf Nikolaus von Zinzendorf gründete zu Weihnachten 1741 Neu-Bethlehem in Pennsylvania, eine Stadt, die sich heute auch »The Christmas City« nennt. Von dort aus wird der vielzackige »Herrnhuter Weihnachtsstern« verbreitet.[60]

Der *Weihnachtsbaum* wird in den USA um 1830 erstmalig erwähnt. 1847 heißt es in dem damals weit verbreiteten Buch *»Kriss Kringle's Christmas Tree«,* daß der Weihnachtsbaum auf dem Weihnachtstisch dabei sei, Santa Claus vom Kamin an diesen Gabentisch umzulenken.[61]

Bekanntlich besteht in den USA ein Hang zum Gigantischen. 1909 wurde in Pasadena, Kalifornien, auf dem Mount Wilson ein riesiger geschmückter Baum errichtet, 1912 im Madison Square Park in New York ein 60 Fuß hoher *»Tree of Light«,* 1913 auf dem Independence Square in Philadelphia eine 75-Fuß-Fichte als *»The Children's Christmas Tree«*. 1920 schmückte man in Altadena/Pasadena eine Zedernallee mit über 10 000 vielfarbigen Glühbirnen als *»Christmas Tree Lane«,* und im Kings Canyon National Park in Kalifornien erklärte man eine 267 Fuß hohe und über 3500 Jahre alte »Squoia gigantea« zum *»The Nation's Christmas Tree«*. Um 1950 hielt Northport, ein Einkaufszentrum bei Seattle, den Rekord des höchsten Weihnachtsbaums mit 212 Fuß Höhe und 25 Tonnen Gewicht.[62]

Weihnachtsbäume stehen heute nach Schätzungen in zwei Drittel aller amerikanischen Haushalte, teils echt, teils aus Plastik. In einem Jahr soll man mehr als 21 Millionen Bäume verkauft haben. Sie werden so bunt wie möglich geschmückt und mit künstlicher farbiger Beleuchtung versehen, die häufig wie in einem Vergnügungszentrum an und aus geht.

In den Einkaufszentren beginnt Weihnachten schon am 1. November. Die »shopping streets« sind farbig geschmückt und beleuchtet, in allen Warenhäusern ertönen acht Monate lang *»Christmas carols«,* und die Schaufenster sind in Kitschparadiese aus Märchenländern, Zwergenreichen und Spielzeugstädten verwandelt.[63] Im November beginnt auch das große Truthahnsterben, denn *»Christmas turkey«* ist das klassische amerikanische Weihnachtsessen. Diese Form der »amerikanischen Weihnacht«, die auf Gigantomanie, Repräsentation, Märchenhaftigkeit und Konsumfreudigkeit ausgeht, hat längst Europa erreicht und ist schon lange dabei, die familienbezogene, stille »deutsche Weihnacht« zu verdrängen. *»Merry X-MAS!« (= Merry Christmas)*

In *Australien* herrschen englische oder amerikanische Verhältnisse mit dem besonderen Akzent des heißen sommerlichen Klimas und der weißen Palmenstrände. Weihnachtszeit in Australien ist Ferienzeit. Die Häuser werden mit dem Grün des »Christmas bush« und »Christmas bells«, glokkenförmigen Blumen, geschmückt. Die Geschenke bringen »*Father Christmas*« oder *Santa Claus* am Weihnachtsmorgen vor dem Gottesdienst. Tausende von Menschen treffen sich in den Parks der großen Städte zum Gemeinschaftssingen von australischen »Christmas carols«.[64]

Übrige Welt

Die Verbreitung des Weihnachtsfestes entspricht der Verbreitung des Christentums in der Welt. Missionare und christliche Auswanderer haben ihre heimischen Gebräuche über die Welt verbreitet, doch überall hat die Anpassung an die einheimischen Verhältnisse zu neuen Akzenten geführt.

Weihnachten auf den *Philippinen* ist eine Mischung von spanischen, amerikanischen und lokalen Traditionen. Junge Männer und Frauen führen auf den Dörfern Hirtenspiele *(»pastores«)* mit dem Weihnachtsgeschehen auf. Nächtliche Feuerwerke beginnen schon im November und ziehen sich bis zum Jahreswechsel hin.

In *Japan* ist Weihnachten auf dem Vormarsch, obwohl von den über 100 Millionen Japanern nur 0,7 Millionen Christen sind. In den Einkaufszentren dominiert die amerikanische Weihnachts-Werbung; Radio und Fernsehen verbreiten deutsche Weihnachtslieder und »Christmas carols«. In den Missionszentren ist auch der Weihnachtsbaum verbreitet.

In *Korea* und *Taiwan* herrschen ähnliche Verhältnisse. Rund drei Millionen Katholiken und eine Million Protestanten in *China* feiern Weihnachten z. T. am chinesischen Neujahrs- oder Frühlingsfest Ende Januar. Die Kinder bekommen neue Kleider, Spielzeug und Feuerwerkskörper. Im Mittelpunkt des Abends vor Neujahr steht traditionsgemäß der Ahnenkult. Nikolaus ist bekannt als »*Lan Khoong*« (schöner alter Vater) und der Weihnachtsmann als »*Dun Che Lao Ren*« *(alter Weihnachtsmann).*

In Indien werden Weihnachtsbäume z. T. durch Reisstrohbündel ersetzt, die mit Lehm überzogen und mit grünen Ästen besteckt und dann geschmückt werden, denn Nadelbäume fehlen im Süden dieses Subkontinents. Am Weihnachtsabend sammeln sich die christlichen Familien im Innenhof ihrer Häuser, lesen die Weihnachtsgeschichte und halten brennende Kerzen in den Händen. Danach zündet man in einer Hofecke einen Haufen getrockneter Dornen an. Wenn alle verbrennen, bedeutet das Glück für die ganze Familie. Jeder springt dreimal über den glühenden Aschenhaufen und spricht einen Wunsch aus.

Im Weihnachtsfest der etwa 1,5 Millionen Christen *Sri Lankas* (Ceylon) mischen sich einheimische mit christlichen Traditionen. So entzündet man z. B. in der Provinzhauptstadt Kandy am Heiligabend riesige Freudenfeuer bei einem Umzug mit Laternen, Fackeln und Feuerwerk. Unter Trommelklängen wird zur Abwehr böser Mächte ein »Teufelstanz« aufgeführt.

In *Israel* stehen natürlich die heiligen Stätten in Bethlehem, Nazareth und Jerusalem im Zentrum der weihnachtlichen Verehrung. Allerdings feiern die verschiedenen christlichen Konfessionen »ihr« Weinachtsfest an unterschiedlichen Tagen: die römischen Katholiken und Protestanten am 25. Dezember, die griechischen Orthodoxen, die syrischen Christen und die koptischen Äthiopier das Geburts- und Tauffest Christi (Epiphanie) am 6. Januar, die armenischen Christen am 18. Januar heutiger gregorianischer Zeitrechnung, was dem 6. Januar ihres alten julianischen Kalenders entspricht.

Pilger aus aller Welt besuchen die Geburtskirche in Bethlehem und das Feld der Hirten außerhalb des Städtchens. Das Hauptschiff der Geburtskirche ist unter Katholiken, Griechisch-Orthodoxe und Armenier aufgeteilt. In der Krypta zeigt ein Silberstern im Boden der Geburtsgrotte die Stelle an, wo »Jesus Christus aus der Jungfrau Maria geboren wurde«: *»Hic de Virgine Maria Jesus Christus natus est.«*[65]

Jahreswende – Silvester und Neujahr

»Zwischen dem Alten,
Zwischen dem Neuen,
Hier uns zu freuen,
Schenkt uns das Glück:

Und das Vergangene
Heißt mit Vertrauen
Vorwärts uns schauen,
Schauen zurück!«[1]

Goethe, der dieses Gedicht schrieb, mag dabei an den römischen Gott Janus gedacht haben. *Janus,* der Gott mit den zwei Gesichtern, mit denen er gleichzeitig zurück und in die Zukunft schaut, war der Sage nach einer der ersten Könige von Latium neben dem Saturnalienkönig *Saturnus.* Seine Attribute waren ein Schiffsschnabel, weil er mit dem Schiff gekommen und das erste Schiff gezimmert haben soll, sowie Schlüssel oder Stab als Symbole des Gottes, dem das neue Jahr anvertraut war. Die beiden Gesichter dieses » *Januskopfes*« werden zum Teil als greisenhaftes bzw. jugendliches Antlitz dargestellt, um Vergangenheit und Zukunft zu symbolisieren. Manchmal sind es auch vier Gesichter, die dann den vier Jahreszeiten entsprechen.

In Rom galt Janus als Gott des Friedens. Die Tore seines Tempels standen nur während des Krieges offen, damit man um seine baldige Beendigung und die Heimkehr der Soldaten beten konnte. Bei allen wichtigen Unternehmungen, bei Antritt eines Amtes, zu Beginn der Ernte, bei Ausbruch eines Krieges und am ersten Tag des Jahres gebührte ihm das erste Opfer.

Entwicklung des Kalenders in Europa

Janus hat dem ersten Monat des Jahres, *Januarius,* seinen Namen gegeben. Januar heißt unser erster Jahresmonat noch heute. Dabei ist es gar nicht so selbstverständlich, daß jedes neue Jahr mit dem 1. Januar beginnt. Ein Blick zurück auf die Geschichte des Kalenders zeigt vielmehr die unglaubliche Verwirrung, die früher in unserer Zeitrechnung geherrscht hat. Gleichzeitig wird deutlich, wieviel wir den römischen Traditionen verdanken. Bereits unser Begriff »*Kalender*« ist lateinischen Ursprungs. *Calendae* hieß der jeweils 1. Tag jeden Monats im römischen Kalender.[2]

Beim Rückblick auf die Geschichte der römischen Zeitrechnung werden die damit verbundenen Brauchtumsverschiebungen nachvollziehbar. Denn die staats- oder kirchenpolitisch motivierten Veränderungen des Jahresbeginns hatten natürlich Auswirkungen auf die mit dieser wichtigen Wendezeit verbundenen Übergangsriten. Zur besseren Übersicht ist das nahezu gesamte kalendarische Panorama Europas in einer Tabelle zusammengefaßt.[3]

Herrschafts-gebiet	Zeitspanne	Zeitpunkt der Jahreswende	Kalendertyp/ Erläuterungen
Römisches Reich	ab 717 v. Chr.	zunächst 1. März, später 1. Januar (ab 153 v. Chr.)	Mondkalender zu 355 Tagen eingeführt durch Numa Pompilius; alle zwei Jahre ein Schaltmonat
Römisches Reich	ab 46 v. Chr.	1. Januar	Sonnenkalender zu 365 Tagen, eingeführt durch Julius Cäsar; fehlende ca. 6 Stunden alle 4 Jahre durch Schalttag fast ausgeglichen
Germanen	bis zur Einführung des Christentums	Mittwintertag oder Frühlingsanfang	Mondkalender
Frankenreich	ab 9./10. Jh.	25. Dezember (Christi Geburt) 25. März (Mariä Verkündigung)	Julianischer Kalender (benannt nach Julius Cäsar)
Katholische Kirche (Kirchenjahr)	813 bis 1691	25. Dezember (Christi Geburt) oder 1. Advent (Andreastag, 30. November)	Jahreszählung »a nativitate domini« (A.D. = im Jahre des Herrn)[4]
Schweiz	bis 12. Jh.	Ostertag	Julianischer Kalender
Venedig	um 1652	1. März	Gregorianischer Kalender
Florenz/Pisa	bis 1745 ab 1745	25. März z.T. 1. Januar	Gregorianischer Kalender Gregorianischer Kalender
Spanien	bis 1350 ab 1350 ab 1575	25. März 25. Dezember 1. Januar	Julianischer Kalender eingeführt durch Alphons II. eingeführt durch Philipp II.
England	7.–13. Jh. z.T. bis 1732	25. Dezember z.T. auch 25.3.	Julianischer Kalender
Frankreich	bis 10. Jh. bis 13. Jh. ab 1564	25. Dezember 25. März oder Ostern 1. Januar	Julianischer Kalender eingeführt durch Karl XI.
Rußland	ab 13. Jh. ab 1700	Ostern 1. Januar	Julianischer Kalender eingeführt durch Peter I.

Herrschafts-gebiet	Zeitspanne	Zeitpunkt der Jahreswende	Kalendertyp/ Erläuterungen
Katholische Kirche Italien Spanien Portugal	ab 1582	25. Dezember oder 1. Advent (bis 1691); dann 1. Januar	Einführung des »Gregorianischen Kalenders« durch Papst Gregor XIII.; 10-Tages-Differenz vom 4.–15. Oktober 1582 eingespart
Frankreich Lothringen Niederlande (außer Protestanten)	ab 1583	25. Dezember oder 1. Advent (bis 1691); dann 1. Januar	Gregorianischer Kalender
Deutschland Schweiz (außer Protestanten)	ab 1585	25. Dezember oder 1. Advent (bis 1691); dann 1. Januar	Gregorianischer Kalender
Polen	ab 1586	25. Dezember oder 1. Advent, dann 1. Januar	Gregorianischer Kalender
Ungarn	ab 1587	1. Januar	Gregorianischer Kalender
Protestantisches Deutschland, Dänemark, Schweiz, Holland	ab 1699	1. Januar	Gregorianischer Kalender
England	ab 1752	1. Januar	Gregorianischer Kalender
Schweden	ab 1753	1. Januar	Gregorianischer Kalender
Rußland	ab 1. Februar 1918	1. Januar	Einführung des Gregorianischen Kalenders; 13-Tages-Differenz vom 1.–14. 2. 1918 eingespart.

Der wesentliche kalendarische Einschnitt der Neuzeit war zweifellos die Einführung des *Gregorianischen Kalenders*. Da die mittlere Jahreslänge des julianischen Kalenders um 11 Minuten 12 Sekunden gegenüber dem tatsächlichen Sonnenjahr zu groß war, mußte die bis 1582 aufgelaufene Fehlerquote von 10 Tagen durch Überspringen vom 4. bis 15. Oktober 1582 ausgeglichen werden, um das Sonnenjahr »einzuholen«.[5]

Auf das Brauchtum der Jahreswende hatten diese Zeitverschiebungen große Auswirkungen. So galt zum Beispiel der Luziatag am heutigen 13. Dezember noch lange als alter Jahreswechseltermin, nachdem das ursprüngliche Datum vom 24. auf den 13. Dezember verschoben worden war. (vgl. Kapitel Luziatag und Perchtennacht).

Da die Jahreswende als wichtigste Wendezeit des Jahres mehrfach geändert wurde, wanderten auch die damit verbundenen Los- und Orakelbräuche entsprechend mit. So galt, wie wir bereits gesehen haben, die Andreasnacht zum 30. November als herausragende Orakelnacht am Ende des alten Kirchenjahres, dann die schon erwähnte Luziennacht, anschließend die Thomasnacht zur Sonnenwende am 21./22. Dezember, ferner die »Heilige Nacht« vor dem alten Neubeginn des Kirchenjahres am 25. Dezember.

Wie aus der Zeittabelle hervorgeht, verzichtete erst Papst Innozenz XII. im Jahre 1691 darauf, die Jahreszählung *»a nativitate domini« (A.D. = Anno Domini),* d. h. vom Geburtsfest Jesu am 25. Dezember ausgehend, beginnen zu lassen.

Erst seit Ende des 17. Jahrhunderts hatten sich die meisten europäischen Länder auf einen gemeinsamen Jahreswechsel zum 1. Januar geeinigt. Infolge der Zählebigkeit der alten Volksbräuche blieben freilich, besonders auf dem Lande, die bereits beschriebenen Los- und Orakelbräuche weiter bestehen, während sich überwiegend im städtischen Bereich dieses Brauchtum mehr und mehr auf den Silvesterabend konzentrierte.

Silvester

Wer war denn eigentlich der *Silvester,* der dem letzten Tag des Jahres seinen Namen gegeben hat? Die »Legenda Aurea« berichtet eingehend über diesen Papst, der zur Zeit Kaiser Konstantins Bischof von Rom war (314–335).[7] Im Mittelpunkt steht die angebliche Taufe Konstantins durch Silvester, nach welcher der Kaiser dem Bischof Rom und Umgebung als Lehen übereignet habe. Diese sogenannte Konstantinische Schenkung hat sich jedoch später als Fälschung herausgestellt, denn der Kirchenstaat wurde tatsächlich erst im Jahre 755 durch den Frankenkönig Pipin übereignet. Silvester selbst starb wahrscheinlich am 31. Dezember 335, zwei Jahre vor dem Tod des Kaisers, welcher auf seinem Totenbett von Bischof Eusebius getauft wurde.[8]

Kennzeichen des Papstes Silvester ist der Schlüssel in der Hand, ein Symbol des Öffnens und Schließens, d. h. hier wohl das Schließen des alten Jahres und Aufschließen des neuen.[9] Möglicherweise wurde Silvester bewußt an die Stelle des römischen Gottes Janus gesetzt, der wie Petrus ebenfalls einen Schlüssel als Attribut hatte.

Am *Silvesterabend* denkt heute wohl kaum jemand an diesen Papst, sondern vielmehr an das fröhliche Beisammensein im Freundeskreis, an Spiele,

Bleigießen am Silvesterabend (Nachlaß Buschan, Archiv Hamburgisches Museum für Völkerkunde)

gutes Essen und Trinken, an die Silvesterböller und das Feuerwerk um Mitternacht, mitunter auch an Bleigießen oder andere Formen der Zukunftsdeutung. Diese standen früher zweifellos im Mittelpunkt. Die in den dem Andreas-, Luzien-, Thomastag und Weihnachten vorausgehenden Nächten unglaublich variationsreichen Los- und Orakelbräuche sind zum Teil bereits beschrieben worden.

Die bis heute beliebteste Orakelform bildet wohl das *Bleigießen,* das freilich mehr zu einem Gesellschaftsspiel geworden ist. Früher galt es als besonders wirksam, das flüssige Blei, Zinn oder Wachs durch das Ohr eines alten ererbten Schlüssels in eine Schale mit Wasser zu gießen, die entstandene Form zu deuten und zur Sicherheit den Schatten dieser Form hinter einer Kerze an die Wand zu werfen. Sterne sollten zum Beispiel Glück, Kreuze Leid, Männchen oder Sackformen Reichtum, Tierchen Tod bedeuten. Berufsbezogene Attribute wie Nadeln, Nägel, Hammer, baumartige Formen, Bücher usw. wiesen auf entsprechende Berufe des künftigen Ehemanns oder der Betreffenden selbst hin.[10] Heute bietet der Handel von Silvesterartikeln ein komplettes Set von figürlichen Bleielementen an mit Löffel zum Bleigießen und einer kleinen Broschüre mit Deutungshilfen unterschiedlicher Figuren.

Früher war auch der Brauch verbreitet, mit einem *Messer* in die geschlossene Bibel oder das Gesangbuch zu stechen, um mit dem getroffenen Vers das Leitmotiv des kommenden Jahres zu erfahren. In Schleswig-Holstein war es üblich, in die vier Ecken eines Zimmers Geld, einen Kranz, eine kleine Wiege und Sand zu legen. Wer wissen wollte, was ihn im nächsten Jahr erwartete, wurde mit verbundenen Augen hineingeführt und mußte suchen. Wer zuerst auf den Kranz stieß, wurde verlobt, auf die Wiege – verheiratet, auf das Geld – wurde reich, auf den Sand – mußte sterben.[11]

Daneben gab es eine Fülle regional unterschiedlicher *Wahrsagebräuche* zu allen wichtigen Veränderungen des Lebens, der Wirtschaft und des Wetters. Für das kommende Jahr gab das Wetter der Silvesternacht Anhaltspunkte. Blies der Wind von Osten, erwartete man ein gesegnetes Obstjahr, blies er von Süden – viel Korn, blies er von Westen – Milch und Fische, blies er von Norden – Sturm und Kälte.

Im Schutze der Silvesternacht konnte man Wunderdinge auf magische Weise erwerben. So verrät zum Beispiel eine alte Legende, wie man zu einem Hecktaler, einem Geldstück, das sich stets vermehrte, kommen konnte:

»Man steckt eine kohlschwarze Katze in einen Sack, den man mit 99 Knoten zubindet, geht damit in der Silvesternacht dreimal um die Kirche und klopft dabei jedesmal an die Tür und ruft durchs Schlüsselloch nach dem Küster. Beim drittenmal kommt der Teufel und fragt, was man wünscht. Man antwortet, man wolle ihm einen Hasen verkaufen und fordert dafür einen Taler. Diesen erhält man entweder sogleich oder findet ihn daheim in einer Tasche. Man muß aber Hals über Kopf nach Hause eilen, denn hat der Teufel die 99 Knoten früher aufgeknüpft, so ist man des Todes.«[12]

Daher rührt angeblich auch die Redensart »eine Katze im Sack kaufen«. Auch *Freikugeln,* die unfehlbar treffen sollten, konnte man nach dem Volksglauben in der Silvesternacht aus dem Blei alter Friedhofskreuze gießen.

Zum *Abwehrzauber böser Mächte* am Silvesterabend gehörten früher auch lärmende Umzüge mit *Peitschengeknall* und *Neujahrsschießen,* das sich seit dem 19. Jahrhundert zu dem heute beliebten aber aus Sicherheits- oder Sparsamkeitsgründen bekämpften *Silvesterfeuerwerk* mit Knallern, Heulern und Leuchtraketen entwickelt hat. Zum gleichen Komplex gehörte wohl auch das Neujahreinwerfen in Hessen und Helgoland, wobei man den Nachbarn wie am Polterabend alte Töpfe, Teller und Scherben an die Türen warf.[13] Auch das *Rummelpottlaufen* der Kinder am Silvesterabend ist Teil der alten Lärmumzüge, wobei die Kinder sich verkleideten und mit Bettelliedern von Haus zu Haus zogen. Wenn auch der »Rummelpott«, ein mit einer Schweinsblase überzogener Topf mit Reibestab in der Mitte, nicht mehr vorkommt, so ziehen doch Hamburger Kinder heute wieder gruppenweise in den Elbvororten umher und singen zum Beispiel:

»Rummel, rummel, rauken,
gif mi Appelkauken,
lat mi nit so lange stahn,
denn ik mut noch wiedergahn.

Een Huus achter
wohnt de Slachter,
een Huus wieder
wohnt de Snieder,
een Huus voran,
wohnt de Wihnachtsmann.

Een Huus achter
wohnt de Slachter,
haut de Kaat den Steert ab,
hau em nich so lang ab,
lat een lütten Stummel stahn,
denn ik mut noch wiedergahn.«

In Schleswig-Holstein, wo das Rummelpottlaufen auch verbreitet war, sangen die Kinder u. a.:

»Rummel, Rummel, Röschen!
Gif mit wat in't Pöschen.
Lat mi hier nich länger staen.
Ik sall van Dag noch wiedergaen.«[14]

Die Motive der heutigen Kinder reichen von der Lust am Verkleiden und der Freude am ausgefallenen Gruppenerlebnis bis hin zur Lust am leichten Gewinn. Denn heute erhalten die Kinder nicht nur »Äpfel, Nüsse, Mandelkern«, sondern Citrusfrüchte, Süßigkeiten und Geldgeschenke.

In vielen Schenken Norddeutschlands soll es Sitte gewesen sein, am Silvesterabend für die älteren umherziehenden Burschen heißen *Silvesterpunsch* bereit zu stellen. In einem echten Punsch (engl. punch) dürfen fünf Bestandteile nicht fehlen: Arrak, Zucker, Zitronensaft, Wasser (oder Tee) und Gewürz, denn der Name wird von dem Hindi-Wort »pañč« = fünf abgeleitet.[15]

Als Silvesterspeise war vor allem, wie am Weihnachtsabend, *Karpfen* beliebt, ursprünglich eine kirchlich verordnete Fastenspeise, um den unmäßigen Völlereien gerade am Vorabend der großen Wendezeiten entgegenzuwirken. Die Schuppen des Weihnachts- oder Silvesterkarpfens wurden im ganzen Hause umhergestreut oder im Geldbeutel aufbewahrt, weil sie dem Volksglauben nach Glück und Geld brachten. Auch von dem Rogen des Karpfens, am Weihnachtsabend oder Silvester gegessen, hieß es: »So viel

Körner, so viel Gold.«[16] Heute wird das neue Jahr feierlich mit Glockenläuten eingeläutet und von Kirchtürmen mit Posaunenchören eingeblasen. Um Mitternacht »springt man ins Neue Jahr« und ruft sich zu: »*Prosit Neujahr!*« eine – studentische Grußformel seit 1711, die »Es möge nützen« bedeutet.[17]

Silversterpunsch (aus Reinsberg-Düringsfeld, 1863, S. 1)

Neujahr

Im alten Rom lebten zum Jahresende und am Neujahrstag die Trinkgelage, Tänze und Maskeraden der Saturnalien wieder auf. Am Neujahrsmorgen besuchte man die Tempel und Opferaltäre, und die neugewählten Konsuln zogen auf das Kapitol, um für *Jupiter* zu opfern. Auch dem Hüter des Jahres *Janus* und der Helferin in allen Lebenslagen *Strenua* opferte man Weihrauch, Feigen, Datteln und Honig. Diese süßen Dinge schenkte man sich unter Freunden und Bekannten auch gegenseitig mit dem Wunsche, daß das neue Jahr auch solche süßen Freuden bringen möge. Nach der Göttin Strenua hießen diese Geschenke »*strenae*«. Zum Leidwesen der römischen Bürger entwickelten sich diese »strenae« jedoch zu einer drückenden Steuerlast, denn die Reichen, die Patrizier und auch der Kaiser erwarteten von ihren Untergebenen wertvolle Neujahrsgeschenke. Die Neujahrsempfänge an den europäischen Fürstenhöfen und der heutigen Diplomaten gehen auf diese römische Neujahrscour zurück. In Frankreich und Belgien heißen deshalb die Neujahrsgeschenke »*étrennes*« (abgeleitet von strenae).[18]

Zu den Neujahrsgeschenken heute gehören Glücksgebäck, Glücksschweinchen aus Marzipan mit einem Pfennig im Maul (vgl. »Schwein haben«), Töpfchen mit Glücksklee, und »Glückspilzchen« und eine Schornsteinfegerfigur.

Zum Jahreswechsel holen auch Schornsteinfeger, Briefträger, Müllkutscher und Zeitungsjungen Geldgeschenke ab und wünschen dafür ein gutes Neues Jahr.

Das Glückwünschen hat die verschiedenartigsten Formen angenommen. Bald nach Erfindung der Buchdruckerkunst im 15. Jahrhundert wurden bereits kolorierte Holzschnittblätter als *Neujahrswunsch* verschickt – eine klösterliche Tradition. Die Oberschicht nahm diese Sitte auf und gab sie an Schullehrer und Kantoren des 18. und 19. Jahrhunderts weiter, die ihre Zöglinge zum Schreiben von säuberlich gemalten und vorgedruckten Weihnachts- und Neujahrswünschen anhielten. In *England* wurden seit 1843 gedruckte *Weihnachts-* und *Neujahrskarten* verschickt, in *Deutschland* seit 1872. Mit der Entwicklung photographischer Ansichtskarten nach 1900 fand diese großbürgerliche Tradition Eingang in andere Schichten. Erst die weitere Verbreitung des Telefons hat nach dem 2. Weltkrieg die Flut von Weihnachts- und Neujahrsglückwünschen abschwellen lassen.[19]

Den Kirchen ist es bis heute schwergefallen, die ursprünglich »heidnischen« Neujahrsbräuche mit christlichem Leben zu erfüllen. Nach jüdisch-mosaischer Tradition fand am 8. Tag nach der Geburt eines Sohnes die *Beschneidung* und *Namensgebung* statt. So wird um 450 zum ersten Mal von Bischof Maximus von Tours das Neujahrsfest zu Ehren der Beschneidung Jesu (in circumcisione Domini) gefeiert.[20] In der »Legenda aurea heißt es dazu:

»Den Tag der Beschneidung des Herrn machen vier Dinge zum Fest und Feiertag. Das erste ist, daß heute acht Tage seit der Geburt des Herrn verflossen sind; das andere ist, daß Christo heute ein neuer und heilbringender Name ward gegeben; das dritte ist, daß heute zum ersten Male sein Blut verflossen ward; das vierte ist das Zeichen der Beschneidung selbst.«[21]

Bekanntlich wird die Beschneidung vom Christentum im Gegensatz zum Judentum und Islam abgelehnt. So mußte auch das Beschneidungsfest »verkümmern«. Martin Luther wandte sich gegen den »Zuchtmeister« des mosaischen Gesetzes, der die Beschneidung verlangte, während an dessen Stelle der lebendige Glaube getreten sei.[22] Heute feiert man das Neujahrsfest in den Kirchen einerseits zur Erinnerung an die Namensgebung Jesu, andererseits als besinnliche Rückschau auf das alte Jahr und Vorschau auf das neue.

Epiphanie – Dreikönigstag (6. 1.)

von Gertrud Schier

Am 6. Januar wurde bis ins 4. Jahrhundert das Geburtsfest Christi gefeiert. Der Kult des Sol invictus, den auch die römischen Kaiser zur Legitimation benutzten, führte dann dazu, daß im Jahr 354 in Rom der 25. Dezember als Geburtstermin eingeführt wurde (vgl. Kapitel Wurzeln des Tauf- und Geburtsfestes Christi). Da aber der 6. Januar im Kult bereits verankert war, mußte der theologische Inhalt aufgeteilt werden: am 25. Dezember wird die leibliche Geburt gefeiert, am 6. Januar die geistige, nämlich die Offenbarung der Göttlichkeit. Die Ostkirche schloß sich dieser Aufteilung an, nur in Armenien blieb es bis heute beim 6. Januar als dem eigentlichen Geburtstermin Christi.[1]

Epiphanias, die Erscheinung des Herrn, heißt danach der Tag in der römischen Kirche oder *Theophanias* in der griechisch-orthodoxen. Die Offenbarung der Göttlichkeit wird mit drei Episoden aus dem Neuen Testament belegt, mit der Anbetung der Weisen aus dem Morgenland, mit der Jordantaufe, die genau 30 Jahre später stattgefunden haben soll, und mit der Verwandlung von Wasser zu Wein bei der Hochzeit von Kana, das erste Wunder, angeblich wiederum ein Jahr später. Gelegentlich wurde dem noch die Speisung der Fünftausend und die Auferweckung des Lazarus hinzugefügt. Eine relativ späte römisch-katholische Interpretation besagt, daß mit Beginn des neuen Jahres am 1. Januar auch die Weltschöpfung am 1. Januar begonnen haben muß. Damit wäre der Mensch am 6. Tag, also am 6. Januar, erschaffen worden – »Epiphanias« bezieht sich damit auch auf die Erscheinung des Menschen.[2]

Daß gerade die Jordantaufe und das Weinwunder am 6. Januar, dem 11. Tybi des ägyptischen Kalenders, dem Tag des Osiris, gefeiert wurden, ist vor allem als Machtbeweis des sich gerade etablierenden Christentums gegenüber den hellenistischen Isis- bzw. Kore-Mysterien zu verstehen. Osiris, oder Dionysos in der griechischen Interpretation, ist der Gott des Wassers, speziell des Nils; am 11. Tybi, zum Ende der Überschwemmungszeit, wurden die positiven, fruchtbarkeitsfördernden Aspekte Osiris' gefeiert, zu denen zum Beispiel auch die Verwandlung des Nilwassers in Wein gehört. Am 11. Tybi hat auch Isis, in der griechischen Entsprechung Kore, den Horusknaben, bzw. den Lichtgott Aion geboren.[3] So heißt in Griechenland der Epiphaniastag heute noch »ta Phota« – das Licht. Das Wort geht zwar möglicherweise auf eine alte Bezeichnung für »Taufe« zurück[4], aber immerhin finden auch heute noch Lichtweihen statt, und die typischen Segenssprüche für diesen Tag lauten:

Heute ist der Tag des Lichts und des Erleuchteten,
und großer Dank sei dem Herrn.
Heute ist der Tag unsere Frau Panajia [Maria].[5]

Die theologische Konstruktion von der Offenbarung der Göttlichkeit Jesu anhand verschiedener Ereignisse – Jacobus de Voragine versucht das in der Legenda aurea geradezu mathematisch darzustellen[6] – ist in ihrer Komplexität nie wirklich populär geworden. Die griechisch-orthodoxe Kirche beschränkte sich weitgehend auf den Aspekt der *Jordantaufe*. So finden in Griechenland am 6. Januar gewöhnlich Prozessionen statt, bei denen das Kreuz zum Meer oder zu einem Fluß getragen und dort ins Wasser gelegt wird. Damit wird sowohl die Taufe Christi dargestellt als auch das Wasser geweiht, denn Jesus soll mit seiner Taufe das Wasser des Jordans geheiligt haben.[7] Diese Vorstellung entstammt übrigens nicht den Evangelien, sie erinnert dafür eher an den Herrn des Wassers, Osiris. Am 6. Januar wird nicht nur in der griechisch orthodoxen, sondern auch in der römisch-katholischen Kirche das Taufwasser geweiht. Von dem geweihten Wasser nimmt sich jeder etwas mit nach Hause für Notfälle.[8]

In der römischen Kirche wurde vor allem die *Anbetung der Weisen aus dem Morgenland* gefeiert – in der Ostkirche kommen sie übrigens schon am 25. Dezember.[9] Im katholischen Mitteleuropa heißt der 6. Januar *»Dreikönigstag«;* in Spanien und Italien werden die Kinder erst an diesem Tag beschenkt – wie das Christuskind von den Königen.[10] Luther versuchte, die Heiligen Drei Könige wieder »abzuschaffen«; er wollte den 6. Januar vor allem als Tauffest des Herrn verstanden wissen.

Das Bild von den Heiligen Drei Königen geht nur teilweise auf biblische Quellen zurück. Im Matthäus-Evangelium heißt es:

» . . . siehe, da kamen die Weisen vom Morgenlande gen Jerusalem und sprachen: Wo ist der neugeborene König der Juden? Wir haben seinen Stern gesehen im Morgenlande, und sind gekommen, ihn anzubeten . . . Und siehe, der Stern, den sie im Morgenlande gesehen hatten, ging vor ihnen hin, bis daß er kam und stand oben über, da das Kindlein war . . . Und [sie] gingen in das Haus und fanden das Kindlein mit Maria, seiner Mutter, und fielen nieder, und beteten es an, und thaten ihre Schätze auf, und schenkten ihm Gold, Weihrauch und Myrrhen.« (Matth. 2, 1–12)

Da die Bibel die Anzahl der Weisen nicht nennt, entstand eine Reihe von Zahlenspekulationen um sie: in den Katakombenfresken waren es meist zwei, als Stützen des Weltgebäudes waren es vier, als Vertreter der Stämme Israels zwölf. Origines (3. Jahrhundert) schloß aus der Anzahl der Geschenke, daß es sich um die heilige Dreizahl handeln müsse (vgl. Dreifaltigkeit etc.)[11]. Eine Vielzahl von Spekulationen hat es auch um das Wesen der »Magoi« gegeben: oft wurden sie als babylonische oder persische Sterndeuter verstanden – in frühen Darstellungen tragen sie meist phrygische Mützen.[12] Im 6. Jahrhundert wurden die Weisen zu Königen gemacht, in Anlehnung an Psalm 72:

»Die Könige am Meer und in den Inseln werden Geschenke bringen; die Könige aus Reich Arabien und Seba werden Gaben zuführen. Alle Könige werden ihn anbeten, und alle Heiden werden ihm dienen.« (Ps. 72/10,11)

Damit wurden die Weisen nicht nur zu Königen, sondern darüber hinaus zu Vertretern aller Völker, sozusagen als neutestamentliche Parallelen zu Sem, Ham und Japhet, den Söhnen Noahs. Seit dem 6. Jahrhundert tauchen die Namen für diese Könige auf, im Malbuch des Berges Athos (9. Jahrhundert) ist ihre Reihenfolge festgelegt: *Kaspar, Melchior, Balthasar.* Der angelsächsiche Historiker Beda Venerabilis (8. Jahrhundert) übersetzt ihre Namen: »Melchior« heißt »Lichtkönig«, »Balthasar«, »Gottesschutz« und »Kaspar« »Schatzträger«.[13] Seit dem 12. Jahrhundert verköpern sie nicht nur alle – damals bekannten – Erdteile, sondern auch drei Lebensalter: Jüngling, Mann und Greis, die das Kind (das vierte Lebensalter!) anbeten. Natürlich wurden auch die Geschenke symbolisch interpretiert: Gold ist das Geschenk an einen König, Weihrauch das an einen Gott und Myrrhe als Balsam das an den Mensch gewordenen Gott.[14] Jacobus de Voragine zitiert allerdings noch handgreifliche Gründe für die Gaben:

»Sanct Bernhard aber spricht, daß sie Gold opferten für die Armut Marien, Weihrauch wider den bösen Geruch des Stalles, Myrrhen um des Kindes Glieder zu kräftigen und die bösen Würmer zu vertreiben.« (S. 110)

Spätestens seit dem 15. Jahrhundert ist die Ikonographie der Könige festgelegt: *Melchior,* der Greis, ist der König Europas, in Purpurmantel mit Hermelinbesatz; er kniet vor der Krippe und bringt Gold dar. Hinter ihm kommt *Balthasar,* der reife Mann, als König Asiens; in einem Abendmahlskelch bringt er den Weihrauch; er ist orientalisch gekleidet, meist grün, und trägt häufig einen Pelzumhang. Der letzte und jüngste ist *Kaspar,* der »Mohr« (Maure) mit Turban und Pluderhose; er bringt die Myrrhe.[15]

Damit ist also aus der kleinen Episode des Matthäus-Evangeliums ein vollständiges theologisches Konzept geworden: die Mächtigsten der Welt, die Alten und die Jungen, die Vertreter aller Erdteile – allen voran der des ältesten Kontinents Europa – beten das Kind an als König und Mensch gewordenen Gott, das Kind, das die neue Ära versinnbildlicht. Kein Wunder, daß die Könige fast nie fehlen in Krippen und Gemälden, die die Geburt des Heilands darstellen.

Auch für den *Stern* gibt es verschiedene Deutungen, realitätsorientierte, die in dem Stern den Halleyschen Kometen sehen wollen (der übrigens 1986 wiederkommen wird), und symbolische, die den Stern als Engel verstehen. Die häufigste Interpretation besagt, der Stern sei der Heilige Geist, das Zeichen der göttlichen Offenbarung.[16] Damit wird wieder die Verbindung zum Epiphaniasfest hergestellt. Zum Kometen wurde der Stern erst im Laufe der Zeit, indem er mit auf den Stall deutenden Strahlen versehen wurde.[17]

Der Legende nach sollen die Heiligen Drei Könige im Jahr 54 nach einem gemeinsamen Abendmahl gestorben sein. Ihre Gebeine soll Kaiserin Helena nach Konstantinopel gebracht haben und dann dem Mailänder Bischof Eustorgius (4. Jahrhundert) geschenkt haben. Nachdem Kaiser Friedrich I. Barbarossa 1158 Mailand erobert hatte, brachte sie der Erzbischof von Köln, Rainald von Dassel, über Chur nach Köln, wo sie das heutige Patrozinium, die Schutzherrschaft der Drei Könige, begründeten. Auf dem Weg dorthin entstanden eine Reihe kleinerer Dreikönigs-Patrozinien, die sich aber zum größten Teil später wieder auflösten. Alte Wirtshausnamen wie »Mohr«, »Stern«, »Krone« erinnern noch daran.[18]

Da die Drei Könige nie heilig gesprochen wurden, tragen relativ wenige Kloster-und Pfarrkirchen ihre Namen. Große Verehrung genossen sie vor allem im 15. Jahrhundert zwischen Mailand und Köln. Aus verständlichen Gründen galten sie besonders als *Patrone des Adels,* wie sich zum Beispiel an zahlreichen *Dreikönigs-Kapellen* in Burgen und Schlössern zeigt. Seit dem ausgehenden 15. Jahrhundert wurden sie zunehmend *Patrone des Bürgertums* und zwar, als Reisende, besonders der *Gastwirte* und reisenden *Kaufleute.* 1483 wurde in Danzig, das rege Handelsbeziehungen zu Köln, der Dreikönigsstadt, pflegte, eine »Heilige Dreikönigsbank« gegründet, eine Art Bruderschaft von Kaufleuten. Daneben waren die Könige auch *Patrone der Kürschner,* besonders wegen Balthasars Reisekleidung aus Pelz.[19]

Als Patrone der Reisenden wurden die Heiligen Drei Könige auch zuständig für Haus und Stall. Ihr Segen soll besonders vor Feuer schützen. So hat sich in den katholischen Gegenden Deutschlands die Segensinschrift

19 + C + M + B + 86

durchgesetzt. Am 6. Januar wird sie, nachdem das ganze Haus mit Weihrauch ausgeräuchert wurde, über den Türen und im Kamin – wo auch immer das Unheil ins Haus kann – angebracht.[20] Die drei Buchstaben stehen für *Caspar, Melchior, Balthasar;* in einer wahrscheinlich späteren, protestantischen Interpretation bedeuten sie auch »*Christus Mansionem Benedicat*« (Christus segne dieses Haus).[21] Aus drei Buchstaben bestehende, mit Kreuzen versehene Inschriften sind weitverbreitete Formen des Abwehrzaubers.[22] Die Kürzel CMB finden sich auch auf Reisesegen und Wünschelruten (vor allem um Gold zu finden). Außerdem wurden die Heiligen Drei Könige angerufen gegen die Fallsucht (Epilepsie) und die Fraisen (verschiedene Kinderkrankheiten mit Krämpfen). Auch verlaufenes Vieh sollen die Heiligen Drei Könige zurückbringen; dazu benutzen die Bauern Süddeutschlands heute noch Sprüche wie:

Kaspar der sehe dich!
Balthasar der binde dich!
Melchior der führe dich![23]

Mit dem Epiphaniastag ist die Weihnachtszeit abgeschlossen, gewöhnlich wird dann der Christbaum abgeräumt. In der »volkstümlichen« Tradition, die letztlich auf frühchristliche Vorstellungen zurückgeht, ist der 6. Januar ein Neujahrstag. »*Großneujahr*« hieß er noch zu Luthers Zeiten. Manche der an diesem Tag üblichen Verhaltensweisen entsprechen denen von Silvester oder Neujahr. Symbolisch wird das Haus ausgekehrt und ausgeräuchert (angeblich in Erinnerung an Balthasars Weihrauch).[24] In Oberbayern wird bereits am 25. Dezember und an Neujahr ausgeräuchert, aber am Dreikönigstag ist es am wichtigsten.[25] Zu Dreikönig muß auch das Haus neu gesegnet werden (s.o.). Nicht nur in Griechenland, sondern auch in Belgien oder Holland ist der Epiphaniastag mit Lichterbrauchtum verbunden.[26]

Am Dreikönigstag werden auch die Dinge geweiht, die früher in jedem katholischen Haushalt gegen Unglück und Krankheiten von Vieh und Mensch zur Hand sein mußten: Weihwasser, Salz und Kreide. Das in der katholischen Kirche übliche Weihwasser hängt möglicherweise auch mit der Vorstellung zusammen, daß Christus bei seiner Taufe das Jordanwasser heiligte (s.o.). Salz ist seit der Antike ein Abwehrmittel gegen alles Übel. Das Dreikönigssalz gab man dem Vieh vor dem Almauftrieb oder streute es gegen Unwetter aus.[27] Die geweihte Kreide ist das positive Gegenstück zu des Teufels blutgetränkter Feder. Mit der Kreide werden die Dreikönigsinschriften geschrieben.

Als Jahresanfang ist der 6. Januar auch der große Lostag, an dem die Zukunft befragt, aber auch bestimmt wird. Am 6. wird zum Beispiel das Silvesterblei umgegossen. Im klimatisch nicht so günstigen Mitteleuropa wird an den 12 Tagesstunden des »Allosers« das Wetter für die nächsten 12 Monate abgelesen. Im Elsaß legen die Bauern 12 Weizenkörner ans Fenster und schließen daraus, wie weit sie springen, die Höhe des Getreidepreises in den nächsten Monaten.[28] Neben den verschiedensten Orakeln waren auch Liebes- und Eheweissagungen weit verbreitet, als es für Mädchen noch das wichtigste Ziel war, eine gute Partie zu machen.[29]

In den 12 Nächten zwischen dem 25. Dezember und dem 6. Januar, »zwischen den Jahren«, gerät die Welt aus den Fugen. Alles, was das Jahr über in Schranken gehalten wird, bricht in dieser Zeit aus, vor allem eine ganze Reihe von Geistern und Dämonen, deren Herkunft nicht gerade christlich ist. In Griechenland kommen die *Kallikantzari,* die Kobolde der Zwölften[30], in Italien die *Befana* (eine Verballhornung von Epiphanias), in Frankreich *Abundia,* im Alemannischen *Frau Faste,* im Bayerischen *Frau Percht,* in Norddeutschland *Frau Holle* oder die Wilde Jagd, das Heer der Toten.[31] Vor allem in der letzten und wichtigsten der 12 Rauhnächte kommen sie, um ihr Recht zu fordern. Im Gegensatz zu den christlichen Gestalten haben die meisten dieser Wesen einen recht ambivalenten Charakter: bei Wohlverhalten können sie mit Reichtum, guter Ernte etc. belohnen, aber wenn ihre Regeln mißachtet werden, ist die Strafe fürchterlich: Frau Percht reißt einer Frau, die sie am 6. Januar beim Spinnen ertappt, den Bauch auf und füllt ihn mit Werg.[32] Um sie günstig zu stimmen, müssen sie an diesem Tag auch ihre spezielle Speise erhalten.[33] Im Salzburgischen Pongau ziehen am 6. Januar »Perchten« durch die Dörfer, die die beiden Aspekte der Frau Percht verkörpern: am Nachmittag kommen die ehrbaren Familienväter, reich geschmückt mit riesigen Kopfaufsätzen als »Schöne Perchten«; wenn es dunkel wird, kommen die Burschen in Schaffellen (»Rauchwerk«, das an die »Rauhnächte« erinnert) und in weißen Leinenhemden (wie die Toten) als »Schiache Perchten« und jagen Angst und Schrecken ein.[34]

Aber nicht nur die umherziehenden Geisterwesen müssen ihre Speise bekommen, auch die Menschen müssen an diesem Tag reichlich essen, damit sie das ganze Jahr über genügend haben. »Feiste Rauhnacht« sagt man deshalb in Bayern und Böhmen. Spezielles Gebäck gibt es auch in Griechenland, Frankreich und Holland.[35] In ganz Westeuropa ist der *»Königskuchen«* mit der Glücksbohne verbreitet, in Frankreich, in der Schweiz, in Spanien und Portugal hat das Bäckereigewerbe dafür gesorgt, daß der Brauch nicht ausstirbt.[36] Wer die Bohne oder Mandel bekommt, ist für diesen Tag der »Bohnenkönig« und bestimmt. Das Spiel ist seit dem 13. Jahrhundert aus Klosterschulen bekannt und entspricht der Idee der römischen Saturnalien:[37] für kurze Zeit werden die Herrschaftsverhältnisse auf den Kopf gestellt, damit sie danach um so besser funktionieren. Diese Idee von der verkehrten Welt beherrscht ja auch die Fastnacht, zu der im Bayerischen der Epiphaniastag Auftakt ist.

Wie an allen wichtigen Tagen im Jahresablauf sind auch am 6. Januar *Heischebräuche* häufig. Heischebräuche beruhen auf der Idee des Austausches von guten Wünschen gegen Naturalien. Kinder, Jugendliche und arme Leute konnten, besonders im Winter, wenn es kaum andere Verdienstmöglichkeiten gab, zusätzlich Lebensmittel oder Geld erhalten; die Heischegänger sind normalerweise gern gesehen, weil sie einerseits die guten Wünsche bringen, und weil man andererseits an ihnen das soziale Gewissen beruhigen kann. In Thüringen zogen allerdings Ende des 18. Jahrhunderts so viele Heischegruppen umher, daß die Gendarmerie gegen sie einschritt.[38]

In den katholischen Gegenden Mitteleuropas haben sich die Heischegänge zum Dreikönigstag überlagert mit dem *»Sternsingen«* (Gruppen, die als die Drei Könige mit dem Stern gehen) und dramatischen Aufführungen der Anbetung der Weisen.

In den Klosterschulen entstanden nicht nur Spiele zur Passionszeit, sondern auch zur Weihnachtszeit. In der ausführlichen Form, dem *Paradeisspiel,* wird der gesamte Heilsplan erläutert: gespielt wird der Sündenfall, dann das Gericht über Adam und Eva, in dessen Verlauf die Barmherzig-

Südtiroler Sternsinger, um 1950 (aus Weber-Kellermann, 1978, S. 67)

keit über die Gerechtigkeit siegt; daraufhin opfert sich der Gottessohn für die Menschheit und wird als Kind geboren. Das Spiel endet mit der Anbetung der Könige, dem Kindermord und der Flucht nach Ägypten.[39] Einzelne, besonders publikumswirksame Teile wurden als Hirtenspiele oder Dreikönigsspiele von Klosterschülern und Schulmeistern, später auch von arbeitslosen Bergleuten und seit Ende des 19. Jahrhunderts vor allem von Jugendlichen aufgeführt. Möglicherweise ist auf dem Umweg über die Dreikönigsspiele der jüngste König, der »*Kasperl*« in das Puppentheater gekommen.[40]

Die Sternsingerlieder sind im Grunde Balladen über die Heiligen Drei Könige und ihre Begegnung mit König Herodes und dem Christuskind. Als Heischelieder werden sie mit Segensformeln versehen. Seit dem 15. Jahrhundert werden sie von Burschen aufgeführt[41], aber seit dem ausgehenden 19. Jahrhundert werden sie von der katholischen Kirche zunehmend institutionalisiert: heute sind die Sternsinger meist Ministranten, die für karitative Zwecke sammeln.

Üblich sind Sternsingerlieder wie das folgende:[42]

»*Die Heiligen Drei Könige sind hoch gebor'n;*
Sie reiten daher mit Stiefel und Spor'n;
Sie reiten vorbei an Herodes sein Haus.
Herodes schaut zum Fenster heraus.

›*Kehrt ein! Kehrt ein! Ihr Weisen drei!*
Ich will euch geben Stroh und Heu;
Ich will euch geben einen gedeckten Tisch,
Wenn ihr mir sagt, wo das Kindlein geboren ist.‹

Wir haben keine Rast, wir haben keine Ruh,
Wir müssen noch heute nach Bethlehem zu!
Nach Bethlehem in die Davidstadt,
Wo Maria das Jesuskindl geboren hat.

Krapfen heraus! Krapfen heraus!
Oder wir schlagen ein Loch ins Haus!«

Mariä Lichtmeß (2. 2.)
Letztes Wendefest im Weihnachtszyklus

»Der Herr gab Mose für die Israeliten die Anweisung: Wenn eine Frau einen Sohn zur Welt bringt, ist sie 7 Tage unrein, genau wie während ihrer monatlichen Blutung. Am 8. Tag soll der Sohn beschnitten werden. Danach muß die Frau noch 33 Tage warten, bis sie wieder ganz rein ist. In dieser Zeit darf sie nicht zum Heiligtum kommen und auch nichts berühren, was als Opfer oder Abgabe für das Heiligtum bestimmt ist.

Hat sie eine Tochter zur Welt gebracht, wird sie 14 Tage unrein und muß dann noch 66 Tage warten, bis sie wieder ganz rein ist.

Sind die 33 oder 66 Tage um, so soll die Frau ein einjähriges Schaf als Brandopfer und eine Taube oder Turteltaube als Sühneopfer zum Priester an den Eingang des heiligen Zeltes bringen. Ist sie zu arm, um ein Schaf zu opfern, so soll sie zwei Turteltauben oder zwei andere Tauben nehmen, eine als Brandopfer und eine als Sühneopfer. Der Priester bringt ihre Opfergaben dem Herrn dar und nimmt damit ihre Unreinheit weg; dann ist sie wieder rein.

Dies sind die Reinheitsvorschriften für Wöchnerinnen.«

In diesem Zitat aus dem 3. Buch Moses (Levitikus 12, 1–6) kommt mit großer Klarheit zum Ausdruck, daß jede Geburt für Mutter und Kind mit einem *Übergangsritus*[1] verbunden war, bevor sie wieder in die Gemeinschaft aufgenommen wurden. Nach dem mosaischen Gesetz wurden bei der Geburt eines Sohnes oder einer Tochter unterschiedliche *Meidungszeiten* oder Zeiten der *»Unreinheit«* angenommen: bei Geburt eines Sohnes zunächst 7 Tage größter »Unreinheit« und strengster Meidung mit einer anschließenden Phase von 33 Tagen geringerer »Unreinheit« – bei Geburt einer Tochter jeweils den doppelten Zeitraum. Die erste Übergangsphase nach Geburt eines Sohnes wurde mit seiner Beschneidung am 8. Tag abgeschlossen – ein Initiationsritus zum Zeichen der Aufnahme in das von Gott auserwählte Volk.[2] Im Festezyklus des Kirchenjahres erinnerte man am 1. Januar, 8 Tage nach der Geburt Jesu, an seine Beschneidung und Namensgebung und 40 Tage danach, am 2. Februar, an *»Mariae Reinigung«* im Tempel durch die Opferung von zwei Tauben.

Im Lukasevangelium wird von einem frommen Mann namens Simeon berichtet, der Jesus im Tempel auf den Arm nahm und dabei Gott mit den Worten pries:

> *» . . . Mit eigenen Augen habe ich es gesehen:*
> *Du hast dein rettendes Werk begonnen,*
> *und alle Welt wird es erfahren.*
> *Allen Völkern sendest du das* L i c h t *. . .«*[3]

Aus der Gleichsetzung von Christus mit dem »Licht zur Erleuchtung der Heiden« und der symbolischen Reinigung Marias entwickelte sich im alten Rom das Fest *Mariae Lichtmeß.*[4] Ursprünglich feierte man dieses Fest allerdings am 14. Februar, da man, wie bereits gesagt, bis zum Jahre 354 das Geburts- und Tauffest Christi am 6. Januar feierte. Das Ende des 40-Tage-Zyklus nach dem Epiphaniefest (quadragesima de Epiphania) fiel damals in etwa mit dem altrömischen *Lupercalia*-Fest zusammen. Dieses wurde in der ersten Hälfte des Sühne- und Reinigungsmonats *Februarius* (von lat. *februare* = reinigen) mit einem Lichterumzug (amburale) zu Ehren der Toten am 13. Februar abgeschlossen.[5]

Dieser römische Lichterumzug bildete das Vorbild der christlichen Lichtermesse. Nach Verlegung des Geburtsfestes Christi auf den 25. Dezember verfügte Kaiser Justinian schließlich fast 200 Jahre später (542) auch die Vorverlegung des Festes Mariae Reinigung auf den 2. Februar.[6] Mit der wachsenden Bedeutung des Marienkultus war es ein Gemeinschaftsfest zu Ehren von Jesus und Maria geworden.

Im Mittelpunkt des Festes stand und steht zum Teil noch heute eine Lichterprozession, wobei symbolisch Simeon und seine Gemeinde Jesus und Maria mit brennenden Kerzen entgegengehen. Die Kerzen wurden bei diesem Umzug geweiht. Das Fest nannte man zunächst *»praesentatio domini«* (Vorstellung des Herrn – im Tempel) oder *»dies S. Symeonis«* (S.-Symeon-Tag), später *»purificatio Mariae«* Reinigung Marias, *»luminaria«* (Lichterfest) oder *»candelaria«* (Kerzenfest, Kerzenweihe). In Sizilien heißt es heute noch: *»La Candelora«*. Die Kerzen werden in der Kirche verteilt. Nach der Messe nimmt man die *Lichtmeßkerzen* mit nach Haus, bewahrt sie sorgfältig auf, zündet sie bei Unwetter zur Abwehr von Gewitter und Blitz an und stellt sie in Sterbefällen am Kopfende des Sterbenden auf. Dahinter steht die Vorstellung: »Vor dem Licht der brennenden Kerzen soll der Geist der Finsternis zitternd zurückweichen.«[7] Ähnliche Vorstellungen waren in den katholischen Regionen Deutschlands und des Alpenraumes verbreitet. Die Lichtmeßkerzen sollten außerdem vor Behexung und bösen Geistern schützen und allen Zauber von den Wöchnerinnen fernhalten.

Zu Lichtmeß durfte kein Flachs mehr am Rocken sein. Das Spinnen, das zu Martini begonnen hatte, hörte jetzt auf. Die Dienstboten wechselten ihren Dienst oder hatten einige Tage frei bis Agatha (5. 2.) oder Aschermittwoch.

Wie bereits bei Behandlung der Wurzeln des Weihnachtsfestes und des Julfestes angedeutet wurde, feierte man in vorchristlicher Zeit Anfang Februar den Beginn der Frühlings- und Sommerzeit. Dementsprechend sind zu Lichtmeß viele Handlungen belegt zur Sicherung der Fruchtbarkeit der Felder und der Haustiere.

Vor allem den Bienen widmete man besondere Aufmerksamkeit, weil sie das Wachs für die geweihten Kerzen lieferten und sie (zu Mariae Reinigung

Wachsstöcke aus Süddeutschland nach Vorbildern aus dem 18. Jh., Sammlung Maud Pohlmeyer. Die zu Mariä Lichtmeß geweihten Wachsstöcke waren Liebesgaben (s. S. 166)

passend) seit dem Altertum als Sinnbild der Reinheit galten. Bei den Griechen hieß die Biene »das priesterliche Tier«, weil sie alles Unreine meidet und nur vom Duft der Blüte lebt. So umrundeten die Bienenzüchter in Böhmen zum Beispiel ihre Bienenstöcke dreimal mit den brennenden Lichtmeßkerzen, um Honig und Wachs zu mehren.[9]

In *Schottland* und *Irland* feiert man am 1. Februar das Fest der heiligen *Bridget (Bride)*. Am Abend dieses Tages bzw. dem Vorabend von Lichtmeß *(Candlemas)* bereitete man früher ein Bett aus Korn und Heu und umrundete es mit brennenden Kerzen entgegen dem Uhrzeigersinn . . .
»the fire symbolizing the victorious emergence of the sun from the darkness of winter.«[10]

Es wundert nicht, daß abgesehen von den bereits genannten Übergangs- und Fruchtbarkeitsriten auch eine Fülle von *Los- und Orakelbräuchen* um diese Wendezeit rankten. Neben den bekannten Liebesorakeln interessierten die Bauern vor allem das *Wetter* und die *Fruchtbarkeit der Felder*. Allerdings waren diese Prophezeiungen häufig ebenso widersprüchlich wie unsere Wetterberichte von heute:

»Dunkle Lichtmessen bringt reichlich Essen,
Lichtmeßhelle bringt Mangel zur Stelle,«
aber
»Lichtmeß hell und klar, bringt viel Flachs im Jahr«
oder
»Lichtmeß im Klee, Ostern im Schnee.«[11]

Mit Lichtmeß schließt sich der ursprünglich 80 Tage umfassende *Weihnachtsfestkreis* von Martini angefangen über die hohe Weihnachtszeit bis zum Ausklang 40 Tage danach. Es folgt eine Zwischenperiode großer Ausgelassenheit – das närrische Treiben der Karnevals- oder Fastnachtszeit, das zur 40tägigen Fastenperiode vor Ostern überleitete. Dieser geregelte Festtagszyklus im Jahreslauf bot den Menschen früher weitgehende Sicherheit und Geborgenheit – Anlaß genug für uns, über mögliche Orientierungshilfen der Vergangenheit nachzudenken und alten Brauch mit neuem Leben zu erfüllen.

Weihnachtsausstellung – Sammlung Maud Pohlmeyer

Schwerpunkte

Die mit großem Einsatz von Maud Pohlmeyer zusammengetragene Sammlung zum Weihnachtsbrauchtum in Europa umfaßt die folgenden regionalen Schwerpunkte: *Deutschland* mit den Regionen Norddeutschland (Nordseeküste, Föhr, Pommern, Ostpreußen, Oldenburg), Mitteldeutschland (Erzgebirge, Sorben/DDR), Schlesien, Odenwald, Süddeutschland (Hohenlohe, Nürnberg, Eichstätt, Garmisch-Partenkirchen, Berchtesgaden), *Österreich* (Salzburg, Maria Zell), *Schweiz* (Appenzell), *Spanien* (Katalonien), *Portugal, Holland, England, Irland, Norwegen, Schweden, Finnland, Polen, Litauen, Ukraine, Rußland, Rumänien* (Siebenbürgen) und *Serbien.* Aus außereuropäischen Ländern sind wegen Raummangel in der Sonderausstellung des Hamburgischen Museums für Völkerkunde nur die *USA* und *Australien* weihnachtlich vertreten. Die umfangreiche Krippensammlung von Frau Pohlmeyer kann aus gleichem Grund 1985/86 nicht gezeigt werden. Das soll in einer zeitlich noch nicht festgelegten späteren Ausstellung gesondert geschehen.

Neben den genannten regionalen Schwerpunkten werden in der jetzigen Sonderausstellung auf der Basis der Sammlung Pohlmeyer die folgenden thematischen Schwerpunkte vorgestellt: *Christbaumschmuck, St. Martin, Mariä Lichtmeß, Weihnachtsgebäck* und *-musik* sowie *Silvester.* Aus der Sammlung des Museums werden ergänzend Objekte aus Polen, Spanien und Finnland hinzugezogen. Ein *skandinavischer Rentierschlitten* des Museums mit *Santa Claus* und seinen Geschenkpaketen empfängt die Besucher bereits auf dem Wege zur Ausstellung im Sowjetunion-Saal.

Die Ausstellung selbst ist im hinteren Teil des Europasaals aufgebaut. Mit Rücksicht auf die gegebenen Ausstellungsbedingungen können wir der oben genannten regionalen Anordnung leider nicht in dem gewünschten Maße folgen.

Rundgang durch die Ausstellung

Großvitrine im Europasaal (Stirnseite):

Polen – Sie stoßen auf das farbige Holzschnitzwerk *»Flucht nach Ägypten«,* das auch die Titelseite dieses Buches und das Plakat schmückt. Es stammt von dem bekannten Holzbildhauer E. Zegadło (Suchedniow, um 1980). Daneben ein blasender Engel in Holzblockform aus der Region

Kielce. Unter einem *polnischen Weihnachtsbaum,* der mit Spanvögeln, Seidenschleifen, »Eierkrüglein«, geometrischen Figuren, Bonbons und Nüssen geschmückt ist, steht eine kleine *Krakauer Krippe* aus Pappe und Stanniolpapier. Aus Museumsbesitz sind die großen *Umzugsfiguren,* Schimmelreiter und Sternsinger, die man heute noch zur Jahreswende in Südpolen antrifft. Die kleinen *Stabmarionetten* (Szobka) und die *Weihnachtssingerfiguren* (Kolednicy) stammen von dem bekannten Volkskünstler Jan Malik aus Krakau.

Großvitrine, rechte Seite, links

Schlesien – Vor Einführung des Weihnachtsbaumes waren in Schlesien Lichterpyramiden üblich, die man *Lichtzepter* nannte. Sie wurden z.T. am Heiligen Abend in die Kirche getragen. Die in der Ausstellung gezeigte bunteste Variante mit einer darauf gesetzten Krippe stammt aus Lähn[1] (zur Beschreibung s. Kapitel »Weihnachtsgestelle« von Karla Vossen). Zu beiden Seiten des Sudetengebirges schmückte man vom Andreastag bis Lichtmeß den Tisch mit dem *»Putzapfel«,* einem Apfel mit Kerze auf einem »aufgeputzten« Holzgestell. Für das Gesinde wurde zu Weihnachten ein *»Goldapfel«* mit dem Jahreslohn in Goldstücken hingestellt. Daraus hat sich der *»Geldapfel«* mit hineingesteckten Schokoladentalern oder echten Geldstücken entwickelt. Als Ernteorakel konnte man die *»Getreidepyramide«* einsetzen mit Buchsbaum und Getreidebüscheln (Gerste, Hafer, Roggen, Weizen) neben Kerzen an den vier Ecken: Die Getreidesorte, die zuerst abbrannte, entwickelte sich schlecht im nächsten Jahr.[2] Ursprünglich aus Herrnhut in Sachsen (bei Löbau, Bez. Dresden) stammt der *»Herrnhuter Stern«,* der auch in den Brüdergemeinden Gnadenfrei, Gnadenberg, Gnadenfeld und Neusalz in Schlesien sowie in Bethlehem/Pennsylvania verbreitet war.[3] Auch der *»Fröbelstern«,* benannt nach dem Kindergarten-Pädagogen Friedrich Fröbel (1782–1852), war in Schlesien beliebt.

Großvitrine, rechte Seite, Mitte

Aus *Ostpreußen* stammt die Nachbildung einer *Schimmelreitergruppe,* die vor Weihnachten im Ermland und Natangen südlich von Königsberg ihr »Unwesen« trieb. Den Schimmelreiter nannte man dort auch »Hill Christ« oder »Weihnachtsmann«. Seine Begleiter waren Pracherweib, Storch, Zigeuner, Soldat, Schornsteinfeger, Bärenführer (»Barelitter«) und Tanzbär. Herr Lilienweiß aus Natangen schildert den Einfall der Schimmelreiter aus seiner Erinnerung:

»Es bullerte an der Tür . . . Lärmend sprangen Schimmel, Storch und Bär in die Hausdiele hinein, von den anderen gefolgt. In wilder Jagd ging es rund um den Tisch herum. Der Schimmelreiter, in seinem weißen Gestell herumspringend, eine Hand am Zügel, der zum holzgeschnittenen Pferdekopf ging, die andere zum Schlag mit der Peitsche bereit. Der Bär, in alte Pelze oder Erbsenstroh gehüllt, kroch auf dem Fußboden herum und kniff uns in die Beine. Der Storch, ganz verhüllt mit weißem Tuch, einen langen spitzen Schnabel heraussteckend, hackte uns damit ins Gesicht . . . Dann faßte der Schornsteinfeger mit den Händen in den Ofen und »putscheite« uns ins Gesicht . . . aber der Lohn stand bereit und wurde von dem »Pracherweib« in den Korb geschüttet: Äpfel, Pfefferkuchen und Zuckernüsse.«[4]

Der Weihnachtsmann mit Schimmelreitergruppe. Ein pommerscher Volksbrauch am Heiligabend. Nach einer Originalskizze von F. Iwan. (Archiv Hamburgisches Museum für Völkerkunde)

Ein anderer Brauch rankte sich um den Jahreswechsel oder den Dreikönigstag. Dann gingen in Ostpreußen die *Sternsinger* als Könige verkleidet mit dem »*Brummtopf*«, einem »Rummelpott«, um, sangen Wunschlieder und sammelten Gaben. Im Samland, Pregel und am Frischen und Kurischen Haff hießen sie »*Dannekinder*« oder »Dannewiewer«. Sie trugen ein Tännchen mit Rauschgold, Glöckchen, Tierfiguren und vergoldeten oder versilberten Fischchen und sangen:

»Wir kommen hereingetreten,
Loop anne Linge,
mit Singen und mit Beten,
Loop anne Linge,
de Strußklangs klinge,
de Fischkes springe,
de Dannekinder singe.«

Der Kehrreim »Loop anne Linge« könnte »Laub an der Linde« bedeuten, möglicherweise eine alte Beschwörungsformel oder Vision einer Linde im Frühlingskleid. Im Winter ersetzte der Tannenbaum das Lindengrün, und die Fische sollten reichen Fischfang im nächsten Jahr bewirken.[5]

Großvitrine, rechte Seite, rechts

Aus *Litauen* ist *Christbaumschmuck aus Stroh* und Gebäck in Pilz- oder Würfelform ausgestellt, außerdem der »Stern von Betlehem« und Weihnachtsoblaten. Oblaten, dünne Weizenmehlscheiben, waren ursprünglich als »Opfer dargebrachtes Abendmahlsbrot« (von lat. oblatus).[6]

Auf einem niedrigen *Podest* an der Fensterseite stehen *Weihnachtsbäu-*

Tannengrün mit Christbaumschmuck aus Stroh, Litauen,
Sammlung Maud Pohlmeyer

me, die Mitarbeiter des Museumspädagogischen Dienstes verschiedenartig geschmückt haben, daneben ein *Weihnachtsklotz* aus dem Balkangebiet und ein »*Bescherast*« aus Katalonien. Dem katalonischen Ast (dio) werden wie dem serbischen Weihnachtsklotz Speisen dargebracht. Anschließend erhalten die Kinder von »ihm« Geschenke.[7]

In einer *Pultvitrine* davor sind heutige *Silvesterscherze,* Knallbonbons, Schornsteinfeger, Glücksschwein, das Lichterschwimm-Orakel, eine Bleigieß-Palette, Knaller, Raketen und andere Feuerwerkskörper zu sehen.[8]

Gegenüber ist in einer *Wandvitrine* alter *Christbaumschmuck* aus *Thüringen* ausgestellt. Es handelt sich um *freigeblasene Glaskugeln* aus der Mitte des 19. bis Anfang unseres Jahrhunderts. Darunter sind auch »Reflexkugeln« mit eingedrückten »Kratern«[9], ebenso »Obst« verschiedener Art, Pilze, Kännchen, Trompeten und Vögel. Seit der Jahrhundertwende konnte man diese auch in Formen blasen, die Kugeln seit den 20er Jahren. Das Herstellungszentrum war Lauscha und Umgebung im Thüringer Wald, bis nach dem 1. Weltkrieg in Wien, Gablonz und selbst in Japan Konkurrenzunternehmen entstanden.[10] Daneben sieht man *Christbaum-Spitzen,* die mit zarten Metallfäden (sog. leonischen Drähten)[11] und Lamettaschweif geschmückt sind, schließlich verschiedene Formen von *Kerzenhaltern*[12] und *Wachsschmuck.* Wachszieher waren meistens die Lebzelter, Lebkuchen-Bäcker, die ihre Model auch für Wachsfiguren benutzten. Dazu kommen folgende Einzelstücke:

Engel aus Papiermaché mit Wachsüberzug und Glasseidenflügeln, um 1900; geprägter Karton und Messingkörbchen, Ende 19. Jahrhundert; Glaskugelketten, um 1900; Fische, geblasen und bemalt, um 1900; Glasfaden-Komet und Rosette mit Oblaten, um 1910; als Kuriosität: in Gelatine getauchter, mit Glimmer bestreuter Schmuck, sogenannter venezianischer Tau, Lauscha 1921. Dazu kommt Schmuck aus Gablonz: Glasröhrchen und Hohlglasperlen, Ende 19. Jahrhundert und Sterne, 20. Jahrhundert, Zinn-»Filigran-Schmuck«, um 1970.

Ein »*Adventskalender*« aus dem Jahre 1940 zeigt uns Weihnachtsschmuck aus der Kriegszeit.

Die *fünfeckige Vitrine* an der Außenwand enthält *weihnachtliches Gebäck.* Über die wichtigsten Grundformen und ihre Symbolik berichtet Karla Vossen in ihrem Kapitel über Christbaumschmuck. Hier machen wir nur auf einige Besonderheiten der ausgestellten Gebäckformen aufmerksam:

Neben den bekannten Formen von *Spekulatius, Lebkuchen* und *Pfefferkuchen* sehen wir »*Pflastersteine*«, die angeblich an die Steinigung des hl. Stephanus am 26. 12. erinnern sollen, »*Thorner Kathrinchen*« als »Kettenglieder«, mit denen die hl. Katharina an das Rad gekettet wurde, *Christstollen,* dessen Form an das Wickelkind Jesus oder ein Fatschenkind erinnert. Die *Aachener Printen* haben ihren Namen von den früher kunstvollen Zinn- und Kupferformen, mit denen man die Backwerke »printen« =

drucken oder modellieren konnte. Beliebte Printenmotive waren Reiter, Madonnen und Liebespaare in einem Herz.

Aus Ostfriesland stammt der *»Klaaskerl«* aus Stutenteig mit Korinthen-Augen und -Knöpfen. Als »Rider up Peerd« reitet der »Sünnerklas« auf einem Schimmel. Die Kinder stellen einen Teller mit Grünkohl, Brot und Zucker an das Fenster, damit der Schimmel sich stärken kann.

Pfefferkuchen, benannt nach den siebenerlei oder neunerlei Gewürzen aus den Pfefferländern des Orients, wurden in Holzmodel gedrückt, die der Bäckermeister noch im 19. Jahrhundert selbst herstellen mußte. Die durch das Backen verschwommenen Konturen zog der Meister mit dünnen Zukkergußlinien nach, oder er klebte Prägebilder auf. Unter vielen Weihnachtsbäumen durfte das *Pfefferkuchenhaus* von Hänsel und Gretel nicht fehlen.

Die *»Hitjepuppen«* aus Hannover sollen im 17. Jahrhundert nach dem 30jährigen Krieg von Hannoveraner Bäckern als Dank für die unblutige Einführung der Reformation zuerst gebacken worden sein. Sie sind heute mit Eiweißspritzglasur nach Konditorart verziert. Der Name »Hitjepuppe« bedeutet »Krims-Krams« oder »kleine Ziege«. Man verwendet sie heute als Baumschmuck.[12]

Aus Bayern und Schwaben stammen die *»Springerle«,* die man in Franken »Eierzucker« nennt. Die *»Schweizer Tirggel«,* ein hauchdünnes Gebäck, werden in flach geschnittenen Modeln geformt. Sie tragen oft lehrhafte Sprüche aus der Biedermeierzeit oder Bilder aus dem täglichen Leben und dem Handwerk.[14]

Marzipan ist seit Anfang des 15. Jahrhunderts bekannt (Lübeck, 1407). Es wurde und wird zum Teil noch heute vor allem in Norddeutschland (Lübeck, Königsberg, Hamburg) aus einem Gemisch von Zucker, süßen und bitteren Mandeln und Aromastoff bereitet. Die Herkunft des Namens ist umstritten: ital. marzapane = Schächtelchen mit Mandelgebäck oder lat. Marci panis = Markusbrot, mit dem angeblich Bettler auf dem Markusplatz gespeist wurden oder lat. panis martialis = Märzenbrot oder lat. panis martis = Soldatenbrot.[15]

In einer hohen *Pultvitrine* im Fensterbereich sind neben Orgelpfeifen alte *Notenblätter* mit bekannten *Weihnachtsliedern* ausgestellt, u. a. »Es ist ein Ros' entsprungen . . .«, »Tochter Zion . . .« von G.F. Händel, »Es kommt ein Schiff geladen . . .« und »Ihr Kinderlein kommet . . .« sowie die Kopie eines farbigen Antiphonarblatts für liturgische Wechselgesänge aus dem 15. Jahrhundert.

Die benachbarte *Eckvitrine* beherbergt u. a. einen *Salzburger Nikologarten* unter einem Herrgottswinkel. Diese »Paradiesgärten« wurden bis zur Jahrhundertwende fast in jedem Haus vom Nikolausabend bis zum Heiligen Abend aufgestellt und anschließend von der Krippe abgelöst. Unter Tannenzweigen steht der hl. Nikolaus mit dem teufelsähnlichen Krampus.

Hinter einem mit Kerzen erleuchteten Zaun werden Nikolausgaben – Äpfel, Nüsse, Lebkuchen und Johannesbrot (Bockshörndl) – niedergelegt. Im Herrgottswinkel steht Maria im Haarkranz vor Ähren vom Erntedankfest und Osterpalmen. Am Weihnachtsabend wird Maria mit Tanne und Lametta gesschmückt.[16] Darüber schwebt eine Heiliggeisttaube.

Die große *Vitrine* links anschließend ist *Skandinavien* vorbehalten. *Schweden* ist mit einem Bildertuch in alter Dalarna-Tradition vertreten: In einer Burg erwartet eine Königsfamilie mit Kind die heiligen drei Könige zu Pferde. Ferner sehen wir eine Strohkrone mit Kerze als Schmuck für den Langtisch in der Julnacht, einen Julbock mit roten Bändern und eine Luziapuppe, deren lebende Vorbilder am Vorabend des 13. Dezembers mit brennenden Kerzen gekrönt werden (vgl. das Kapitel »Luziatag . . .«). Daneben sitzt die lustige Figur eines *norwegischen Nissen* – eine zwergenartige Gestalt, die nach alter Überlieferung als Haus- oder Stallgeist in einem Schüsselchen Milchreis mit Zimt und Zucker und viel Butter gegen die Kälte der Julnacht bekommt.[16] Auch die Vögel werden in der Julzeit mit Hafergarben (Julnek) versorgt.

Aus *Finnland* stammt ein Holzspanvogel mit ausgebreiteten Schwingen, eine *Heiliggeisttaube,* die man am 1. Jultag über die Wiege und später über den Arbeitsplatz hängt, um vor allem Bösen zu schützen. Daneben hängt eine finnische *Strohunruhe* (himmeli) über einem *Thomaskreuz* aus Holzspan. Eine Postkartenserie außerhalb der Vitrine zeigt die ganze Variationsbreite der finnischen Julmotive.

In der gegenüberliegenden *offenen Ecke* steht ein aufgetakelter *norddeutscher Tampenbaum,* der in der Segelschiffzeit den Weihnachtsbaum an Bord ersetzte. Vier mit jeweils vier Kerzen versehene Reifen sind mit kunstvollen Spleiß- und Knotenarbeiten geschmückt.[17] Auch ein *Adventskranz* ist aus Tampen und Knoten zusammengesetzt. Ein *Flaggenmast* mit gestickten Fähnchen grüßt nach dem Flaggenalphabet mit der Nachricht »Frohes Fest!«

Gehen wir durch eine Türöffnung in den inneren Ausstellungsbereich, kommen wir linker Hand zu einer *Wandvitrine* mit *irischen* und *englischen* Weihnachtsartikeln: Aus *Irland* stammen ein gestrickter Kinderstrumpf mit Äpfeln, Nüssen und kleinen Geschenken, ein Fladenbrot mit eingeschnittenem Kreuz und ein besticktes Tuch mit dem Symbol der Unendlichkeit. *England* ist mit dem berühmten Plumpudding vertreten,[18] Knallbonbons, mit deren Inhalt sich die Kinder zu Weihnachten schmücken, Christmascards, Bonbongirlanden und dem berühmten Mistelzweig (mistletoe), unter dem bekanntlich Kußrecht herrscht.

Wenn wir den Rundgang in der Gegenrichtung des Uhrzeigers fortsetzen, stoßen wir auf Weihnachtsschmuck aus *Berchtesgaden.* Seit dem 17./18. Jahrhundert sind die Erzeugnisse der Schachtelmacher, Schnitzer, Drechsler und Maler unter der Bezeichnung »Berchtholdsgadner Waar«

Norddeutscher Tampenbaum aus der Segelschiffzeit, Sammlung Maud Pohlmeyer

Hängepyramide »Raffa« mit Äpfeln, Nüssen und Süßigkeiten, Nürnberg, Sammlung Maud Pohlmeyer

bekannt.[19] Der Christbaumschmuck umfaßt das »Leuchter- oder Pfeifenrössl«, Trompeten, Grillenhäusl, Spansterne, typische Kerzenhalter und Wiegen mit dem Christkindl aus Wachs. Auffallend ist der große gedrechselte *Lichtertragende Engel* mit seinen langen Flügeln und bunter Bemalung.

Aus der Gegend von Nürnberg stammt die »*Raffa*« genannte Pyramide ohne Kerzen, die Weihnachten mit buntem Papier, Nüssen und Zuckerwerk geschmückt von der Decke herunterhängt.

Wenden wir uns nach rechts, so sehen wir die bekannten weihnachtlichen *Drechslerarbeiten aus dem Erzgebirge* (DDR) in einer großen *Wandvitrine.* Da sind *Engel* und *Bergmann,* die jedes Kind am ersten heiligen Abend bekommt, ein Mädchen seinen Engel, ein Junge seinen Bergmann. Sie tragen Kerzen, die brennend am Fenster stehen, wenn die Gemeinde zur Christmette geht. Daneben stehen Räuchermann und Nußknacker und natürlich der »*Drehlichterbaum*«, die auch im Westen begehrte Weihnachtspyramide, deren Flügelrad durch die aufsteigende Wärme der Kerzen in Bewegung gesetzt wird. Das Erzgebirge war eine arme Gegend, so daß die Eltern auch Spielzeug aus Ästen herstellten, zum Beispiel eine kleine Weihnachtskapelle. In der erzgebirgischen Weihnacht durfte auch der »*Schwippbogen*« nicht fehlen, der mit seinen Kerzen angeblich den Sonnenbogen symbolisiert. Darunter finden sich Darstellungen wie die klöppelnde Frau, der Bergmann und gelegentlich auch eine Krippe.[16] Die erzgebirgischen Drechselarbeiten sind heute ein großer Exportartikel der DDR: So hat man 1982 zum Beispiel in dem Spielzeugstädtchen Seiffen rund 40000 Nußknacker hergestellt und in die ganze Welt exportiert.[20]

Von den *westslawischen Sorben* in der DDR (Lausitz) stammen das »*Bescherkind*« und die *Barbara-Figur.* Letztere beziehungsweise ihr lebendiges Vorbild (Borbora) erscheint in den Dörfern des katholischen Kirchspiels Wittichenau (Kulow) am Vorabend des Barbara-Tages (4. Dezember). Sie trägt Teile ihrer weißen Hochzeitstracht, auf der Brust einen Perlenlatz, während der Kopf mit weißen Gardinen verhüllt und mit einem grünen Brautkranz geschmückt ist. Barbara wird vom »Rumpodich«, einem dunklen Kinderschreck mit Rute begleitet. Sie befragt die Kinder, ob sie brav gewesen seien und schenkt ihnen darauf Äpfel, Süßigkeiten und Backwerk. Die Kinder übergeben ihr dann den Wunschzettel für den Weihnachtsmann.[21]

Das »*Bescherkindlein*« (Bože dźěćetko) von Schleife (Kreis Weißwasser) führen zwei Mädchen an den letzten Adventssonntagen von Haus zu Haus. Wie eine Brautjungfer ist ihr Kopf geschmückt, das Gesicht jedoch verschleiert. Zum Schmuck des Kleides gehören bunt bestickte Bänder und Schleifen. In der Hand trägt das »Kindlein« eine mit bunten Wollfäden und Schleifen verzierte Rute, doch es beschenkt die Kinder wie die Barbara mit

Äpfeln, Nüssen und Gebäck.[22] Barbara und »Kindlein« haben bei den Sorben also zum Teil die Rolle von Nikolaus und Christkind übernommen.

In der benachbarten Eckvitrine steht der *»Appenzeller Züg«* oder *»Chlausezüg«* aus Appenzell in der *Schweiz.* Diese Weihnachtspyramide wurde von dem Schreinermeister Johann Fuchs-Graf in alter Tradition hergestellt. Das Holzgestell ist mit sehr schön bemalten Pfefferkuchen und mit vielen roten Äpfeln geschmückt. Es steht auf einer hölzernen Milchschüssel, die früher mit getrockneten Pflaumen und Birnen gefüllt war. Das aufgesetzte künstliche Tannenbäumchen mit der kleinen Krippe zeigt bereits den Übergang der Pyramide zum Weihnachtsbaum.[23]

Die *Pultvitrine* vor dem Fenster ist den beiden Polen der Weihnachtszeit – *Martini* am 11. 11. und *Mariä Lichtmeß* am 2. 2. – gewidmet (vgl. dazu die betreffenden Kapitel). Vom Laternenumzug im Rheinland am *Martinsabend* sehen Sie Laterne und Weckemann, ein Teigmännchen mit Rosinen und eine Beschertüte mit einem rheinischen Martinsspruch. – Zu *Mariä Lichtmeß* weihte man Kerzen und Wachsstücke mit farbigen Ornamenten. »Je größer die Liebe, desto größer der Wachsstock«: Nach diesem Motto schenkten Knechte ihrer Liebsten und Mütter ihren unverheirateten Töchtern prachtvoll verzierte Stücke. Diese legten das geweihte Wachs zwischen die Leinwandballen ihres Aussteuerschranks. Lichtmeßkerzen halfen bei Krankheit, schwerer Geburt und vor allem bei Gewittern. Dem Toten gab man einen Wachsstock ins Grab.[24]

In der *Ecke* neben der Pultvitrine steht ein siebenbürgischer *Christ-Lichtert* aus der deutschsprachigen Gemeinde Keisd, einem Städtchen mit Kirchenburg und Bauernburg südöstlich von Schäßburg (Sighişoara, Rumänien). Diese Weihnachtspyramide wurde ursprünglich von 6 Lichtertjungen am letzten Adventssonntag aufgebaut und mit Immergrün geschmückt. Die grüne Krone galt als Symbol des ewigen Lebens. Zum Abschluß steckten sie bunte Fähnchen und Kerzen auf. In der dreigeteilten »Krone« sind eine Krippe, die Hirten mit den Schafen und die Weisen aus dem Morgenland zu sehen. Am 25. 12. brachten die Lichtertjungen ihren Lichtert zum »Lichtertsingen« in die Kirche neben den festlich geschmückten Tannenbaum.[25]

Im *Fensterbereich* finden Sie Fotografien von antiken Kultbildern mit Angaben zu den *Wurzeln des Tauf- und Geburtsfestes Christi* im *Isis/Osiris-* und *Mithraskult* und der Verehrung des unbesiegbaren Sonnengottes *»Sol invictus«* am 25. Dezember (vgl. dazu das betreffende Kapitel in diesem Band).

Rechts neben der Mitteltür der Stirnwand zeigt sich der große *Hiddenseer Bügelbaum* in seiner weihnachtlichen Pracht. Offensichtlich ist der ganze Reichtum an Süßigkeiten, Gebäck und Dörrobst der pommerschen Ostseeinsel Hiddensee westlich von Rügen an diesen Doppelbügelbaum gehängt worden. Der Schmuck dieses Baumes war eine Gemeinschaftsarbeit von Männern, Frauen und Kindern einer großen Familie.[26]

Christkind in Königswürde mit Zepter, Reichsapfel und Strahlenkrone, Kloster Walburga, Eichstädt (Franken), um 1980 nach Vorbild aus dem 18. Jahrhundert, Sammlung Maud Pohlmeyer

In der *Glasvitrine* links neben der Mitteltür sehen Sie ein *Christkindl* unter der Glasglocke, das in *Garmisch-Partenkirchen* als Vorläufer der Weihnachtskrippe gilt. Aus dem Klosterstift der *hl. Walburga* in *Eichstädt* (Franken) stammt das »*Trösterle*«, ein königlich gekleidetes Jesuskind mit Szepter und Reichsapfel. Angeblich schenkten Angehörige diese Figur zum Trost den Nonnen, die nicht aus innerer Berufung ins Kloster kamen.

Aus dem gleichen Kloster kommt das *Christkind als Königskind*, eine ca. 30 cm hohe Figur, die einem Vorbild aus dem 18. Jahrhundert nachgebildet ist. Ferner sehen wir »*Fatschen*« – oder *Wickelkinder* aus Wachs, die in Süddeutschland während der Adventszeit als Christkinder verkauft wurden.[16]

Der Bereich *neben der Seitentür* ist dem »*Schifferlsetzen*« von *Maria Zell* in Österreich gewidmet. Dieser heutige Kinderbrauch erinnert am 6. Dezember, dem Nikolaustag, an die gefährliche Arbeit der Flößer, die unter dem Schutz des hl. Nikolaus standen. Am Nikolausabend schleichen die Kinder mit selbstgebastelten bunten Papierschiffchen um das Haus von Paten und Nachbarn, um unbemerkt ihr »Schifferl« mit ihrem Namen und einem Spruch versehen hinter die Tür zu setzen. Am nächsten Morgen dürfen die Kinder sie abholen, wenn sie die Hausfrau mit Äpfeln, Nüssen, Dörrobst und oft auch mit einer Rute gefüllt hat.

Hohenloher Paradiesgärtle, gefüllt mit Äpfeln, Nüssen und Springerle und eingesetztem Christbaum mit Christbaumschmuck aus den 20er Jahren, 1984 nach alten Vorbildern nachgebildet, Sammlung Maud Pohlmeyer

Auf dem *Nikolopaß* oberhalb des *Rotsohltals* steht eine kleine Kapelle, in der drei »Teufel« angekettet sind. Der Sage nach werden alle 7 Jahre in der Nikolausnacht die Ketten gelöst. Die Teufel dringen mit Kettengerassel und Rutenschwingen in die Häuser ein und bringen »schlimme« Kinder und Verliebte zum Beten. Außerdem bringen sie ein *Krampusgebäck*, den *»Rotsohler«*.[16]

Der Langtisch an der Seitenwand trägt ein *Hohenloher Paradiesgärtel*, einen *Odenwälder Strohbaum*, den *»Nissebaam«* aus Hessen und ein *Paradeisl* aus dem Bayerischen Wald. Die Paradiesgärten erinnern an die Vertreibung aus dem Paradies und die Erlösung durch Christi Geburt. (Näheres dazu im Beitrag über Weihnachtsgestelle). Bei dem *Odenwälder Strohbaum* aus Airlenbach handelt es sich um einen Apfelbaumzweig, der um 1870 in Stroh eingehüllt und mit Strohquasten behängt wurde. Diese lokale Vorläuferform des Christbaumes sollte vermutlich die Fruchtbarkeit der Obstbäume fördern helfen.
Im Dillkreis in Hessen war bis zum 1. Weltkrieg der *»Nissebaam«* (Nüssebaum) als Vorläufer des Weihnachtsbaumes verbreitet. Die Zweigenden des »Nissebaam« waren mit angeklebten vergoldeten Hasel- und Walnüssen geschmückt. Das war damals Männerarbeit.[27]

Aus *Bevensen* in der Lüneburger Heide stammt der *»Siebenstern«*, ein gedrechselter dreiarmiger Leuchter, den die Leute selbst bemalten. Die Besitzer nehmen ihn heute noch am Hl. Abend in die Kirche, wo sie die 7 Kerzen anzünden. Mit der letzten noch brennenden Kerze wird zu Hause der Christbaum angezündet.

Die *große Wandvitrine* linker Hand ist u. a. dem Silvester- und Dreikönigsbrauchtum im *Oldenburger Münsterland* (Südoldenburg, Bezirk Cloppenburg) gewidmet. Im Mittelpunkt stehen das *»Bökern«*, *»Wärperaut«* und *»Tunschere«*. Unter *»Bökern«* versteht man im Altkreis Bersenbrück und in den Landgemeinden um Quakenbrück soviel wie »Anklopfen« mit einem Holzhammer. Am Silvesterabend ziehen 10 bis 15 Kinder von Haus zu Haus, klopfen mit dem Bökerhammer an die Tür, laufen dann schnell weg, wenn sich die Tür öffnet, wiederholen das »Bökern«, bis sie nach dem dritten Mal schweigend hereinkommen und einen bunten selbstgeschriebenen Neujahrsglückwunsch mit Scherenschnittverzierung abgeben. Als Gegengabe erhalten sie von der Hausfrau Äpfel, Nüsse, Neujahrskuchen und Süßigkeiten und verschwinden dann leise wieder.[28]

Über *»Wäperraut«* (Wäpelrout) und *»Tunscheere«* hat Karla Vossen zum Abschluß ihres Beitrags über Weihnachtsgestelle bereits berichtet. Ergänzend sei angemerkt, daß der Autor der Loruper Heimatgeschichte den Namen »Wäpelrout« mit »Wünschelrute« in Verbindung bringt und »Tunscheere« mit »Zaunschere«.[29] Der Ursprung dieses eigenartigen Werbebrauchs zwischen Silvester und dem Dreikönigstag verliert sich jedoch im Dunkeln.

Tunschere für einen alten Werbebrauch zwischen Silvester und Dreikönigstag, Oldenburger Münsterland, Bezirk Cloppenburg (s. dazu auch S. 99), Sammlung Maud Pohlmeyer

Auf der rechten Seite der Wandvitrine steht der klassische *»Föhrer Bogen«,* ein Bügelbaum mit Adam und Eva und anderem figürlichen Gebäck und roten Äpfeln. Dazu kommen *Strohtanzpüppchen,* die tanzen, wenn man von unten an die Tischplatte klopft, der *»Rummelpott«* für das Silvestersingen und eine *Pförtchenpfanne.* In Schleswig-Holstein nannte man die darin bereiteten Apfelkuchen auch *Fürtjen* oder *»Nonnenfürzchen«,* weil man sie mit Klostergebäck in Verbindung brachte. Tatsächlich aber hängt dieser Name mit althochdeutsch »Vuorsel« = Füllung, Futter und mit »Nunne«, der oberdeutschen Bezeichnung für verschnittenes Schwein, zusammen, weil dieses Backwerk angeblich einer gefüllten Speckseite glich.[30]

Setzen wir unseren Rundgang fort, kommen wir zu einer *Pultvitrine* mit *spanischen* und *portugiesischen* Weihnachtszeugnissen. Aus Spanien (Alcoy, Prov. Murcia) stammen die bunten *»Rummelpötte«* (zambombas), mit denen die Kinder wie bei den entsprechenden Instrumenten aus Schleswig-Holstein ein brummendes Geräusch erzielen. Über die spanischen Gebräuche zur Weihnachtszeit mit dem *Kranzkuchen »roscón«,* den man am Vorabend des Dreikönigstages verzehrt, haben wir ebenso wie über den *portugiesischen Königskuchen »bolo rei«* im Kapitel »Weihnachten in aller Welt« bereits berichtet. In Portugal bekommen die Kinder am 1. Dezember 24 kleine Strohhalme, jedes für eine gute Tat. Die braven Kinder dürfen zur Belohnung bis zum Heiligen Abend einen Halm in die Krippe des Jesuskindes legen.[16]

In der kleinen *Wandvitrine* hinter dem Durchgang stoßen wir auf *amerikanische* und *australische »Merry Christmas«* – möglichst bunt, crazy und bombastisch. In den USA ist die Geschichte vom *»Rentier Rudolph«* mit der *roten Nase* sehr verbreitet. Die anderen Rentiere lachten ihn aus und schickten ihn in den Wald, wo sich zufällig gerade *Santa Claus* mit seinem Schlitten verirrt hatte. Rudolph, das Rentier, spannte sich vor die anderen Rentiere und leuchtete ihnen mit seiner roten Nase, so daß sie aus dem Wald heraus fanden.[16]

Typisch für *australische Weihnacht* ist der künstliche Christbaum mit Seidenkugeln aus Taiwan und elektrischen Kerzen, als Geschenk unter dem Baum ein Koala-Bärchen und ein Kängeruh am Stiel und – viele bunte Postkarten.

Unser Rundgang führt jetzt zurück zur *Großvitrine* im Europasaal. Auf der linken Seite ist *Rußland* vertreten mit einer *Gebetsschnur* (russ. »tschetki«) aus dem Dreifaltigkeitskloster in Zagorsk. Mit diesen Rosenkranz ähnlichen Gebetsschnüren beten die frommen orthodoxen Gläubigen das Jesus-Gebet: »Herr Jesus Christus, Sohn Gottes, erbarme dich meiner, des Sünders!«[31] Das wichtigste Weihnachtslied ist das sogenannte *Troparion,* ein kurzer Liedhymnus im orthodoxen Gottesdienst, der ohne Noten, aber unter Angabe der Tonhöhe des ersten Tones gesungen wird. Kleine *Bronze-Ikonen* werden auf der Brust getragen zum Schutz des Trägers, ebenso wie geweihte *Kerzen* zum Schutz des Hauses bestimmt sind.

Aus der *Ukraine,* im Nachbarbereich, stammt das von Maud Pohlmeyer nachgestickte *Krippenband,* das christliche Motive mit der Darstellung des vorchristlichen Ährengeistes »Diduch« verbindet (Einzelheiten dazu im Kapitel »Weihnachten in aller Welt«). Der *dreiarmige Leuchter* und die *drei Kultbrote* sind Symbole der Dreifaltigkeit, der *Zopf* Sinnbild des Christkindes als Licht der Welt.[16]

Auf der rechten Seite der *Großvitrine* sehen Sie zunächst eine Ikonenekke der *Serben* mit der Gottesmutter Hodegetria, Leuchter und Weihnachtskuchen mit Stempel. Daneben ein dünner *Eichenstamm (badnjak),* der als

»Baum des Lebens« den Christbaum ersetzt und ursprünglich als Weihnachtsklotz im Kaminfeuer der heiligen Nacht verbrannt wurde (Einzelheiten dazu im Kapitel über »Weihnachten in aller Welt«). Heute ist der »badnjak« mit Bändern in den Farben der Serben (rot, blau, weiß) geschmückt und nur auf einer Seite leicht angebrannt.[16]

Seit 1923 feiern auch die orthodoxen *Rumänen* Weihnachten nach dem Kalender »neuen Stils« am 24./25. Dezember. Die *Hinterglas-Ikone* »Mariä Verkündigung« wurde von dem Klostervorsteher (Archimandrit) Timotei T. Tohaneanu im Kloster Sîmbăta de Sus gemalt und 1984 von Bischof Longin in Kassel geweiht. Die kleine Ikone und die Ikonentücher sind ein Geschenk des Erzpriester Dr. M. Dan, Hamburg. Auf der bestickten Decke liegt rumänisches Kultgebäck, der »*Colac*«.

In der Nacht vom 24. zum 25. Dezember gehen erst die kleinen und dann die großen Colinda-Sängergruppen um und singen u. a.: »Oh, eine wunderbare Botschaft . . .« und »Heute ist Christus geboren!«[16]

Damit ist unser Rundgang nahezu beendet. Vielleicht haben Sie bemerkt, daß jedes Land Sie mit dem Wunsch »Fröhliche Weihnachten!« in der Landessprache begrüßt hat. Maud Pohlmeyer hat diese Weihnachtsgrüße mit großem Geschick und viel Liebe gestickt. Diese Weihnachtsgrüße sind für Sie hier noch einmal in alphabetischer Reihenfolge der Länder und Landschaften zusammengestellt:[32]

Rentierschlitten des Santa Claus (aus C. Hornung, 1970, S. 75)

Weihnachtsgrüße international

AMERIKA (USA)	–	MERRY CHRISTMAS, MERRY X-MAS
AUSTRALIEN	–	MERRY CHRISTMAS
BULGARIEN	–	CHESTITA KOLEDA
CHINA	–	KUNG HSI HSIN NIEN BING CHU SHENG TAN
DÄNEMARK	–	GLAEDELIG JUL
DEUTSCHLAND	–	FRÖHLICHE WEIHNACHTEN, FROHES FEST
ENGLAND	–	MERRY CHRISTMAS
ERZGEBIRGE (DDR)	–	ENN SCHINN HEILING OBND
FINNLAND	–	HAUSKAA JOULUA
FÖHR (FRIESLAND)	–	FRÖÖLIGEN JUL
FRANKREICH	–	JOYEUX NOËL
GRIECHENLAND	–	HAROUMENA HRISTOUGENA
IRLAND	–	NODLAIG MHAITH CHUGNAT, BEAMACHTAI NA NOLLAG
ITALIEN	–	BUON NATALE, BUONE FESTE NATALIZIE
JUGOSLAWIEN	–	CESTITAMO BOZIC
KROATIEN	–	SRETAN BOZIC
LITAUEN	–	LINKSMU KALEDU, ŠYENTU KALEDU
NIEDERLANDE	–	GELUKKIG KERSTFEEST, VROLYK KERSTFEEST
NORWEGEN	–	GOD JUL
ÖSTERREICH	–	GUADE WEIHNACHTN
POLEN	–	WESOLYCH SWIAT
PORTUGAL	–	BOAS FESTAS
RUMÄNIEN	–	SĂRBĂTORI FERICITE, SĂRBĂTORI VESELE
RUSSLAND	–	S ROZHDESTWOM KRISTOVYM
SCHLESIEN	–	GESUNDE FEIERTAGE
SCHWEDEN	–	GOD JUL, GLAD JUL
SCHWEIZ (Appenzell)	–	E GLÖCKSÄLIGE WIEHNACHT
SERBEN	–	CHRISTOS SE RODY
SLOVAKEI	–	SRETAN BOZIG, VESELE VIANOCE
SORBEN (DDR)	–	WJASOKE GODY
SPANIEN	–	FELIZ NAVIDAD, FELIZ NADAL (Katalonien)
TSCHECHOSLOWAKEI	–	VESELE VANOCE
UKRAINE	–	CHRISTOS RODYWSJA
UNGARN	–	KELLEMES KARACSONYT

Anmerkungen

Weihnachtszeit – Wendezeit

1 Edikt des Herzogs Gustav Adolf von Mecklenburg vom 18. 11. 1682, zitiert nach Weber-Kellermann, 1978: 36
2 Vgl. Joachim Kahl: Alle Jahre wieder. Weihnachten – das heitere mittwinterliche Friedensfest. In: Kultur und Gesellschaft, Nr. 12, Dezember 1983: 3 ff.; s. auch das Kapitel »Deutschsprachiger Raum – Konsumrausch zur Weihnachtszeit« in diesem Band.
3 Die Volkskundlerin Ingeborg Weber-Kellermann hat in ihrem »Weihnachtsbuch« (1978) die Entwicklung dieses bürgerlichen Festes überzeugend skizziert.
4 Arnold van Gennep: Les Rites de Passage. Paris 1909; vgl. auch Max Gluckmann (ed.): Essays on the Ritual of Social Relations. Manchester 1962.
5 s. dazu Elisabeth Biasio/Verena Münzer: Übergänge im menschlichen Leben. Zürich 1980.
6 van Gennep, op.cit. 1909: 254 ff.
7 van Gennep, op.cit. 1909: 255 ff.
8 vgl. dazu A. Kelm/K. Dietze/R. Vossen: Ostereier – Vom Symbol des Lebens zum Konsumartikel. Wegweiser zur Völkerkunde, Heft 25. Hamburgisches Museum für Völkerkunde, 3. Aufl. 1982.

Sankt Martin (11. 11.)

1 Jacobus de Voragine: Legenda aurea. Volksausgabe 1925: 861
2 Handwörterbuch des deutschen Aberglaubens – Stichwort hl. Martin; Der neue Brockhaus, 1979 – Martin von Tours; J. de Voragine: Legenda aurea, 1925: 871; J.H. Albers, 3. Auflage 1917: 280 f.; Albers bezeichnet das ebenfalls von Martin gegründete Kloster Marmoutier bei Tours als erstes gallisches Kloster. Zur Martinslegende siehe die Vita Sancti Martini von Sulpicius Severus (um 400).
3 Albers, 1917: 287 f.
4 Schnitzler, 1977: 5; Der große Duden, Herkunftswörterbuch Etymologie, Stichwort Kapelle; s. auch Josef Giesen: St. Martin im rhein- und niederländischen Siegel. In: Archiv f. mittelalterliche Kirchengeschichte, 2, 1950: 291 ff.
5 Albers, 1917: 288 f.
6 Handwörterbuch . . . hl. Martin, 6;
7 Albers, 1917: 290 f.
8 Albers, 1917: 286 f.
9 Fehrle, 1955: 19; Albers, 1917: 291
10 Tille, 1893: 6
11 Tille, 1893: 6, 23
12 Die (große) Saga von Olaf Tryggvason (14. Jahrhundert), zitiert nach Baetke, 1937: 13
13 nach Baetke, 1937: 12

14 Tille, 1893: 24; O. Frhr. von Reinsberg-Düringsfeld, 1863: 340; Carl Clemen (Der Ursprung des Martinsfestes. In: Zeitschr. d. Vereins f. Volkskunde, 27–29, 1917–19: 7) sieht in dem Schlachten der Martinsgans das »Töten des Vegetationsgeistes oder Gottessen«.
15 Handwörterbuch des deutschen Aberglaubens . . . Stichwort Martinsgans
16 Albers, 1917: 294
17 Fehrle, 1955: 17
18 Tille, 1893: 26 ff.; Handwörterbuch . . . hl. Martin, 3
19 Martinslieder, S. 3; abgedruckt mit freundlicher Genehmigung des Christophorus-Verlags Herder GmbH Freiburg im Breisgau
20 Martinslieder, S. 14
21 Die plattdeutschen Reime hat mir freundlicherweise Dr. Wulf Köpke (Berlin) zugeschickt. Aus meiner eigenen Kindheit der 50er Jahre in Aachen kann ich mich an ähnliche Lieder und Bettelumzüge erinnern.
22 z.T. zitiert nach »Martinslieder« (s. Anmerkung 19) und Paul Walendy: Der Sonne Lauf. Berlin 1936
23 Tille, 1893: 23
24 zitiert nach Baetke, 1937: 70; zur Tabuisierung des Pferdes s. auch Vossen, 1983: 252 ff.
25 S. Gräfin Schönfeldt, 1980: 283; abgedruckt mit freundlicher Genehmigung des Otto Maier Verlags Ravensburg.
26 O. Frhr. von Reinsberg-Düringsfeld, 1863: 357
27 G. Müller, 1946: 14
28 Zur Zahlensymbolik s. Heinz-Mohr, 1981: 307 ff.

Heilige Katharina – 25. November

1 Jacobus de Voragine: Legenda aurea, 1925: 922f.
2 dito, 917ff.;
3 B. Krug-Mann: Weihnachten auf dem Balkan, 1980: 29; S. Gräfin Schönfeldt, 1980: 290f.
4 S. Gräfin Schönfeldt, 1980: 290; dort ist auch ein Rezept wiedergegeben.
5 S. Gräfin Schönfeldt, 1980: 291; O. Frhr. von Reinsberg-Düringsfeld, 1863: 351.
6 Reinsberg-Düringsfeld, 1863: 351.
7 Krug-Mann, 1980: 29.

Andreastag und -nacht (30. 11.)

1 Albers, 1917: 298f.
2 Albers, 1917: 299
3 Albers, 1917: 299; Krug-Mann, 1980: 30
4 vgl. Jacobus de Voragine: Legenda aurea, 1925:14ff.
5 vgl. Wörterbuch der Antike, 5. Auflage 1955; s. auch Handwörterbuch des deutschen Aberglaubens . . . Stichwort Orakel

6 s. den Astrologie-Boom in den Medien, die Beliebtheit von Tarockkarten oder der Wahrsagekünste von Zigeunern; vgl. dazu Vossen, 1983: 263ff.
7 Tacitus, Germania 10, zitiert nach Baetke, 1937: 71
8 Handwörterbuch des deutschen Aberglaubens ... Stichwort Andreas, S. 400
9 Handwörterbuch des deutschen Aberglaubens ... Stichwort Andreas, S. 399; s. auch Weber-Kellermann, 1978: 18
10 Albers, 1917: 297
11 S. Gräfin Schönfeldt, 1980: 292; Handwörterbuch des deutschen Aberglaubens ... Stichwort Andreas, S. 399f.
12 Handwörterbuch des deutschen Aberglaubens ... Stichwort Andreas, Abschnitte 1 und 4; s. auch Wörterbuch der deutschen Volkskunde.
13 S. Gräfin Schönfeldt, 1980: 292

Advent

1 Johann Hinrich Wichern: Gesammelte Schriften. Band 1. Hamburg 1901. Das Beiblatt der Fliegenden Blätter aus dem Rauhen Hause zu Horn bei Hamburg, 2. Jg. 1851; zitiert nach Eckhard Kleßmann: Das Hamburger Weihnachtsbuch, Hamburg 1982: 39
2 Weber-Kellermann, 1978: 43; vgl. auch S. Gräfin Schönfeldt, 1980: 301ff.
3 Weber-Kellermann, 1978: 43f.
4 Weber-Kellermann, 1978: 42
5 vgl. G. Müller, 1946: 14
6 Weber-Kellermann, 1980: 42; S. Gräfin Schönfeldt, 1980: 311
7 Wörterbuch der Antike, Stichwort Adonis
8 Mantel, 1975: 8
9 Mantel, 1975: 121
10 Weber-Kellermann, 1978: 45

Barbaratag (4. 12.)

1 Albers, 1917: 302f.
2 vgl. Handwörterbuch des deutschen Aberglaubens ... Stichwort Barbara, Kap. 1–9; Albers, 1917: 303ff.
3 Handwörterbuch des deuschen Aberglaubens ... Stichwort Barbara, Kap. 9
4 Handwörterbuch des deutschen Aberglaubens ... Stichwort Barbara, Kap. 10; S. Gräfin Schönfeldt, 1980: 311f.
5 Handwörterbuch des deutschen Aberglaubens ... Stichwort Barbara, Kap. 10; s. auch Wörterbuch der deutschen Volkskunde, 1974
6 Vor dem gleichen Hintergrund ist die im Adventskapitel bereits geschilderte Sitte der »Tellersaat« zu sehen, der Anlage von Adonisgärtchen. In Kroatien legt man in die Mitte des Saattellers noch einen roten Apfel – ebenfalls ein Fruchtbarkeitssymbol. S. Krug-Mann, 1980: 30
7 Goldbeck/Kahl, 1982: 100; S. Gräfin Schönfeldt, 1980: 312

Nikolaus und Weihnachtsmann

1 Jacobus de Voragine: Legenda aurea, 1925: 31 f.
2 Albers, 1917: 307
3 Handwörterbuch des deutschen Aberglaubens ... Stichwort Nikolaus, S. 1088
4 Albers, 1917: 307
5 C. Méchin, 1982: 18 ff.
6 vgl. Legenda aurea, 1925: 28 f.
7 vgl. Méchin, 1982: 18; Weber-Kellermann, 1978: 24; Handwörterbuch des deutschen Aberglaubens ... Stichwort Nikolaus, S. 1086
8 Legenda aurea, 1925: 28
9 Méchin, 1982: 26 ff.
10 Handwörterbuch des deutschen Aberglaubens ... Stichwort Nikolaus, S. 1088; Méchin, 1982: 141 f.
11 Legenda aurea, 1925: 26 f.
12 nach Koenig, 1980: 44; vgl. auch Heinz Mohr, 1981, Stichwort Apfel
13 vgl. Méchin, 1982: 38 ff.; Koenig, 1980: 23 ff., 43 ff.
14 Legenda aurea, 1925: 28 f.
15 vgl. dazu auch Méchin, 1982: 22; Meyer, 1913: 88
16 Legenda aurea, 1925: 32 f.
17 Handwörterbuch des deutschen Aberglaubens ... Stichwort Nikolaus, S. 1090
18 Legenda aurea, 1925: 33
19 Méchin, 1982: 85 f.
20 Tille, 1893: 29
21 Méchin, 1982: 37; Peterich, 1963: 48
22 Handelmann, 1866: 8
23 Meyer, 1913: 81
24 Verdier, 1982: 21
25 Méchin, 1982: 34
26 »Beim Schlachten selbst arbeiten traditionell drei bis vier Männer zusammen, drei, die das Tier halten und einer, der es tötet. Dieser muß ein Spezialist, ein Schlachter oder Metzger sein.« (Verdier, 1982: 24)
27 s. Méchin, 1982: 24
28 Otto Beneke: Hamburgische Geschichten und Sagen. 3. Aufl. Berlin 1886, zitiert nach Kleßmann, 1982: 14
29 Otto Beneke, 1886, zitiert nach Kleßmann, 1982: 16
30 Otto Beneke, 1886, zitiert nach Kleßmann, 1982: 16
31 Handelmann, 1866: 6 f.
32 Tille, 1893: 32
33 Meyer, 1913: 89 f., 119
34 Meyer, 1913: 89, 122; Wernecke, 1974: 6, 34 ff.
35 s. Wernecke, 1974: 6; vgl. auch Wörterbuch der deutschen Volkskunde, 1974
36 Shoemaker, 1959: 44 ff.
37 Weber-Kellermann, 1978: 34 ff.
38 Handwörterbuch des deutschen Aberglaubens, Stichwort Nikolaus, S. 1092; Weber-Kellermann, 1978: 25 f.; Wörterbuch der deutschen Volkskunde, 1974
39 nach Weber-Kellermann, 1978: 19

40 Albers, 1917: 309
41 Zur Etymologie von -percht s. Weber-Kellermann, 1978: 19; zu Albanien s. Krug-Mann, 1980: 32
42 Handelmann, 1866: 27, 84
43 vgl. Méchin, 1982: 76, 78 f., 81
44 Koenig, 1980: 36
45 Koenig, 1980: 38
46 nach Koenig, 1980: 40 ff.
47 vgl. dazu Koenig, 1980: 13
48 Koenig, 1980: 17
49 Koenig, 1980: 9 ff.
50 Koenig, 1980: 62
51 Méchin, 1982: 72
52 s. Weber-Kellermann, 1978: 30
53 vgl. Weber-Kellermann, 1978: 98; vgl. auch Handelmann, 1866: 19 f.
54 Tille, 1893: 145 unter Berufung auf Otto Beneke: Hamburgische Geschichten und Denkwürdigkeiten, 1886: 427
55 Handelmann, 1866: 20
56 Weber-Kellermann, 1978: 100; zum Weihnachtsmann und seiner Verbreitung s. auch Spamer, 1937: 69 ff.

Luzientag und Perchtennacht – Auftakt zur »wilden Jagd« (13. 12.)

1 Weber-Kellermann, 1978: 20
2 vgl. Handwörterbuch des deutschen Aberglaubens . . . Stichwort Lucia, S. 1442; Weber-Kellermann, 1978: 20; Jacobus de Voragine: Legenda aurea, 1925: 35ff.; Krug-Mann, 1980: 45; Wörterbuch der deutschen Volkskunde, Stichwort »Luzia«.
3 Krug-Mann, 1978: 45
4 Der neue Brockhaus, 1979, Stichwort Kalender; vgl. unten: »Entwicklung des Kalenders in Europa«.
5 Krug-Mann, 1980: 45; vgl. Wörterbuch der deutschen Volkskunde, 1974, Stichwort »Luzia«
6 Handwörterbuch des deutschen Aberglaubens . . . Stichwort Lucia, Kap. 2; vgl. auch Frhr. von Reinsberg-Düringsfeld, 1863: 367f.
7 vgl. Peterich, 1963: 71; Weber-Kellermann, 1978: 19; Handwörterbuch des deutschen Aberglaubens . . . Stichwort Perchta; Spamer, 1937: 7f.
8 Handelmann, 1866: 87
9 vgl. Peterich, 1963: 28
10 Handwörterbuch des deutschen Aberglaubens . . . Stichwort Perchta; Spamer, 1937: 8; Krug-Mann, 1980: 45
11 Krug-Mann, 1980: 48; vgl auch Wörterbuch der deutschen Volkskunde, 1974
12 Krug-Mann, 1980: 46
13 Weber-Kellermann, 1978: 22f.
14 Fhr. von Reinsberg-Düringsfeld, 1863: 380

Klopfnächte

1 Handwörterbuch des deutschen Aberglaubens . . . Stichwort Klopfnächte, S. 1542
2 vgl. Albers, 1913: 6f.; Der große Duden, Herkunftswörterbuch Etymologie, Stichwort Donnerstag; Spamer, 1937: 10; Fehrle, 1955: 25ff.
3 Peterich, 1963: 35f.
4 Handwörterbuch des deutschen Aberglaubens . . . Stichwort Klopfnächte, 1544f.; andere Deutungsversuche s. Wörterbuch der deutschen Volkskunde, 1974, Stichwort »Klopfnächte«

Thomastag (12. 12.) und »Zwölfnächte«

1 Der Heiligen Leben und Leiden (15. Jh.), Leipzig 1913, zitiert nach Weber-Kellermann, 1978: 37
2 C. Lüden: Feiern im Jahreskreis der alten Föhrer, o. J.: 10
3 Wörterbuch der deutschen Volkskunde, 1974, Stichwort »Thomas«
4 nach Wörterbuch der deutschen Volkskunde, 1974, Stichworte »Rauchnächte«, »Thomas«, »Zwölften«; vgl. auch Weber-Kellermann, 1978: 19
5 nach Wörterbuch der deutschen Volkskunde, 1974, Stichwort »Zwölften«
6 Handelmann, 1866: 27
7 vgl. dazu Tille, 1893:281ff.
8 s. dazu unser Eingangskapitel »Weihnachtszeit – Wendezeit«

Wurzeln des Geburts- und Tauffestes Christi

1 Predigt des Johannes Chrysostomos (Goldmund) am 20. Dezember 388 in Antiochia
2 zitiert nach Usener, 1911: 61
3 Epiphanios war um 362 Bischof von Constantia auf Cypern
4 zitiert nach Usener, 1911: 27 f.
5 Albers, 1913: 315
6 nach James, 1961: 135 f., 147; s. dazu auch Eliade, 1961: 190 ff.
7 vgl. Hartke, 1956: 31 ff.
8 nach Hartke, 1956: 34; Eliade (1961: 199 f.) vertritt mit Hugo Rahner den Standpunkt, daß die antiken Mysterienkulte nicht das frühe Christentum beeinflußt hätten, sondern umgekehrt dieses die Mysterienkulte.
9 nach Hartke, 1956: 55
10 nach Hartke, 1956: 59 f.
11 Hartke, 1956: 40
12 s. Der neue Brockhaus, 1979, Stichwort Baal
13 nach Wörterbuch der Antike . . . Stichwort Elagabal
14 vgl. Heinz-Mohr, 1981, Stichwort Elias
15 s. Der neue Brockhaus, 1979, Stichwort Mithras
16 s. James, 1961: 195

17 nach Usener, 1911: 348 f.
18 Albers, 1913: 316 f.
19 vgl. Wörterbuch der Antike, Stichwort Saturnus; James, 1961: 175 ff; Albers, 1913: 316 f.
20 Hartke, 1956: 20
21 In der Liste der kirchlichen Gedenktage (die depositio martyrum) fand sich noch im Jahre 353 die Eintragung: VIII ianu natus Christus in Betleem Judeae, d. h. am 6. Januar 353, nach Usener, 1911: 273 f.
22 nach Usener, 1911: 281 ff.
23 Usener, 1911: 349
24 Naftali Rosenan: Das jüdische Jahr, Zürich 1976: 45
25 op. cit. 1976: 45, 47
26 nach Tille, 1893: 4
27 s. Tille, 1893: 21, 289
28 nach Weber-Kellermann, 1978: 14
29 s. Der große Duden. Herkunftswörterbuch Etymologie, 1963, Stichworte »weihen«, »Weihnacht«
30 vgl. Weber-Kellermann, 1978: 13; Albers, 1913: 322
31 Heimskringla (um 1225) (Th. 15, 182), zitiert nach Baetke, 1937: 12
32 s. Tille, 1893: 284; zum »Sommertag« s. Vossen: Hei, so treiben wir den Winter aus, in: Kosmos, April-Heft 1984
33 vgl. Tille, 1893: 283 ff.
34 Heimskringla (um 1225) (Th. 14, 148), zitiert nach Baetke, 1937: 69
35 nach Spamer, 1937: 15
36 nach Kluge-Götze, s. Wörterbuch der deutschen Volkskunde, 1974, Stichwort »Jul«
37 Handelmann, 1866: 36; vgl. auch Tille, 1893: 40 f.
38 Albers, 1913: 323
39 Peterich, 1963: 48 f.
40 Saga von Hervör, Kap. 12, zitiert nach Baetke, 1937: 68
41 Arnkiel (1691), zitiert nach C. Lüden, o. J.: 11

»Rund um den Weihnachtsbaum«

1 Mantel, Kurt: 1975: 52
2 Handbuch des Aberglaubens: 496, Eliade, Mircea: 1961: 205
3 Handbuch des Aberglaubens: 664
4 Mantel, Kurt: 1975: 76
5 zit. nach Mantel, Kurt: 1975: 7
6 Kronfeld, E. M.: 1906: 56
7 zit. nach Mantel, Kurt: 1975: 7
8 Mantel, Kurt: 1975: 5 ff.
9 Kronfeld, E. M.: 1906: 20
10 Kronfeld, E. M.: 1906: 19 ff.
11 Selk, Paul: 1980: 32 ff., Handelmann, Heinrich: 1866: 53 f.
12 Kronfeld, E. M.: 1906: 91; Mantel, 1975, Abb. 5

13 zit. nach Benz, Gerda: 1976: 3
14 Mantel, Kurt: 1975: 14 ff.
15 Handbuch des Aberglaubens: 880 ff.
16 Kronfeld, E. M.: 1906: 150 f.
17 Spamer, Adolf: 1937: 73
18 zit. nach Mantel, Kurt: 1975: 121
19 zit. nach Kronfeld, E. M.: 1906: 149
20 zit. nach Kronfeld, E. M.: 1906: 151
21 zit. nach Ruland, Josef: 1978: 62
22 zit. nach Kronfeld, E. M.: 1906: 159
23 Kronfeld, E. M.: 1906: 57
24 zit. nach Stille, Eva: 1979: 66
25 Tille, Alexander: 1893: 265, Kronfeld, E. M.: 1906: 165 f.
26 Meyer, Arnold: 1913. Abb. 8, Spamer, Adolf: 1937: 71, Mantel, Kurt: 1975: 121
27 Kronfeld, E. M.: 1906: 199
28 Kronfeld, E. M.: 1906: 151
29 Weber-Kellermann, Ingeborg: 1978: 119
30 Stille, Eva: 1979: 28
31 Kronfeld, E. M.: 1906: 69
32 Weber-Kellermann, Ingeborg: 1978: 118
33 Rapsilber, Maximilian: o. J., o. S.
34 Stille, Eva: 1979: 50
35 Shoemaker, Alfred: 1959: 53 ff.
36 Tille, Alexander: 1893: 278
37 Spamer, Adolf: 1937: 89
38 Rapsilber, Maximilian: o. J., o. S.
39 Mantel, Kurt: 1975: 41
40 Mantel, Kurt: 1975: 120
41 Vgl. Ausstellung, Abbildungen in Mantel: 1975, Schweizer Museum: 1960
42 Mantel, Kurt: 1975: 145
43 Schweizer Museum: 1975: 13
44 Lüden, Catharina: 11, Mantel, Kurt: 1975: 142
45 Mölkerstiege: 1983: 1
46 zit. nach Kleßmann, Eckhardt: 1982: 58
47 Rapsilber, Maximilian: o. J., o. S.
48 Weber-Kellermann, Ingeborg: 1978: 114
49 Mölkerstiege: 1983. o. S., Mantel, Kurt: 1975, Abb. 31
50 Benz, Gerda: 1979: 32 f.
51 Mantel, Kurt: 1975: 164, Abb. 27
52 Mantel, Kurt: 1975: 121, Schweizer Museum: 1960: 6
53 Münsterl. Tageszeitung 22. 12. 81
54 Mannhardt, Wilhelm: 1875: 247
55 Selk, Paul: 1980: 29
56 Handbuch des Aberglaubens: 778 f.
57 Selk, Paul: 1980: 22
58 Handbuch des Aberglaubens: 512 ff.

59 Weber-Kellermann: 1978: 109
60 Mantel, Kurt: 1975: 81
61 Rapsilber, Maximilian: o. J., o. S.
62 Weber-Kellermann, Ingeborg: 1978: 192
63 Kronfeld, E. M.: 1906: 141 f.
64 zit. nach Lexikon der Symbole: 1981: 223
65 Stille, Eva: 1979: 28
66 Handbuch des Aberglaubens: 918 ff.
67 Handelmann, Heinrich: 1866: 25 f.
68 Handbuch des Aberglaubens: 868
69 Handbuch des Aberglaubens: 868
70 Schlisske, Otto: 1962: 10, Weber-Kellermann, Ingeborg: 1978: 172 f.
71 Tille, Alexander: 1893: 47
72 Schlisske, Otto: 1962: 51
73 Kronfeld, E. M.: 1906: 77, 178
74 Schlisske, Otto: 1962: 36
75 Stille, Eva: 1979: 39 f.

Weihnachten in aller Welt

1 Die einzigen mir bekannten, noch unzureichenden Zusammenfassungen stammen von folgenden Autoren: Wernecke, 1974; Hildebrandt, 1980; Weber-Kellermann, 1978: 202 ff.; Tilde Michels in Goldbeck/Kahl (Hrsg.) 1977: 124 ff.
2 nach Ruland, 1978: 25
3 s. Tille, 1893: 207 f.
4 Weber-Kellermann, 1978: 82 f.; zur Spielwarenindustrie s. Weber-Kellermann, 1978: 142 ff., 150 ff.
5 Joh. Christopheri Wagenseilii de civitate Noribergensi Commentatio. Altdorfi Noricorum 1697, zitiert nach Tille, 1893: 336
6 Otto Moser: Weihnachten und Neujahr in Leipzig vor hundert Jahren. Leipziger Tageblatt, 24. Dez. 1885, zitiert nach Tille 1893: 336
7 vgl. Tille, 1893: 207 ff.; Weber-Kellermann, 1978: 70 ff.
8 Weber-Kellermann, 1978: 70
9 Borcherdt, 1890 (Vom Hamburger Dom), zitiert nach Kleßmann, 1982: 70
10 vgl. Borcherdt 1890, in Kleßmann, 1982: 85 ff.
11 Statistisches Jahrbuch, Berlin 1968, zitiert nach Weber-Kellermann, 1978: 84
12 Weber-Kellermann, 1978: 86
13 nach Lily Weiser-Aall: Weihnachtssitten in Skandinavien. In: Weihnachtsbrauchtum in Europa, Basel 1959: 8 ff.
14 Handelmann, 1866: 41
15 Weber-Kellermann, 1978: 209
16 n. Weiser-Aall, 1959: 11; Weber-Kellermann, 1978: 206 ff.; vgl. auch das amüsante »Große Buch der Heinzelmännchen« von Wil Huygen und Rien Poortoliet, Stalling Verl. 5. Aufl. 1980; s. auch J. R. R. Tolkien: Die Briefe vom Weihnachtsmann. Hobbit Presse, Klett-Kotta, London 1976
17 Deutsch-Finnische Rundschau, Nr. 43, Dez. 1984; vgl. auch J. Simojoki: Finnland, in: Hildebrandt, 1980: 66

18 n. Weber-Kellermann, 1978: 209; Arni Björnsson: Das Fest der Kleinode. In: Hildebrandt, 1980: 104ff.
19 nach Wernecke, 1974: 43; Nach J. Larsen, in Hildebrandt, 1980: 41, endet die Weihnachtszeit in Dänemark dagegen bereits mit dem Fest der Heiligen Drei Könige (Hellig Tre Kongersaften).
20 Krug-Mann, 1980: 29ff.
21 vgl. Krug-Mann, 1980: 30ff.; Weber-Kellermann, 1978: 212
22 Krug-Mann, 1980: 30; Wernecke, 1974: 50
23 Christo Vakarelski: Bulgarische Volkskunde, 1969: 312ff.; Krug-Mann, 1980: 51
24 n. Krug-Mann, 1980: 51
25 n. Krug-Mann, 1980: 52
26 n. Wernecke, 1974: 50
27 n. Krug-Mann, 1980: 52; Wernecke, 1974: 34
28 Freiherr von Valvasor über die Weihnachtsbräuche der Südslawen (1689), zitiert nach Krug-Mann, 1980: 69
29 Vakarelski: Bulgarische Volkskunde, 1969: 314; vgl. auch Krug-Mann, 1980: 69; Weber-Kellermann, 1978: 213. Eine eingehende Schilderung über Verbreitung und Brauchtum des Weihnachtsblocks bringt Mannhardt, 1875: 224ff.
30 Krug-Mann, 1980: 61
31 Krug-Mann, 1980: 61f.
32 Krug-Mann, 1980: 62ff.
33 Vakarelski, op. cit. 1969: 315f.
34 n. Weber-Kellermann, 1978: 182; für Griechenland s. Elias Mastrogiannopoulos, in: Hildebrandt, 1980: 93
35 vgl. Weber-Kellermann, 1978: 62f., 212; für die CSSR siehe Wernecke, 1974: 29
36 Weber-Kellermann, 1978: 212
37 Die Sammlung befindet sich im Hamburgischen Museum für Völkerkunde
38 vgl. Weber-Kellermann, 1978: 212; Wernecke, 1974: 39f.
39 n. Gennadi Jablonski: Christi Geburt, Neujahr und Taufe des Herrn. In: Hildebrandt, 1980: 234–240
40 n. Wernecke, 1974: 49, sowie Informationen der ukrainischen Studentin Schwester Veronika
41 s. Weber-Kellermann, 1978: 213
42 nach Gräfin Schönfeldt, 1980: 23
43 vgl. dazu Weber-Kellermann, 1978: 132ff.
44 n. Wernecke, 1974: 37
45 Ferdinand Gregorovius: Wanderjahre in Italien. Neudruck der Urausgabe. Wien-Leipzig 1942: 101
46 vgl. Gräfin Schönfeldt, 1980: 35
47 n. dem Calendario Turistico. Editora Nacional. Madrid 1970
48 vgl. Luis Chaves: O Natal em Portugal. Crónica de Natal numa bela aldeia da Beira. Lisboa 1955
49 nach Anabela Mendes, in: Hildebrandt, 1980: 184f.
50 vgl. Weber-Kellermann, 1978: 204
51 nach Wernecke, 1974: 70ff.; zur Produktion von »piñatas« vgl. D. A. Papousek: The Peasant Potters of Los Pueblos. Van Gorcum, Assen 1981

52 nach Weber-Kellermann, 1978: 138f., 202ff.; Wernecke, 1974: 30f.; Méchin, 1982: 56ff.
53 nach Wernecke, 1974: 28f., 34ff.; Méchin, 1982: 62; Tilde Michels, in Goldbeck/Kahl, 1977: 126
54 n. Gräfin Schönfeldt, 1980: 354
55 Gräfin Schönfeldt, 1980: 348
56 Wernecke, 1974: 33
57 Gräfin Schönfeldt, 1980: 362; Wernecke, 1974: 33f.
58 Wernecke, 1974: 33
59 nach Shoemaker, 1959: 46
60 vgl. Heim, 1978: 22
61 Originalzitat bei Shoemaker, 1959: 46
62 nach Wernecke, 1974: 61f.
63 nach Tilde Michels, in: Goldbeck/Kahl, 1977: 130; Wernecke, 1974: 61
64 nach Wernecke, 1978: 64
65 zusammengestellt nach Wernecke, 1974: 100ff.

Jahreswende – Silvester und Neujahr

1 Gedicht von Johann Wolfgang Goethe, nach Albers, 1913: 52
2 Der neue Brockhaus, 1969, Stichwort »Kalender«; das Wort calendae selbst kommt von calare = ankündigen, nach Weber-Kellermann, 1978: 182
3 Zusammenfassung der Daten vorwiegend nach Albers, 1913: 36ff.
4 nach Tille, 1893: 5
5 Der neue Brockhaus, 1979, Stichwort Kalender; Albers, 1913: 38
6 s. Tille, 1893: 5
7 Legenda aurea, 1925: 82–93
8 vgl. Albers, 1913: 343; Der neue Brockhaus, 1979, Stichworte »Silvester« und »Konstantin«
9 vgl. Albers, 1913: 343; Heinz-Mohr, 1981, Stichwort »Schlüssel«
10 vgl. Handwörterbuch des deutschen Aberglaubens, Stichworte »Orakel« und »Bleigießen«; vgl. auch Handelmann, 1866: 58ff.
11 Albers, 1913: 344; Handelmann, 1866: 58ff.
12 Albers, 1913: 347f.
13 Albers, 1913: 346; Reinsberg-Düringsfeld, 1863: 401
14 Handelmann, 1866: 18; die letzte Strophe des 1. Liedes stammt von Heidi Staschen
15 s. Der große Duden, Herkunftswörterbuch Etymologie, Stichwort »Punsch«; vgl. Weber-Kellermann, 1978: 183
16 n. Handwörterbuch des Deutschen Aberglaubens . . . Stichwort »Karpfen«.
17 Weber-Kellermann, 1978: 183
18 vgl. Albers, 1913: 43ff.
19 Zur Entwicklung der Weihnachts- und Neujahrsbräuche s. Weber-Kellermann, 1978: 184ff.
20 nach Albers, 1913: 51
21 Legenda aurea, 1925: 93
22 n. Albers, 1913: 51f.

Epiphanie – Dreikönigstag (6.1)

1 Hartke, 1956: 60
2 Jacobus de Voragine, Legenda aurea: 103; Buchberger, Bd. III, 1959: 944; Cassel 1973: 21
3 Hartke, 1956: 34; Usener, 1911: 27f.
4 Buchberger, Bd. III, 1959: 942
5 Megas, 1956: 77f.
6 Jacobus de Voragine, Legenda aurea: 102–104
7 Megas, 1956: 76
8 Megas, 1956: 75; Hager/Heym, 1975: 89f.
9 James, 1961: 230
10 Wernecke, 1974: 37, 45
11 Wimmer/Melzer, 1982: »Drei Könige«
12 Rietschel, 1902: 6f.
13 Rietschel, 1902: 11
14 Jacobus de Voragine, Legenda aurea: 110
15 Bogner, Gerhard: Das große Krippenlexikon. Geschichte. Symbolik. Glaube, München 1981: 49f.
16 Jacobus de Voragine, Legenda aurea: 107f.; Cassel, 1973: 27
17 Wimmer/Melzer, 1982: »Drei Könige«
18 Rietschel, 1902: 11
19 Hofmann, Hans: Die Heiligen Drei Könige. Zur Heiligenverehrung im kirchlichen, gesellschaftlichen und politischen Leben des Mittelalters. Rheinisches Archiv Nr. 94, Bonn 1975: 201–298
20 Meisen, Karl: Die heiligen drei Könige und ihr Festtag im volkstümlichen Glauben und Brauch, Köln 1949: 11, 29
21 Wimmer/Melzer, 1982: »Drei Könige«
22 Meisen, 1949 (s. Anm. 20): 52
23 Meisen, 1949 (s. Anm. 20): 11
24 Handwörterbuch des deutschen Aberglaubens, Sp. 457
25 Hager/Heym, 1975: 86
26 Megas, 1956/ 76f.; Meisen, 1949 (s. Anm. 20): 29f.
27 Meisen, 1949 (s. Anm. 20): 56f.
28 Meisen, 1949 (s. Anm. 20): 33
29 Handwörterbuch des deutschen Aberglaubens, Sp. 451
30 Puchner, 1977: 122
31 Fehrle, 1955: 53
32 Hager/Heym, 1975: 92–94
33 Handwörterbuch des deutschen Aberglaubens, Sp. 456
34 Fehrle, 1955: 63f.
35 Megas, 1956: 77; Handwörterbuch des deutschen Aberglaubens, Sp. 458
36 Weber-Kellermann, 1978: 192
37 Meisen, 1949 (s. Anm. 20): 61
38 Markmiller, 1981: 182; Weber-Kellermann, 1978: 199
39 Markmiller, 1981: 247f.; Weber-Kellermann, Ingeborg: Ein Banater Dreikönigsspiel im interethnischen Kontext. In: Jahrbuch für ostdeutsche Volkskunde, Bd. XIV, Marburg 1971: 103–125

40 Wimmer/Melzer, 1982: »Drei Könige«
41 Markmiller, 1981: 196
42 Markmiller, 1981: 237

Mariä Lichtmeß – Letztes Wendefest im Weihnachtszyklus (2.2)

1 Vgl. A. von Gennep: Les Rites de Passage. Paris 1909
2 s. dazu die Bibel, 1. Buch Moses (Genesis) 17, 9–10
3 Die Bibel, Lukas 2, 30–32
4 vgl. James, 1961: 233; Usener, 1911: 310 ff.
5 Usener, 1911: 313 ff.; der Monat Februar galt als Sühne- und Reinigungsmonat vor dem altrömischen Jahresbeginn am 1. März
6 n. James, 1961: 232
7 n. Usener, 1911: 320 f.
8 vgl. Handwörterbuch des deutschen Aberglaubens . . . Stichwort »Lichtmeß«
9 Handwörterbuch des deutschen Aberglaubens . . . Stichwort »Lichtmeß«, S. 1268; zum Symbolismus der Biene, s. Heinz-Mohr 1981, Stichwort »Biene«
10 James, 1961: 233
11 Handwörterbuch des deutschen Aberglaubens . . . Stichwort »Lichtmeß«, S. 1270

Weihnachtsausstellung – Sammlung Maud Pohlmeyer

1 vgl. G. Benz, 1979: 60 ff.
2 vgl. dazu Benz, 1979: 38 f.
3 s. Benz, 1979: 36 f. und die Angaben in unserem Kapitel »Weihnachten in aller Welt« zur amerikanischen Weihnacht
4 zitiert nach Hedwig von Lölhoffel-Tharau: Vom Festefeiern in Ostpreußen. Landsmannschaft Ostpreußen (Hrsg.), S. 22
5 vgl. op. cit. »Vom Festefeiern in Ostpreußen«, S. 24
6 s. Der Große Duden. Herkunftswörterbuch Etymologie, Stichwort »Oblate«
7 Zum Weihnachtsklotz s. unsere Beschreibung im Kapitel »Weihnachten in aller Welt« – Ostblockländer . . . Informationen zum katalanischen »Ast« nach Pater Joseph Casanova Martorell (Hamburg)
8 vgl. dazu die Kapitel »Andreastag und -nacht« sowie »Jahreswende – Silvester und Neujahr«
9 vgl. Stille/Pfistermeier, 1974: 165
10 Stille/Pfistermeier, 1974: 152 ff.; Weber-Kellermann, 1978: 160 ff.
11 vgl. Stille/Pfistermeier, 1974: 101
12 vgl. Stille/Pfistermeier, 1974: 66 ff.
13 Die Informationen stammen aus Notizen von Maud Pohlmeyer, die sich auf persönliche Korrespondenz mit ihren Informanten und zum Teil auf die folgenden Publikationen stützte: Inge Carius, 1982; Pelshenke: Gebäck aus deutschen Landen, 1943; Das Heyne Weihnachtsbuch, 1968; Ingrid Buck: Brauchtum im Jahreslauf, in: Ostfriesische Landschaft, Volkskunde und Brauchtum, 4, 1981

14 nach E.M. Helm: Rummelpott und Hasenöhrl, 1982
15 vgl. Wörterbuch der dt. Volkskunde, 1974, Stichwort Marzipan; s. auch Weber-Kellermann, 1978: 178f.
16 nach Informationen von Maud Pohlmeyer
17 Das Vorbild steht im Schiffahrtsmuseum Westerhauderfehn in Ostfriesland.
18 s. Rezept zum Plumpudding und weitere Informationen im Kapitel »Weihnachten in aller Welt . . .«, Angelsächsische Länder
19 nach »Berchtesgadener Handwerkskunst«, 1978
20 nach »Lausitzer Rundschau«, Nr. 302, 24. 12. 1982; zu den heutigen Arbeiten aus dem Erzgebirge hat der Kulturverein Mölkerstiege in Wien 1983 ein Sonderheft herausgegeben.
21 nach Lotar Balke: Zum gegenwärtigen Brauchtum der Lausitzer Sorben im Jahreslauf. In: Lĕtopis, Jahresschrift des Instituts für sorbische Volksforschung, B, Nr. 29/2, 1982: 122
22 Lotar Balke, op. cit. 1982: 122f.; vgl. auch Weber-Kellermann, 1978: 38f.
23 nach Informationen von Maud Pohlmeyer; ein ähnlicher »Züg« ist in dem Basler Katalog »Weihnachtszeit« von 1961 abgebildet.
24 Maud Pohlmeyer, nach H. Hippe: Lebzelter, Wachsstöcke, Votivgaben, 1982.
25 nach Informationen der Hersteller, Familie Simonis aus Keisd (Siebenbürgen)
26 Hersteller des Hiddenseer Bügelbaums ist Herr Kikow.
27 n. Karl Löber: Der »Nissebaum« im Dillkreis. Hessische Blätter für Volkskunde, Bd. 48, 1947
28 nach »Münsterländische Tageszeitung«, Jahreswechsel 1982/83 und Informationen von Maud Pohlmeyer
29 s. Hans Meyer-Wellmann: Loorper Beldertunscheere. Loruper Heimatgeschichte in Wort und Bild, 25, 1982: 11
30 nach Handelmann, 1866: 11f.
31 nach Informationen von Bischof Longin, Düsseldorf
32 Die Unterlagen von Maud Pohlmeyer wurden ergänzt nach Wernecke, 1974: 23 und Goldbeck/Kahl, 1977: 131.

LITERATUR

Hinweis: Die speziellere Literatur steht unter den Anmerkungen zu den einzelnen Kapiteln.

Albers, J. H.: Das Jahr und seine Feste. Die Feste und Feiertage des Jahres, ihre Entstehung, Entwicklung und Bedeutung in Geschichte, Sage, Sitte und Gebrauch, 3. Auflage, Stuttgart 1917.

Bächtold-Stäubli, H./Hoffmann-Krayer, E. (Hrsg.): Handwörterbuch des deutschen Aberglaubens. Berlin 1938/1941.

Baetge, Walter: Die Religion der Germanen in Quellenzeugnissen. Frankfurt/Main 1937.

Beitl, Richard und Klaus (Hrsg.): Wörterbuch der deutschen Volkskunde. Stuttgart 1974.

Benz, Gerda: Die goldne Schnur geht um das Haus . . . Manuskript, Herne 1976.

Benz, Gerda: Volkskundliches Werken. Bonn 1979.

Brandmayer, Rosl: Christbäume schmücken. Brunnen-Reihe 150. Freiburg 1979.

Buchberger, Michael et al.: Lexikon der Theologie und Kirche. Freiburg 1959.

Cagner, E. u.a.: Swedish Christmas. Gothenburg 1954.

Carius, Inge: Gebildbrot – Brauchtum im Jahres- und Lebenslauf. Königstein/Taunus, 1982.

Cassel, Paulus: Weihnachten, Ursprünge, Bräuche und Aberglauben. Wiesbaden 1862, Neuauflage 1973.

Eliade, Mircea: Das Mysterium der Wiedergeburt. Zürich 1961.

Escher, Walter/Weiser-Aall, L./Wildhaber, R.: Weihnachtszeit. Von Weihnachtsbäumen und Weihnachtsbräuchen einst und jetzt. Bern 1960.

Fehrle, Eugen: Feste und Volksbräuche im Jahreslauf europäischer Völker. Kassel 1955.

Goldbeck, Ute/Kahl, Heinrich (Hrsg.): Weihnachtsbuch. Zum Lesen und Vorlesen für Neun- bis Zwölfjährige. Hamburg 1977.

Hager, Franziska/Heym, Hans: Drudenhax und Allelujawasser. Volksbrauchtum im Jahreslauf. Rosenheim 1975.

Handelmann, Heinrich: Weihnachten in Schleswig-Holstein. Hamburg 1866.

Handwörterbuch des deutschen Aberglaubens. Hrsg. von Bächtold-Stäubli/Hoffmann-Krayer. Berlin 1938/1941.

Hartke, Wilhelm: Über Jahrespunkte und Feste, insbesondere das Weihnachtsfest. Schriften der Sektion für Altertumswissenschaft, 6. Berlin 1956.

Heim, Walter: Weihnachtsbrauchtum. Freiburg/Schweiz 1978.

Heinz-Mohr, Gerd: Lexikon der Symbole. 6. Auflage. Düsseldorf 1981.

Helm, Eve Marie: Hasenöhrl und Kirmesfladen. Das Buch des Brauchtumsgebäcks mit 278 Rezepten. München 1982.

Hildebrandt, Jörg (Hrsg.): Zur Winterzeit der Welt. Weihnacht in europäischen Ländern. Feuilletons, Bilder, Geschichten und Lieder. Evangelische Verlagsanstalt Berlin/DDR, 1980.

Hofmann, Hans: Die Heiligen Drei Könige. Zur Heiligenverehrung im kirchlichen, gesellschaftlichen und politischen Leben des Mittelalters. Bonn 1975.

Hornung, Clarence P. (Hrsg.): An Old-Fashioned Christmas. Christmas in Illustration and Decoration. New York 1970.

James, E. O.: Seasonal Feasts and Festivals. London 1961.
Kelm, A./Dietze, K. †/Vossen, R.: Ostereier – Vom Symbol des Lebens zum Konsumartikel. Wegweiser zur Völkerkunde, 25. Hamburgisches Museum für Völkerkunde, 3. Aufl. 1982.
Kleßmann, Eckhard: Das Hamburger Weihnachtsbuch. Hamburg 1982.
Koenig, Otto: Klaubaufgehen. Ein Maskenbrauch in Osttirol und der Gastein. Wegweiser zur Völkerkunde, 24. Hamburgisches Museum für Völkerkunde, Hamburg 1980.
Kronfeld, E. M.: Der Weihnachtsbaum. Botanik und Geschichte des Weihnachtsgrüns. Seine Beziehung zu Volksglauben, Mythos, Kulturgeschichte, Sage, Sitte und Dichtung. Oldenburg und Leipzig 1906.
Krug-Mann, Brigitte: Weihnachten auf dem Balkan. Würzburg 1980.
Lauffer, Otto: Der Weihnachtsbaum in Glauben und Brauch. Berlin-Leipzig 1934.
Legenda aurea. Von Jacobus de Voragine (1263–1273). Volksausgabe Heidelberg 1925.
Lüden, Catharina: Feiern im Jahreslauf der alten Föhrer mit Koch-und Backrezepten. Heide/Holstein o. J.
Mannhardt, Wilhelm: Wald- und Feldkulte. 1. Teil: Der Baumkultus der Germanen und ihrer Nachbarstämme. Mythologische Untersuchungen. Berlin 1875.
Mantel, Kurt: Geschichte des Weihnachtsbaums. Hannover 1975.
Markmiller, Fritz: Der Tag ist so freudenreich: Advent und Weihnachten. Regensburg 1981.
Méchin, Colette: Sankt Nikolaus. Feste und Brauchtum in Vergangenheit und Gegenwart. Saarbrücken 1982.
Megas, Georgios: Ellenike eorte ke ethima tis läikis latreas. (Griechische Feste und Bräuche in der Volksfrömmigkeit.) Athen 1956.
Meisen, Karl: Nikolauskult und Nikolausbrauch im Abendland. Düsseldorf 1931.
Meisen, Karl: Die Heiligen Drei Könige und ihr Festtag im volkstümlichen Glauben und Brauch. Köln 1949.
Metgen, Sigrid: Sankt Nikolaus in Kunst und Volksbrauch. Duisburg 1966.
Meyer, Arnold: Das Weihnachtsfest – seine Entstehung und Entwicklung. Tübingen 1913.
Müller, Gerhard: Weihnachten der Deutschen. Karlsruhe 1946.
Peterich, Eckhart: Götter und Helden der Germanen. dtv 1963.
Puchner, Walter: Brauchtumserscheinungen im griechischen Jahreslauf. Wien 1977.
Rapsilber, Maximilian: Weihnachtszauber. Hamburg o. J. (ca. 1910).
Reinsberg-Düringsfeld, Otto Freiherr von: Das festliche Jahr in Sitten, Gebräuchen und Festen der germanischen Völker. Leipzig 1863.
Rietschel, Georg: Weihnachten in Kirche, Kunst und Volksleben. Bielefeld – Leipzig 1902.
Ruland, Josef: Weihnachten in Deutschland. Bonn-Bad Godesberg 1978.
Schlisske, Otto: Äpfel, Nüß und Mandelkerne. Stuttgart 1962.
Schnitzler, Theodor: Kirchenjahr und Brauchtum neu entdeckt: In Stichworten, Übersichten und Bildern. Freiburg, Basel, Wien 1983.
Schönfeldt, Sybil Gräfin: Das große Ravensburger Buch der Feste und Bräuche. Durch das Jahr und den Jahreslauf. Ravensburg 1980.
Selk, Paul: Mittwinter und Weihnachten in Schleswig-Holstein. Heide, 3. Aufl. 1980.

Shoemaker, Alfred: Christmas in Pennsylvania. Kutztown 1959.
Spamer, Adolf: Weihnachten in alter und neuer Zeit. Jena 1937.
Stille, Eva/Pfistermeier, U.: Christbaumschmuck. Ein Buch für Sammler und Liebhaber alter Dinge. Nürnberg 1979.
Tille, Alexander: Die Geschichte der Deutschen Weihnacht. Leipzig 1893.
Usener, Hermann: Das Weihnachtsfest. Religionsgeschichtliche Untersuchungen. Bonn 1889, 2. Aufl. 1911.
Van Gennep, Arnold: Les Rites de Passage. Paris 1909.
Verdier, Yvonne: Drei Frauen. Das Leben auf dem Dorf. Stuttgart 1982.
Voragine, Jacobus de: Legenda aurea. Volksausgabe Stuttgart 1925.
Vossen, Rüdiger: Zigeuner – Roma, Sinti, Gitanos, Gypsies – Zwischen Verfolgung und Romantisierung. Ullstein, Frankfurt, Berlin, Wien 1983.
Weber-Kellermann, Ingeborg: Das Weihnachtsfest. Eine Kultur- und Sozialgeschichte der Weihnachtszeit. Luzern und Frankfurt/Main 1978.
Weihnachtsbrauchtum in Europa. Katalog zur Sonderausstellung des Schweizerischen Museums für Volkskunde. Basel, 9.12.1959– 31.1.1960.
Wernecke, Herbert Henry: Christmas Customs Around the World. Folkstone 1974.
Wimmer, Otto/Melzer, H.: Lexikon der Namen und Heiligen. Innsbruck, 3. Aufl. 1982.
Wörterbuch der Antike. Von Hans Lamer in Verbindung mit Ernst Bux und Wilhelm Schöne. Stuttgart, 5. Aufl. o.J.
Wörterbuch der deutschen Volkskunde. Richard und Klaus Beitl (Hrsg.). 3. Aufl. Stuttgart 1974.
Zechlin, Ruth: Weihnachtliches. Christbaumschmuck und Weihnachtsbasteleien. Ravensburg 1948.

Zu beziehen über
Hamburgisches Museum für Völkerkunde
Binderstraße 14, 2000 Hamburg 13, Tel. 040/44 19 55 05 (24)

Wegweiser zur Völkerkunde (noch lieferbar)

4. HABERLAND, W., Gold in Alt-Amerika. 48 S., 9 Taf., 3. veränderte Aufl. 1981. DM 3,–
5. Kurzer Führer durch das Hamburgische Museum für Völkerkunde. 31 S., 6 Taf., 11. veränderte Aufl. 1981. DM 2,–
6. SCHMIDT. P. J., Der Sonnenstein der Azteken. 23 S., 2 Taf., 4. Aufl. 1980. DM 1,50
7. TISCHNER, H., Das Kultkrokodil vom Korewori. 21 S., 1 Taf. 1965. DM 1,–
9. PRUNNER, G., Meisterwerke burmanischer Lackkunst. 64 S., 6 Taf. 1966. DM 1,–
10. MOHTASCHEMI, M., Einführung in die finnische Volkskunde. 54 S., 10 Taf. 1970. DM 1,–
11. TISCHNER, H., Rauru. Ein Versammlungshaus von Neuseeland in der alten Kultur der Maori. 62 S., 13 Taf. 1971. DM 3,50
13. WILPERT, C. B., Schattentheater. 86 S., 16 Taf., 1 Faltkarte. 2. veränderte Aufl. 1974. DM 3,50
14. PRUNNER, G., Papiergötter aus China. 85 S., 16 Taf. 1973. DM 2,50
15. HABERLAND, W., Zentral-Mexiko. 97 S., 16 Taf. 1974. DM 5,–
16. GAGERN, A. Frhr. v., KOLOSS, H.-J., LOHSE, W., Ostafrika – Figur und Ornament. 76 S., 16 Taf., 1 Faltkarte. 1974. DM 1,–
17. HABERLAND, W., Das gaben sie uns. Indianer und Eskimos als Erfinder und Entdecker. 62 S., 8 Taf., 3. Aufl. 1980. DM 3,50
18. ALTENMÜLLER, H., Grab und Totenreich der alten Ägypter. 69. S., 12 Taf. 1976. DM 3,–
19. TISCHNER, H., Südseemasken in der geistigen Kultur der Melanesier. 64 S., 16 Taf. 1976. DM 3,–
20. PINK-WILPERT, C. B. Bali. Eine Einführung. 105 S., 55 Abb., davon 1 Karte u. 6 Zeichn. 1977. DM 3,–
21. BEWIG, J., Chinesische Papierschnitte. 115 S., 81 Abb., 1 Farbtaf., 1 Kt. 1978. DM 2,50
22. LOHSE, W., Afrika. Eine Einführung. 79 S., 62 Abb., 1 Faltkarte. 1979. DM 4,–
23. VOSSEN, R., Sowjetunion. Völker der Sowjetunion vor und nach der Revolution. Mit einem Beitrag von Ellen Hickmann. 158 S., 43 Abb., 2 Zeichn., 2 Diagr., 8 Kt., 2 Klappkt. 1980. DM 6,50
24. KOENIG, O., Klaubauaufgehen. Ein Maskenbrauch in Osttirol und der Gastein. 89 S., 30 Abb. 1980. DM 2,–
25. KELM, A., K. DIETZE u. R. VOSSEN, Ostereier. Vom Symbol des Lebens zum Konsumartikel. 99 S., 34 Abb., 25 Zeichn., 3. Aufl. 1982. DM 5,–
26. KRIEG, K. H., W. LOHSE, Kunst und Religion bei den Gbato-Senufo, Elfenbeinküste. 144 S., 77 Abb., 72 Zeichn., 1 Kt., 1 Faltkt. u. 1 Faltbild. 1981. DM 2,50

27. CHO, H.-Y., Koreanischer Schamanismus. 129 S., 42 Abb., 3 Zeichn. 19
DM 6,–
28. KELM, A., Kinderalltag in der Dritten Welt und bei uns. 166 S., 34 Abb., 4 Zeichn. 1982. DM 5,–
29. PRUNNER, G., Kunsthandwerk aus Guizhou (China). 103 S., 79 Abb., 4 Kt. 1983. DM 2,50
30. HABERLAND, W., Ausgraben – Zum Beispiel Ometepe, Nicaragua. 32 S., 16 Abb. auf 8 Taf., 2 Kt. 1984. DM 2,50
31. HABERLAND, W., Oglala- Pine Ridge Reservation 1909. 32 S., 1 Kt., 16 Abb. auf 8 Taf. 1984. DM 2,50
32. WILPERT, C. B., Südsee Souvenirs. 96 S., zahlr. teils farb. Abb., 2 Kt. 1985. DM 4,50

Es handelt sich um Preise an der Kasse des Hamburgischen Museums für Völkerkunde. Bei Versand kommen Porto- und Verwaltungsgebühren hinzu.